Rowohlt Verlag GmbH, Kirchenallee 19, 20099 Hamburg

Kontaktadresse nach EU-Produktsicherheitsverordnung:
produktsicherheit@rowohlt.de

Maren wächst wohlbehütet auf. Doch als ihre Mutter stirbt, bricht eine Welt für sie zusammen. Sie gerät auf die schiefe Bahn und fängt an, Drogen zu schmuggeln. Eines Tages lernt sie schließlich Pedro kennen, die beiden verlieben sich ineinander, wollen sich ein bürgerliches Leben aufbauen. Nur noch ein einziges Mal will Maren als Drogenkurierin unterwegs sein. Aber dieses eine Mal wird sie erwischt: Vier Jahre Haft in Brasilien stehen ihr bevor. Maren D. berichtet anrührend und fesselnd von ihren Ängsten und Hoffnungen im oft menschenunwürdigen, zermürbenden Gefängnisalltag, aber auch von Menschen, die ihr Mut gemacht und geholfen haben.

Maren D. arbeitet als Angestellte und lebt mit ihrem Sohn in der Nähe von Hamburg.

Kerstin Dombrowski ist als freie Journalistin in Köln tätig. Ihr Buch «Titten, Tiere, Tränen, Tote. Eine Boulevard-Journalistin auf der Jagd» ist im Januar 2008 im Rowohlt Taschenbuch Verlag (rororo 62317) erschienen.

Maren D.

Nur noch ein Mal

Als Drogenkurierin im härtesten
   Frauengefängnis Brasiliens

mit Kerstin Dombrowski

Rowohlt Taschenbuch Verlag

7. Auflage Februar 2021

Originalausgabe
Veröffentlicht im Rowohlt Taschenbuch Verlag,
Reinbek bei Hamburg, August 2008
Copyright © 2008 by Rowohlt Verlag GmbH,
Reinbek bei Hamburg
Redaktion Angela Troni
Umschlaggestaltung ZERO Werbeagentur, München
(Fotos: Titelcomposing: FinePic, München; Autorenfoto: privat)
Satz Adobe Garamond (InDesign)
bei Pinkuin Satz und Datentechnik, Berlin
Druck und Bindung BoD - Books on Demand GmbH,
Norderstedt, Germany
ISBN 978 3 499 62377 6

INHALT

- 7 **Guarulhos Airport** Das Ende meines Traums
- 19 **Braunschweig** Der Einstieg ins Milieu
- 30 **Costa Rica** Strandurlaub mit Spitzengehalt
- 51 **Isla Margarita** Der Traum vom Absprung
- 62 **São Paulo I** Nur noch ein Mal …
- 78 **Dacar 4** Der Horror Langeweile
- 100 **Tatuapé I** Alltag zwischen Häkeldecken und Schlagstöcken
- 118 **Tatuapé II** Mein Verdacht wird bestätigt
- 140 **Tatuapé III** Zerplatzte Hoffnung
- 158 **Tatuapé IV** Schwangerschaft hinter Gittern
- 180 **Butanta** Abschied von Xavier
- 205 **Tatuapé V** Brasilianischer Gefängnisalltag
- 241 **Santana Carandiru** Die Unruhen beginnen
- 266 **Tremembé** Im Knast der Mörderinnen und Verräterinnen
- 283 **São Paulo II** Der Kampf um Xavier

GUARULHOS AIRPORT Das Ende meines Traums

Ich komme mir vor wie eine Mogelpackung, als ich die stark klimatisierte Eingangshalle des Flughafens von São Paulo betrete. In meinem schicken Hosenanzug sehe ich aus wie eine harmlose Geschäftsreisende, jedoch hat meine Oberweite durch die vielen Päckchen in der Korsage beinahe ordinäre Ausmaße angenommen, ebenso mein sonst eher zierlicher Po. Den anwesenden Männern scheint diese ausgeprägte Cola-Flaschen-Figur allerdings zu gefallen. Ich spüre ihre Blicke, als ich auf den Abflugschalter zusteuere und meine hohen Absätze auf dem blankpolierten Boden ein markantes Klappern verursachen. Schade, dass Pedro mich nicht so sehen kann. Seine kleine deutsche Strandfee als Businessfrau. Ich lächele in mich hinein – so fühlt sich Glück an. In weniger als einer Stunde startet die Maschine in mein neues, unabhängiges Leben, ein Leben, in dem ich mich nie wieder verkaufen werde, nie wieder! Stattdessen werde ich endlich ein richtiges Zuhause haben, wie früher, als Mama noch lebte ...

Als ich auf der Tafel über dem Check-in-Schalter «Lisboa» lese, breitet sich in mir eine wohlige Wärme aus. Gleich ist es so weit, denke ich, gleich sitze ich in dem Flieger, und dann wird es nur noch wenige Tage dauern, bis ich wieder mit Pedro auf seinem Geländemotorrad über die schöne Isla Margarita knattere.

Da holt mich ein verräterisches Geräusch zurück in die Wirklichkeit. «Knack, knack» macht es auf einmal bei jedem meiner Schritte. Mir stockt der Atem: Eines der Kokainpäckchen, die in meine Radlerhose eingenäht sind, muss verrutscht sein. Hoffentlich fällt es nicht heraus. Eilig verlasse ich die Abflughalle in Richtung Toiletten. In meinen Ohren rauscht es, und mein Herz pocht so laut, dass ich die Geräusche meiner Umgebung kaum mehr wahrnehme. Hektisch stürze ich in die neonbeleuchtete Damentoilette und beruhige mich erst wieder, als sich die Tür hinter mir schließt. Ich bin in Sicherheit. Das war knapp!

Als mein Blick in den Spiegel über den Waschbecken fällt, staune ich erneut, wie gut mir der Hosenanzug steht. Für gewöhnlich kleide ich mich eher leger, zwar durchaus figurbetont, aber sportlicher. Obwohl ich mich zunächst gegen diesen Look gewehrt habe, muss ich zugeben, dass die neue knallrote Bluse perfekt zu meinen langen dunklen Locken, dem schwarzen, engen Blazer und der schwarzen Leinenhose passt. Kein Wunder, dass alle Männer gucken, denke ich selbstzufrieden und vergesse beinahe, in welcher Aufregung ich noch vor wenigen Sekunden gewesen bin.

Vorsichtig wische ich einen schwarzen Krümel unter dem Auge weg, der von meiner billigen Wimperntusche stammt. Im Flugzeug werde ich mir eine neue kaufen, eine richtig teure, beschließe ich, als plötzlich eine Frau die Toilette betritt. Unsere Blicke kreuzen sich, allerdings nur kurz. Ich male mir aus, welches Leben sie lebt, wohin sie fliegt, wer draußen auf sie wartet. Auf mich wartet niemand. Hier nicht. Und in meiner Heimat Deutschland auch nicht. Aber in Venezuela, auf der traumhaft schönen Isla Margarita, da wartet nicht nur mein Freund Pedro, sondern ein neues Leben auf mich. Denn dies wird mein letzter Flug als Drogenkurierin sein, das habe ich mir fest vorgenommen. Ich werde mein heimatloses Leben hinter mir lassen und mit Pedro sesshaft werden.

Zufrieden stöckele ich in die vorderste Toilettenkabine und ziehe die Leinenhose vorsichtig auf Kniehöhe herunter. Tatsächlich – an der Radlerhose hat sich eine Naht gelöst, durch den Saum drückt sich eine kleine weiße Ecke. Mir schaudert. Ich mag mir gar nicht ausmalen, was passiert wäre, wenn das kleine weiße Päckchen herausgerutscht und auf den polierten Boden der Flughafenhalle geklatscht wäre. Eine Horrorvorstellung! Dann hätten selbst die brasilianischen Polizisten handeln müssen – trotz der großzügigen Bestechungsgelder, die sie regelmäßig kassieren. Aus Mangel an Alternativen fingere ich alle vier Kokainpäckchen aus dem rechten Hosenbein und schiebe sie kurzerhand in die Korsage. Dort stecken zwar schon zehn Päckchen mit jeweils etwa 140 Gramm, aber was soll's? Inzwischen bin ich sowieso schon in die Liga von Dolly Buster und anderen Busenwundern aufgestiegen.

Bevor ich die Kabine wieder verlasse, betätige ich noch schnell die Klospülung. Vorsichtshalber. Damit die andere Frau sich nicht fragt, was ich hier treibe, auch wenn das vermutlich eine völlig überflüssige Maßnahme ist. Denn obwohl ich mich gleich mit zweieinhalb Kilo Kokain am Körper auf den Weg nach Europa machen werde, fühle ich mich ungemein sicher. Schließlich war ich dabei, als mein Auftraggeber Lucas einigen brasilianischen Polizisten einen dicken Umschlag mit Geld übergeben hat, ganz offen auf der Straße. Hier in São Paulo untersteht alles einer mächtigen Mafia: dem 1. Hauptstadtkommando, genannt PCC oder «Primeiro Comando da Capital». Drogenhandel, Banküberfälle, Entführungen und Polizistenmorde gehen auf ihr Konto, und mein Auftraggeber unterhält zu dieser größten kriminellen Vereinigung Brasiliens angeblich die allerbesten Kontakte.

Das betonte er zumindest ununterbrochen, als wir uns vor etwa zwei Wochen zum ersten Mal trafen. Damals hatten wir gerade die Kleidung für meinen Flug gekauft, als der kleine korpulente Nigerianer seinen Wagen abrupt an einer belebten Straßenecke zum Stehen brachte und sich mit einem selbstgefälligen Lächeln zu mir umdrehte. «Ein kleines Trinkgeld, damit du auch sicher aus Brasilien rauskommst!», sagte er und wedelte mir mit einem prallgefüllten Briefumschlag vor der Nase herum. Bei Farbigen wirken die Zähne immer besonders weiß, dachte ich zum wer weiß wie vielten Mal und beobachtete, wie Lucas auf zwei uniformierte Polizisten zuging, die an ihr Auto gelehnt dastanden und offensichtlich auf ihn warteten.

«Das ist also meine Rückflugversicherung», staunte ich. «Nicht schlecht!» Wie viel Geld wohl in dem Umschlag steckte? Genau so viel wie ich für diesen Auftrag bekommen sollte? 8000 Euro?

Nach der Geldübergabe und einem kurzen Wortwechsel kehrte Lucas zu unserem Wagen zurück. Er lachte. «Zum Glück verdienen die hier so wenig, dass sie auf solche Nebenverdienste angewiesen sind. Sonst würde unser Business sicher nicht so gut laufen, und ich könnte mir keinen solchen Wagen leisten.» Voller Besitzerstolz klopfte er auf das Lenkrad seiner Nobelkarosse, während ihm seine Freundin Maria, die auf dem Beifahrersitz saß, verliebt übers Knie streichelte.

Als ich aus der Damentoilette trete und mich mit meinem Trolley an das Ende der Warteschlange stelle, um für den Flug nach Lissabon einzuchecken, bin ich wieder ruhig und entspannt. Von Portugal aus soll ich über Zürich nach Amsterdam fliegen. Das sei der ungefährlichste Weg, hatte mir der schmuggelerfahrene Lucas erklärt, da Passagiere aus der Schweiz bei ihrer Ankunft in den Niederlanden so gut wie nie kontrolliert werden, zumindest nicht auf Drogen.

Mein Auftrag klingt vollkommen risikolos, perfekt! Unbeschwert denke ich an das viele Geld, das in Amsterdam auf mich wartet. Damit werde ich zusammen mit Pedro ein kleines romantisches Restaurant eröffnen – mit flackernden Kerzen auf jedem Tisch. In meinem Kopf habe ich schon ein genaues Bild davon, wie das Lokal aussehen soll. Kurz vor meinem Abflug aus Venezuela hatten wir sogar schon geeignete Räume gefunden, nicht weit vom Strand entfernt und in unmittelbarer Nähe zu den großen Hotels. Das Einzige, was noch fehlte, waren ein paar tausend Euro Startkapital.

Weil etwa zwanzig Leute vor mir in der Schlange stehen, setze ich mich auf meinen kleinen Koffer. Hohe Schuhe sind zwar sehr elegant, aber selten bequem, und mittlerweile tun mir die Füße weh. Während ich auf meine schmerzenden Zehen blicke, nehme ich aus den Augenwinkeln wahr, dass zwei Männer auf mich zustreben. Einer von links und einer von rechts. Reflexartig sehe ich mich um. Auch von hinten steuern zwei Männer direkt auf mich zu. Sobald sie mich von allen vier Seiten umzingelt haben, zischt mir einer von ihnen auf Englisch zu: «Polizei! Du kommst jetzt mit!»

Mit einer im Nachhinein erstaunlichen Ungerührtheit ziehe ich die Augenbrauen hoch. Ich fühle mich unantastbar, schließlich hat Lucas für meine Sicherheit bezahlt. Ist dies womöglich eine Show für den Chef dieser dämlichen Flughafenpolizisten? Wenn es sein muss, spiele ich eben mit. Hauptsache, ich verpasse wegen dieser Schmierenkomödie nicht meine Maschine, schießt es mir durch den Kopf, als ich den vier Polizisten genervt hinter eine aufgestellte Trennwand folge. Meine Füße schmerzen immer heftiger, und ich spüre Wut in mir aufsteigen. Was soll der ganze Zirkus? Einer der Männer reißt mir den Koffer aus der Hand und beginnt, ihn zusammen mit einem Kollegen zu durchwühlen.

Als meine BHs und Slips wild durcheinanderfliegen, wird es mir zu viel. «Wisst ihr denn nicht, wer ich bin?», rufe ich empört. «Ich bin Maren. Ihr könnt jetzt aufhören!»

Ohne Vorwarnung zieht mich einer der Polizisten nah an sich heran und gleitet mit seinen kräftigen, behaarten Händen über meinen Oberkörper. «Hast du irgendwelche körperlichen Probleme, oder warum fühlt sich das hier so komisch an?»

Es erwischt mich wie ein Stromschlag, mir wird gleichzeitig heiß und kalt, und ich fange an zu begreifen. Das alles ist gar nicht inszeniert, keine Show für irgendeinen Polizeichef – es ist echt. Verzweifelt versuche ich noch einmal, die Situation aufzuklären, sie wieder an meine ursprüngliche Erwartung anzupassen. «Es ist alles in Ordnung. Wisst ihr denn nicht, wer ich bin?» Meine Stimme klingt nun kleinlaut, sie bricht, und meine Hände fangen an zu zittern.

«Hat dich der Nigerianer geschickt?», herrscht mich einer der Polizisten an.

Meint er Lucas? Ich bleibe vorsichtshalber stumm, verstehe die ganze Situation nicht. Wenn sie Lucas kennen, warum machen sie dann so einen Aufstand? Der Nigerianer hat sie doch bezahlt. Was soll das? Was passiert als Nächstes? Komme ich jetzt ins Gefängnis? Soll ich meinen Auftraggeber verraten? Bekomme ich dann eine geringere Strafe? Oder bringt mich die Mafia dann um? Haben sie mich überhaupt erwischt? Ist das womöglich alles nur ein Test, ob ich zuverlässig schweige? Unzählige Fragen schießen mir durch den Kopf, überschlagen sich förmlich.

«Los, zieh dich aus!», brüllt der Brasilianer und holt mich in die Wirklichkeit zurück.

«Doch nicht vor Männern», versuche ich ängstlich abzuwehren.

Der Polizist lacht nur gehässig. «Du bist hier in Brasilien, Mädchen. Los, zieh dich aus, oder sollen wir das machen?»

Mit meinen zitternden Händen bin ich kaum in der Lage, die Knöpfe meines Blazers zu öffnen. Vor meinen Augen verschwimmt alles. Was wird nun aus mir?, hämmert es in meinem Kopf. Ich möchte mich übergeben, möchte mich setzen, möchte wieder klar denken können.

«Schneller!»

Der Befehl klingt wie aus einer anderen Welt. Als der Mann mich grob am Arm packt, schlage ich die Augen auf und versuche, ihm fest ins Gesicht zu sehen. «Das ist ein Irrtum!», beteuere ich noch einmal, aber die Männer lachen bloß.

Inzwischen sind es nur noch drei. Wo ist der vierte? Ich habe gar nicht bemerkt, dass er gegangen ist. Aus der Ferne höre ich den Aufruf für einen Flug. Etwa meinen Flug? Nebenan in der Abflughalle geht alles seinen gewohnten Gang. Als ich nur noch mit meiner Korsage und der Radlerhose bekleidet dastehe, kommt der vierte Polizist mit einer Stewardess um die Ecke – als Zeugin. Mitleidig mustert sie mich und nickt dann, ehe sie wieder in der Abflughalle verschwindet.

«Hat dich der Nigerianer geschickt?», fragt mich der Englisch sprechende Polizist erneut, seine Stimme klingt aggressiv. «Wie viel Geld hast du dafür bekommen?»

Ich sage nichts.

Im nächsten Moment reißt er die Faust hoch und packt mich mit der anderen Hand am Hals. «Mädchen, wir sind hier in Brasilien. In diesem Land werden bei Leuten wie dir Elektroschocks eingesetzt. Du sagst mir jetzt sofort, wie viel Geld du für die Aktion bekommen sollst.»

«Achttausend», presse ich hervor, woraufhin er mich sofort loslässt.

Seine Kollegen ziehen mir die Radlerhose und die Korsage herunter. Als mein Slip verrutscht, verhöhnen sie mich. Noch nie habe ich mich so elend gefühlt. Warum habe ich mich nur darauf eingelassen? Ich wollte es doch besser machen, wollte endlich ein schönes Leben führen. Stattdessen ist alles nur noch schlimmer.

Vor den Augen der Polizisten, die mich ununterbrochen anstarren und dabei über mich reden – auf Portugiesisch, damit ich nichts verstehe –, soll ich mich wieder ankleiden. Allerdings gelingt es mir nicht, die Knöpfe des Blazers zu schließen, da ich noch immer zittere. Ruppig greift einer der Polizisten nach meinen Händen und legt mir Handschellen an. Ich bin gefangen! Um die Fesseln zu verstecken, legen sie mir eine Jacke über die Hände, ehe sie mich quer durch die Flughafenhalle in Richtung Ausgang schubsen. Ich spüre die Blicke der umstehenden Menschen und wage kaum aufzuschauen. Ich möchte niemanden sehen, keine mitleidigen Blicke, keine Neugierde.

Vor einem schäbigen dunklen Auto bleiben wir stehen. Es parkt direkt vor dem Eingang zum Flughafengebäude, genau dort, wo ich gerade aus dem Taxi ausgestiegen bin. Vor wenigen Minuten, als ich noch frei war und von einem Neuanfang träumte … Einer der Männer öffnet die vergitterte Kofferraumklappe, dann stoßen sie mich unsanft hinein. Es riecht nach Erbrochenem, überall entdecke ich eingetrocknete Blutstropfen. Ich versuche, mich so hinzukauern, dass ich möglichst keinen dieser ekelhaften Flecken berühre. Der Fahrer des Wagens rast durch die Stadt und biegt oft, ohne zu bremsen, um die Ecken. Ich werde in meinem Hundekäfig jedes Mal hin und her geschleudert, denn mit den Handschellen habe ich keine Chance, mich festzuhalten oder auch nur abzufangen.

«Können Sie nicht langsamer fahren?», brülle ich nach vorne, was mir lediglich einige Beschimpfungen einbringt.

Irgendwann wird mir schlecht. Wieder und wieder knalle ich rechts und links gegen die Käfigwände und habe das Gefühl, meine Mitte zu verlieren. Ich fühle mich wie Pudding.

Draußen ist es warm, ungewöhnlich warm für Anfang April. Gestern um diese Zeit bin ich noch durch die Stadt geschlendert und habe mir ein schönes grünes Oberteil gekauft, mit dem ich Pedro bei meiner Ankunft in Venezuela beeindrucken wollte. Die paradiesische Isla Margarita …

São Paulo dagegen ist furchtbar hässlich. Die Stadt hat mir schon bei meiner Ankunft nicht gefallen: ein verdreckter, versmogter Moloch. Im Zentrum stehen überall Hochhäuser, am Stadtrand die armseligen Blechhütten der Favelas. Wenn die Stadt schon so abstoßend ist, was erwartet mich dann erst im Gefängnis? Wie lange werde ich jetzt eingesperrt? Ich erinnere mich an ein Plakat, das mir bei meinem letzten Flug aufgefallen ist, darauf stand etwas von zehn Jahren Haftstrafe für Drogenschmuggel. Zehn Jahre? Dann wäre ich 35 bei meiner Entlassung. 35! Bei dem Gedanken kommen mir die Tränen. Warum habe ich mich bloß darauf eingelassen?

Zahllose Eindrücke, Ideen, Erinnerungen dringen in mein Bewusstsein, doch kein Gedanke kann sich festsetzen. Haltlos. Auch Pedro taucht in meinem Kopf auf. Heute früh haben wir noch telefoniert, er fragte, wann ich endlich käme. Ungeduldig, irgendwie verunsichert klang er. Schließlich weiß er nicht, dass ich das Geld für unser Restaurant noch verdienen wollte. Ihm sagte ich nämlich, dass ich es nur aus Deutschland holen und dann zurückkehren würde. Er ahnt nichts von meiner Brasilienreise. Was wird er sagen? Was wird jetzt aus uns?

Der Wagen hält, der Fahrer steigt aus und knallt die Tür zu. Ich gerate in Panik. Gleich wird er die Kofferraumklappe aufreißen und mich herauszerren. Wohin gehen wir dann? Ich will lieber in dem Käfig bleiben! Ich will nicht ins Gefängnis! Als ich aufblicke, steht vor der Heckscheibe ein weiterer Mann, der einen weißen Kittel trägt. Ein Arzt? Anscheinend, denn er stellt sich als Doktor irgendwer vor. Nachdem er die Kofferraumklappe geöffnet hat, fragt er mich auf Englisch, ob man mich geschlagen habe.

Ich erzähle ihm von der schlimmen Fahrt hierher, dass die Kerle mich ins Auto gestoßen und am Hals gepackt haben, ebenso von den angedrohten Elektroschocks und der erhobenen Faust. Die Worte fließen nur so aus mir heraus, denn ich bin froh, dass sich endlich jemand für mich und mein Wohlergehen interessiert. So fühle ich mich einen kurzen Moment weniger verloren, fast ein bisschen beschützt. Leider zu Unrecht.

«Also nicht geschlagen», unterbricht er meinen Redeschwall und schließt die Kofferraumklappe ohne ein weiteres Wort.

Erneut kommen mir die Tränen – ich werde wie Schlachtvieh behandelt.

Der Fahrer steigt wieder ein und gibt Vollgas. «Warte erst, bis du im Gefängnis bist! Da gehen die Häftlinge mit Ausländern wie dir nicht so sanft um!», droht er mir sichtlich zufrieden.

Ich erwidere nichts.

Als wir das nächste Mal halten, stehen wir vor der großen Polizeistation von São Paulo. Mein Bewacher zieht mich aus dem Wagen und schubst mich durch den Eingang und einen langen Flur entlang bis in ein kleines Büro. Nachdem wir eingetreten sind, schließt er die Tür ab.

Ich sitze da und spüre nur mein Herz hämmern. Wie konnte ich nur so naiv sein, mich auf diese Aktion einzulassen? «Ein ungefährlicher Auftrag, keine große Sache», hatte Lucas mir gesagt. Plötzlich schießt mir ein neuer Gedanke durch den Kopf: Wie sind die Polizisten eigentlich auf mich gekommen? Warum haben sie ausgerechnet mich aus der Schlange gezogen? Ich rufe mir den Augenblick am Flughafen noch einmal ins Gedächtnis, den Moment, als die Männer von vier Seiten auf mich zustrebten … Schlagartig wird mir bewusst: Das war keine Willkür, sie liefen nicht die Schlange ab und entschieden sich dann spontan für mich – sie kamen gezielt auf mich zu. Hatten sie vielleicht sogar schon auf mich gewartet? Das würde bedeuten, dass jemand sie informiert hatte, und zwar jemand, der genau wusste, welchen Flug ich nehmen und welche Kleidung ich tragen würde. Ich wurde verraten! Zum ersten Mal seit meiner Verhaftung habe ich das Gefühl, einen klaren Gedanken fassen zu können.

Die Erkenntnis schmerzt, sie treibt mir erneut die Tränen in die Augen. Rasch versuche ich, sie wegzublinzeln, zumal ich plötzlich Stimmen vor der Tür höre. Kurz darauf drückt jemand die Klinke herunter, und mein Aufpasser eilt zur Tür, um sie aufzuschließen. Drei Polizisten in kurzärmeligen Hemden betreten das Büro. Sie setzen sich an den Schreibtisch und weisen mich an, ebenfalls Platz zu nehmen. Ihre Mienen sind kalt, vollkommen emotionslos.

«Wer hat dich geschickt?», will der Älteste von ihnen wissen.

Ich wage nicht, es ihnen zu sagen, denn noch größere Angst als vor der Polizei habe ich vor der Mafia. Die Beamten würden mich im schlimmsten Fall verprügeln, die PCC dagegen würde mich garantiert ermorden lassen. Also ignoriere ich das Geschrei und lasse die Beschimpfungen und Drohungen über mich ergehen, bis die Polizisten irgendwann aufgeben. Der eine nimmt grob meine Hand und drückt jeden Finger mindestens zwanzigmal erst auf ein Stempelkissen und dann auf verschiedene Blätter Papier. Anschließend greift er nach dem Telefon, wählt eine Nummer, spricht kurz in den Hörer und überreicht ihn dann mir – offenbar ist jemand vom deutschen Konsulat am Apparat.

Die Stimme des Mannes klingt unbeteiligt. «Haben Sie Verwandte, die wir informieren sollen?», fragt er.

Ich denke an meinen Vater und meine Geschwister. Nein, sie sollen es lieber nicht erfahren. Wozu auch? Helfen würden sie mir ganz sicher nicht.

Als ich das dem Konsulatsmitarbeiter genau so mitteile, beendet er das Telefonat. Der schlimmste GAU meines bisherigen Lebens scheint ihn nicht besonders zu interessieren, es ist für ihn nicht mehr als eine lästige Routineangelegenheit. Anscheinend bin ich auf mich allein gestellt, den brasilianischen Behörden komplett ausgeliefert. Dann höre ich, wie die Tür geschlossen wird. Ich bin allein. Stundenlang.

Endlich kann ich richtig weinen. Nachdem sich der erste Schock gelegt hat, spüre ich mit voller Wucht die Angst vor dem, was nun auf mich zukommt. Ich bin unglücklich, weil mein Traum vom neuen Leben zerplatzt ist, und wütend, weil ich an diesem Scheitern die Schuld trage. Dabei ist mir das eigentliche Drama dieser Festnahme gar nicht bewusst, denn noch ahne ich nicht, dass in meinem Bauch gerade ein neues Leben entsteht, das ganz unschuldig in diese Situation geboren werden wird.

BRAUNSCHWEIG Der Einstieg ins Milieu

Vor 25 Jahren kam ich in einem kleinen beschaulichen Ort in der Nähe Braunschweigs als zweites von insgesamt drei Kindern zur Welt. Meine Mutter arbeitete bei der Post, mein Vater als Fernfahrer. Dadurch war er selten zu Hause, was mir ganz recht war, da er nur wenig Geduld oder Verständnis für mich und meine beiden Geschwister aufbrachte. Oft reagierte er ungehalten, wenn er sich ärgerte. Mit Mama verstand ich mich hingegen super. Sie war sehr liebevoll und erfüllte uns fast jeden Wunsch – ich kann mich nicht daran erinnern, etwas, das mir wirklich am Herzen lag, nicht bekommen zu haben. Selbst als ich einmal ein herrenloses Kätzchen in unserem Keller fand, setzte sich meine Mutter vehement dafür ein, dass ich es behalten durfte, bis mein Vater endlich nachgab.

Eigentlich fällt mir nur eine einzige Situation ein, in der ich mich von ihr verraten fühlte: Das war, als sie meinen geliebten Mischlingsrüden Rex ins Tierheim brachte, weil sie mit meinem Bruder schwanger war. «Das wird mir zu viel: du, deine Schwester, ein Baby und dann noch ein Hund. Außerdem ist unsere Wohnung dafür zu klein», argumentierte sie unerbittlich. Als ich eines Tages von der Schule nach Hause kam, war Rex verschwunden. Ich litt fürchterlich, wollte tagelang nichts essen und hätte meinen ständig schreienden kleinen Bruder am liebsten sofort gegen meinen Hund zurückgetauscht. Vielleicht ist das sogar einer der

Gründe dafür, dass ich zu meinem zehn Jahre jüngeren Bruder niemals ein wirklich inniges Verhältnis aufbaute.

Abgesehen davon war meine Kindheit recht unbeschwert. Beinahe jeden Sommer fuhren wir in den Ferien ans Meer, meist nach Fehmarn. Nachdem wir Kinder den ganzen Tag im Meer gebadet oder uns gegenseitig mit Quallen beworfen hatten, freuten wir uns auf den Höhepunkt des Tages: das allabendliche Grillen. Während meine Mutter in der Küche Salate zubereitete, stand ich neben Papa am Grill und hielt an langen Stöcken aufgespießte Marshmallows ins Feuer. Ich liebte es, wenn sie außen leicht knusprig und innen schön weich waren, aber vor allem genoss ich es, dass Papa nicht genervt war und auch mal mit uns lachte, statt nur zu schimpfen.

Meistens war ich es, die seinen Ärger auf sich zog, was daran lag, dass ich von uns drei Geschwistern mit Abstand die Wildeste war. Ich kletterte auf jeden Baum, schlich mich nachts heimlich davon, fuhr Skateboard und Mountainbike, spielte leidenschaftlich gern Eishockey, bis meine Eltern es mir wegen der unzähligen Blessuren irgendwann verboten und stattdessen vorschlugen, ich solle eine Tanzschule besuchen. Aber das war nichts für mich! Ich brauchte Spannung und Abenteuer, um meine Neugier und meinen Lebenshunger stillen zu können. Angst kannte ich nicht, vielmehr stürzte ich mich auf alles, was Aufregung und Nervenkitzel versprach.

Konsequenterweise hatte ich mit 14 schon Freunde, die Kette rauchten und auf ihren frisierten Mofas die Gegend unsicher machten, was mich zum Gesprächsthema Nummer eins unserer eher bodenständigen Nachbarschaft machte. Doch meine Mutter hielt stets zu mir und schmetterte sämtliche Bedenken ab. «Die Kleine wird ihren Weg schon gehen», beteuerte sie unermüdlich und machte sich, obwohl sie in Vollzeit arbeitete, auf den Weg zur Schule, um mich zu unterstützen, wenn ich mir mal wieder Ärger mit einem Lehrer eingehandelt hatte. Nach außen hin verteidigte sie mich wie eine Löwenmutter ihr Junges, nur wenn wir allein waren, wenn wir in der Küche gemeinsam buken oder kochten, sprach sie mit mir über ihre Angst, dass ich abrutschen oder in noch größere Dummheiten verwickelt werden könnte. Dann umarmte, küsste und beruhigte ich sie jedes Mal schnell und sagte: «Ach, Mama, du musst dir um mich doch keine Sorgen machen!» Daraufhin seufzte sie meist nur und fragte sich im Stillen wahrscheinlich, was mir wohl als Nächstes einfiele.

Sogar als ich beschloss, nach der neunten Klasse von der Schule abzugehen, um Friseurin zu werden, stand sie mir zur Seite. Mein Vater dagegen hätte mir diesen Berufswunsch am liebsten verboten. Mit ihm und meinen Geschwistern verstand ich mich zunehmend schlecht. Ständig gab es Streit zu Hause. Trotzdem gelang es meiner Mutter, unsere Familie zusammenzuhalten.

Bis sie irgendwann krank wurde. «Unheilbarer Lungenkrebs», lautete die Diagnose der Ärzte, die uns offenbarten, dass Mama nicht mehr lange leben würde. Im Herbst 1996, ich war gerade 18 Jahre alt, traf ihre traurige Vorhersage ein: Mama starb. Für mich brach eine Welt zusammen, ich hatte meinen Halt verloren.

Von da an fehlte mir die Kraft, weiterhin ein geordnetes Leben zu führen. Ich ließ mich treiben, besuchte nur noch unregelmäßig die Berufsschule und brachte immer zwielichtigere Typen mit nach Hause, was regelmäßige Meinungsverschiedenheiten mit meinem Vater zur Folge hatte. Nur wenige Monate nach dem Tod meiner Mutter glich mein Leben einem Trümmerfeld, ich hatte nichts mehr im Griff. Als kurze Zeit später einer meiner Freunde bei dem Versuch, in unser Haus einzubrechen, von den Nachbarn erwischt wurde, eskalierte die Situation mit meinem Vater. Völlig überfordert mit seiner renitenten Tochter, wechselte er das Schloss aus und ließ mich nur noch ein einziges Mal in die Wohnung: um meine Sachen zu packen. Obwohl ich bereits volljährig war, hätte ich vielleicht darauf bestehen können, dass er mich wenigstens finanziell unterstützte. Doch daran dachte ich gar nicht.

Ausgestattet mit einem Rucksack voller Klamotten, fand ich vorerst bei einer Freundin Unterschlupf, die ein ziemlich unstetes Leben führte und beinahe jeden Tag einen neuen Mann mit nach Hause nahm. Bald stritten wir so heftig, dass auch sie mich vor die Tür setzte. Etwa zur gleichen Zeit verlor ich meine Stelle beim Friseur. Ich hatte extrem häufig die Berufsschule geschwänzt, weshalb es absehbar war, dass ich nicht zur Abschlussprüfung zugelassen werden würde. Ohne Geld, Job und Wohnung war ich froh, bei einem Bekannten einziehen zu dürfen, den ich erst ein paar Abende zuvor kennengelernt hatte. Wovon genau er lebte, wusste ich nicht, hatte aber den Verdacht, dass es nicht ganz legal war. Er bot an, mir einen Job zu besorgen, bei dem ich pro Abend mindestens 500 Mark verdienen sollte. Verunsichert fragte ich: «Aber nicht als Prostituierte?» Als er verneinte, sagte ich dankbar zu, schließlich brauchte ich dringend Geld. Weitere Fragen stellte ich nicht. Es war mir egal.

Wenige Stunden später fuhren wir zu einem Laden in der Braunschweiger Innenstadt, über dessen Eingang in pinkfarbenen Leuchtbuchstaben das Wort «Bar» prangte. Mir war unbehaglich, aber mein Bekannter zog mich einfach die drei Treppenstufen nach unten. Im nächsten Moment waren wir in einem verqualmten Nachtclub, in dem unzählige Männer an der Bar oder um eine kleine Tanzfläche herumstanden und eine Frau begafften, die halb nackt an einer Stange tanzte. Gerade öffnete sie elegant mit einer Hand ihren BH und ließ ihn lasziv zu Boden fallen.

Mein Bekannter steuerte direkt auf einen gutaussehenden

Typen zu, der hinter dem Tresen Bier zapfte. «Das ist Maren», sagte er, «die könnte für euch tanzen.»

«Hast du das denn schon mal gemacht?», fragte der Barkeeper und musterte mich dabei neugierig.

Ich verneinte schüchtern.

«Geh mal nach hinten zu Tanja», meinte er dann und wies mir mit einer Kopfbewegung die Richtung.

Ratlos sah ich zu meinem Bekannten hinüber, der mir aufmunternd zunickte und mich sanft anschob. Ängstlich kämpfte ich mich durch den Laden, an den vielen Männern vorbei, deren Blicke lüstern auf der blonden, mittlerweile komplett entkleideten Tänzerin ruhten. Ich fand diese Kerle ekelhaft und war froh, als ich endlich die Tür gefunden hatte, hinter der ich Tanja vermutete. Ein Türsteher stand davor und bewachte sie.

«Ich will zu Tanja», erklärte ich und war überrascht, wie selbstbewusst und bestimmt ich dabei klang.

Er machte einen Schritt zur Seite und gewährte mir Zutritt zu einem winzig kleinen Raum, in dem ein Mädchen im knappen Latex-Outfit auf einer Bank saß und rauchte. Sie war kaum älter als ich.

«Bist du Tanja?», fragte ich.

«Nein, die ist gerade auf der Bühne», gab sie zurück und musterte mich neugierig.

Verlegen sah ich weg, so als würde ich den Raum betrachten wollen. An einer Wand waren Getränkekisten gestapelt, über einem Stuhl hingen ein gestrickter Rollkragenpullover und eine hellblaue Jeans, auf einem kleinen Tisch stand eine Flasche Wasser, und auf der Bank neben der wartenden Tänzerin lagen bunte Kleidungsstücke verstreut. Ich erkannte Hotpants und einen BH, die anderen Sachen waren wahrscheinlich irgendwelche Minislips und andere Bühnenkleidung.

Die Frau drückte ihre Zigarette auf dem schmutzigen Fußboden aus, stand auf, streckte sich und verschwand mit einem Satz durch einen Vorhang auf die Bühne. Alleine im Raum, wagte ich mich näher an die bunte Stoffsammlung auf der Bank heran, wo ich nun auch einen Minirock und mehrere aufregende Oberteile entdeckte, bei denen auf den ersten Blick nicht zu erkennen war, wie man sie anziehen sollte. Plötzlich kam wieder Leben in den Vorhang: Tanja schlüpfte splitternackt, ihre Schuhe und die Arbeitskleidung auf dem Arm, von der Bühne und sah mich freundlich an.

«Kann ich dir helfen?», erkundigte sie sich.

«Ich soll mich bei dir als Tänzerin vorstellen.»

«Hast du Erfahrung in dem Bereich?», wollte sie nun wissen.

«Nein», gestand ich.

Tanja war etwa zehn Jahre älter als ich, hatte beneidenswert tolle blonde Locken, große blaue Augen und einen makellosen Körper. Sie musterte mich. «Traust du dir das zu?»

«Ich brauche wirklich dringend Geld», entgegnete ich, «und ein Freund von mir meinte, ich könnte hier ganz gut verdienen.»

Tanja nickte. «Das hängt ein bisschen davon ab, ob du nur tanzt oder auch Zimmer machst. Aber ein paar hundert Mark am Abend sind auf jeden Fall drin.» Zimmer machen? Was meinte sie damit? Mir schauderte, aber Tanja lächelte wieder. Sie schien meine Gedanken zu erahnen. «Okay, dann versuchen wir es erst mal mit dem Tanzen. Du hast Glück, heute ist eine Kollegin abgesprungen, und zu zweit ist der Job kaum zu schaffen. Wenn du willst, kannst du gleich anfangen. Magst du was von mir anziehen?», bot sie an, und ich wunderte mich über ihre Offenheit.

Mit spitzen Fingern stöberte ich auf der Suche nach einem geeigneten Outfit in ihrer Wäsche herum, als ich hinter mir ein schnelles Klacken vernahm. Verwundert drehte ich mich um und sah, wie die noch immer nackte Tanja auf dem kleinen Tisch mit einer Kreditkarte auf etwas Weißem herumklopfte. Neugierig trat ich näher.

«Das macht dich lockerer», erklärte sie mir.

Doch erst als sie anfing, das Pulver in zwei Linien zu teilen, verstand ich, was sie da gerade tat. «Nein, das mache ich nicht!», rief ich aufgeregt.

«Dann wirst du es nicht bringen», kommentierte Tanja trocken.

Ich geriet unter Druck. Klar hatte ich mit Freunden schon mal Cannabis geraucht, aber das hier war mir nun doch eine Nummer zu groß. Das war Koks. Damit wollte ich nichts zu tun haben. Unentschlossen stand ich in dem kleinen schäbigen Raum und spürte, dass ich eigentlich gehen sollte. Aber wohin? Zu meinem Vater? Mir wieder Vorwürfe machen lassen? Zu meiner altklugen Schwester? Sollte ich etwa zugeben, dass sie die ganze Zeit recht gehabt hatte mit ihrer Rede, ich würde es allein nie schaffen? Nein, das konnte ich nicht. Ich brauchte Geld. Und zwar ziemlich schnell, ziemlich viel, um mir eine Wohnung einrichten zu können und endlich nicht mehr abhängig zu sein. Nicht von meiner Familie, nicht von Freunden und Bekannten, von niemandem.

In diesem Moment schaltete ich mein Gehirn aus, nahm den Geldschein, den Tanja mir hinhielt, und zog das weiße Zeug in die Nase. Meine Augen füllten sich mit Tränen, und ich musste blinzeln.

«Jetzt noch mal hochziehen», wies mich meine neue Tanzkollegin an, «und dann die Nase reiben.»

Ein bitterer Geschmack kroch meinen Rachen hinunter in den Bauch, wo kurze Zeit später ein Kribbeln einsetzte, gefolgt von einem dringenden Bedürfnis. Schon als ich von der Toilette zurückkam, fühlte ich mich erstaunlich frei, leicht und gut gelaunt.

Mein erster Auftritt machte mir – enthemmt und beflügelt durch das Koks – überhaupt nichts aus. Ich habe schon immer wahnsinnig gerne getanzt, trotzdem war ich erstaunt, wie hemmungslos ich von der Bühne herab die Männer anfeuerte und mich lasziv und leidenschaftlich an der Stange bewegte. Ich schlüpfte so geschickt aus dem BH und dem knappen Slip, als hätte ich bereits reichlich Bühnen- und Striperfahrung, und das Beste war: Ich fühlte mich großartig dabei. Wer mir Geld hinhielt, den tanzte ich sogar extra an. Ich sah den Männern, die mich kurz zuvor noch angeekelt hatten, tief in die Augen und vermittelte ihnen das Gefühl, begehrenswert und attraktiv zu sein. In Wahrheit taten mir die Kerle leid, wie sie dort unten standen und Geld dafür zahlten, nackte Frauen beim Tanzen zu beobachten. Ich fühlte mich ihnen überlegen, verspürte keinerlei Respekt, genoss dieses Blickebannen und Anheizen dank des Drogenkonsums und eines gewissen Talents, das ich für diesen Job offenbar mitbrachte.

Wieder zurück im Backstage-Bereich, fiel ich sofort plappernd über die wartende Tänzerin her, der ich ausführlich von meinem sensationellen Erlebnis erzählte. Bis in die frühen Morgenstunden stieg ich an jenem Abend immer wieder auf die Bühne. An meinen Bekannten, der mich immerhin hierhergebracht hatte, dachte ich gar nicht mehr. Ich fühlte mich frei und unabhängig und freute mich über diese wenig anstrengende Möglichkeit, mir meinen Lebensunterhalt finanzieren zu können. Ob ich gerade den richtigen Weg einschlug, darüber dachte ich lieber nicht nach. Moralische Bedenken konnte ich mir aus Mangel an Alternativen ohnehin nicht leisten.

Als zu später Stunde mein Feierabend anstand, fiel mir mein

Begleiter plötzlich wieder ein. Immerhin wohnte ich bei ihm und hatte keine Ahnung, wie ich ohne ihn nach Hause kommen sollte. Doch dann schob mir der nette Barmann mit einem charmanten Lächeln 500 Mark über den Tresen. Dafür konnte ich mir locker ein Taxi leisten, zur Not sogar ein Hotelzimmer!

«Es wäre schön, wenn du regelmäßig bei uns tanzen würdest», ließ er mich wissen. «Ich bin übrigens Werner.»

Von diesem Moment an gehörte ich dazu: Donnerstag, Freitag und Samstag wurden bald meine festen Arbeitstage, wobei ich gegen 20 Uhr meinen Dienst antrat und morgens um 6 Uhr spätestens Feierabend hatte. Schon nach wenigen Tagen bekam ich das erste Angebot, mit einem Mann aufs Zimmer zu gehen. Ein absurder Gedanke.

Aber Tanja, die sich meiner intensiv annahm, tat meine Bedenken als lächerlich ab. «Du lässt die Kerle doch nicht wirklich in dich rein! Du tust bloß so.» Um mir die Scheu zu nehmen, sollte ich bei ihrem nächsten «Zimmer» einfach mitkommen. Der Typ freute sich über die kostenlose Zuschauerin, und Tanja lachte mir immer wieder zu, während sie ihn befriedigte, indem sie lediglich die Hände benutzte. Ihr Freier merkte davon nichts und glaubte tatsächlich, er hätte gerade Intimverkehr.

Weil ich durch diese «Zusatzarbeit» mein allabendliches Einkommen sozusagen im Handumdrehen verdoppeln konnte, ließ auch ich mich dazu überreden. Aufgelockert mit ein bisschen Koks, das ich zusammen mit den anderen Mädchen aus der Bar auf der Personaltoilette gesnifft hatte, nahm ich schließlich einen Mann mit nach oben, der vom Alter her mein Vater hätte sein können. Er war ordentlich gekleidet, trug einen Ehering und wirkte mit seinem gemütlichen Bauch wie ein artiger Familienvater. Trotz der beflügelnden Leichtigkeit, die das weiße Pulver bei mir auslöste, fühlte es sich nicht gut an, den Herrn in meinem

Rücken zu spüren, der mich vermutlich gerade genau taxierte und sich darauf freute, meinen Körper gleich anfassen zu dürfen.

Ich versuchte, nur an das Geld zu denken. An nichts anderes. Den Gedanken daran, was meine Mutter oder der Rest meiner Familie zu dieser Situation sagen würde, verdrängte ich. Darin war ich ohnehin ganz gut. Und das viele Geld, das ich inzwischen verdiente, half mir dabei. Seit ich tanzte, konnte ich mir ausreichend Unterhaltung und Ablenkung leisten, sodass ich den Schmerz über den Tod meiner Mutter ebenso wie über die offensichtliche Gleichgültigkeit meines Vaters und meiner Geschwister unter ständig neuen Anschaffungen begrub. Das war meine Art von Selbstschutz. So redete ich mir auch die Gegenwart des Mannes schön, der sich nun nackt auszog, um sich von mir befriedigen zu lassen: Ich werde ja nicht wirklich mit ihm schlafen, sondern diesem armen Tropf nur suggerieren, dass er Sex mit mir hat. Und gleich morgen werde ich mir von dem Geld, das er dafür zahlt, etwas Schönes kaufen, wiederholte ich innerlich immer wieder. Nie hätte ich erwartet, dass dieser harmlos wirkende Typ derart ausrasten würde!

Anders als Tanja bewies ich bei meinem Liebesdienst offenbar nur wenig Geschick. Ziemlich schnell bemerkte der Mann den Schwindel, also die ungewollte Handarbeit, wurde zornig, drohte mit Schlägen und verlangte sofort sein Geld zurück. Fluchtartig rannte ich zu Werner, der über mein Missgeschick herzlich lachte und den aufgebrachten Freier mit einem Glas Sekt erstaunlich schnell besänftigte.

Von da an zog ich es vor, auf der Bühne zu bleiben. Schließlich verdiente ich auch mit dem Tanzen genügend Geld, um mir nach kurzer Zeit eine schöne Zweizimmerwohnung im Dachgeschoss schick einrichten und ausgefallene Klamotten kaufen zu können. Manchmal flog ich mit Tanja spontan zum Frühstücken nach London oder zum Shoppen nach Paris. Mit Genugtuung dachte ich daran, dass meine Familie wahrscheinlich noch immer Urlaub an der Ostsee machte, während ich diese spannenden Metropolen kennenlernte. Ich redete mir ein, dass es mir viel besser ginge als ihnen, ohne möglichst tief in diese Gedankenwelt einzutauchen. Unsere schönen Zeiten, die gemütlichen Familienfeiern und Grillabende auf Fehmarn blendete ich lieber aus. Stattdessen genoss ich die Abwechslung, das leichte Leben und die meist oberflächlichen und entsprechend unkomplizierten Freundschaften mit meinen Arbeitskolleginnen, die ebenso schnell entstanden, wie sie auseinandergingen.

Ruck, zuck vergingen drei unbeschwerte Jahre, in denen ich mich frei, unabhängig und unantastbar fühlte. Wenn es mir in einem Laden nicht mehr gefiel, suchte ich mir einen neuen, zur Not auch mal in einer der umliegenden Städte. Für Tänzerinnen wie mich gab es genügend Arbeit. Eigentlich hätte es noch ewig so weiterlaufen können. Doch dann bekam ich ein Angebot, das mir das Geldverdienen noch leichter machen sollte.

COSTA RICA Strandurlaub mit Spitzengehalt

Es war früh am Abend, wir bereiteten uns gerade auf die Tanzauftritte vor, als eine Kollegin mich ans Telefon rief. Ihr nigerianischer Freund Ray, den ich vom Sehen kannte und der gerade geschäftlich in Costa Rica zu tun hatte, war am Apparat und fragte mich in gebrochenem Deutsch, ob ich nicht etwas anderes machen wolle, als immer nur vor Betrunkenen in dieser Kaschemme zu tanzen. Er habe da einen tollen Job für mich.

«Was denn?», fragte ich neugierig und wunderte mich, warum er dieses tolle Angebot nicht seiner Freundin unterbreitete.

«Du müsstest sofort nach Costa Rica fliegen, Flug und Hotel bezahlen wir dir natürlich. Sobald du den Auftrag erledigt hast, bekommst du zehntausend Mark bar auf die Hand.»

Ich hatte Schwierigkeiten, ihn zu verstehen, weil er schlecht Deutsch und ich kaum Englisch sprach, und so dauerte es eine Weile, bis ich verstand, was er von mir wollte. «Was genau soll ich denn machen?», fragte ich schließlich misstrauisch, woraufhin Ray meinte, das könne er mir am Telefon nicht sagen. «Das ist bestimmt nicht legal!», argwöhnte ich.

Doch der Freund meiner Tanzkollegin tat entrüstet. «Natürlich ist es legal! Keine Sorge!» Als ich sagte, dass ich darüber nachdenken wolle, drängelte er: «So ein Job ist schnell vergeben! Du solltest nicht zu lange zögern.»

Trotz des ungutten Gefühls im Magen ließ ich mich spontan auf diesen Deal ein. «Okay, ich mach's!» Eine Reise, bei der ich viel Geld verdienen konnte, das klang einfach zu verlockend.

Einige Freunde, denen ich von diesem dubiosen Job erzählte, schüttelten den Kopf über meine Gutgläubigkeit und warnten mich, dass der Auftrag sicher kriminell sei.

«Du sollst bestimmt Drogen oder Diamanten schmuggeln», tippte Werner. Der Barmann aus meinem ersten Club war inzwischen mein bester Freund und stets um mich besorgt.

Ich wiegelte ab. «Ray hat gesagt, es sei legal.» Nach dem Tod meiner Mutter hatte nie wieder jemand an mich geglaubt, jetzt wollte ich es allen zeigen – als gutverdienende Geschäftsreisende. Außerdem hatte ich sowieso keine Lust mehr auf dieses nächtliche Tanzen an der Stange.

Drei Tage später bekam ich das Ticket zusammen mit etwas Geld von meiner Kollegin.

«Warum fliegst *du* eigentlich nicht?», fragte ich sie.

Zur Antwort bekam ich nur ein Schulterzucken. «Ray möchte das nicht.»

Froh darüber, dass ich keinen eifersüchtigen Freund an der Backe hatte, der mir solche Reisen verbot, öffnete ich ehrfürchtig den Umschlag mit den Flugtickets. «San José» stand da als Zielflughafen. Laut meinen Unterlagen sollte ich bereits Anfang kommender Woche für zehn Tage nach Costa Rica fliegen. Nur um etwas abzuholen? Ich verwarf meine Bedenken und lief sofort zu meinem Chef, um ihm mitzuteilen, dass ich nur noch dieses Wochenende tanzen und dann für einige Zeit verschwinden würde.

«Haste Ärger?», knurrte er.

«Nein, eine Geschäftsreise!», konterte ich und ließ ihn mit

verblüffter Miene einfach an der Bar stehen. Leichtfüßig trat ich aus dem Laden, einen Job wie diesen fand ich schließlich jederzeit wieder.

Zu Hause begann ich voller Vorfreude sofort mit dem Kofferpacken, ich stopfte alles hinein, was ich in Costa Rica zu brauchen glaubte: leichte Sommerkleider, knappe Bikinis, Sandalen und T-Shirts. Dann rief ich Werner an, der noch immer sehr skeptisch war.

«Meinst du wirklich, das ist in Ordnung?»

Mein Blick fiel auf den inzwischen prallgefüllten Koffer, der abflugbereit vor der Wohnungstür stand, und ich fühlte sofort wieder die Freude und den Stolz in mir aufsteigen «Ich passe auf mich auf», entgegnete ich, ohne weiter auf seinen Einwand einzugehen. Meine Reise klang zu exotisch und abenteuerlich, als dass ich mir den Spaß verderben lassen wollte. In diesem Moment klingelte mein Handy. «Du, ich muss Schluss machen!», rief ich noch. Schon hatte ich meinen besten Freund weggedrückt und das nächste Telefongespräch am Ohr.

«Hallo, Maren, Ray hier. Ich werde dich am Montag am Flughafen von San José abholen. Gute Reise!»

In der Nacht, bevor es losging, konnte ich kaum schlafen. Hoffentlich wird das Ganze wirklich so harmlos und ungefährlich, wie ich es mir ausmale!, dachte ich nervös. Denn wenn ich ehrlich war, traute ich dem Freund meiner Tanzkollegin durchaus auch krumme Geschäfte zu. Allerdings hatte er mehrfach beteuert, diese Sache sei legal, und darauf hoffte ich. Geblendet durch den in Aussicht gestellten Lohn von sensationellen 10 000 Mark. Da es in dieser Zeit nichts gab, was mich wirklich tief berührte, drehte sich bei mir ohnehin alles nur ums Geld. Ich führte nach wie vor ein luxuriöses Leben mit maximaler Ablenkung. Mir ging es ausschließlich darum, nicht zur Ruhe kommen, auf keinen Fall darüber nachdenken zu müssen, wie einsam und trostlos mein Dasein tatsächlich war.

Der einzige Mensch, bei dem ich Wärme, Nähe und Geborgenheit zuließ, war Werner. Ansonsten umgab ich mich ausschließlich mit Menschen, die jederzeit austauschbar waren: Das galt für Arbeitgeber und Kolleginnen genauso wie für Liebhaber. Ich hatte Angst, mich intensiv auf jemanden einzulassen, nie wieder wollte ich durch den Verlust eines Menschen dermaßen aus der Bahn geworfen werden, wie es mir beim Tod meiner Mutter passiert war.

Deshalb klang mein neuer Job für mich perfekt: Er befriedigte nicht nur meine Neugierde und Abenteuerlust, sondern ich freute mich auch darauf, an einen traumhaft schönen Ort zu reisen und dafür sogar noch eine unglaublich hohe Summe zu kassieren. Also unterdrückte ich meine schlechten Vorahnungen und Zweifel und genoss sogar ein wenig den damit verbundenen Nervenkitzel. Es war nämlich nicht nur meine Naivität, die mich auf diese Reise schickte, ich erlag zusätzlich dem Reiz des Risikos, der mich schon als Kind auf die höchsten Bäume klettern ließ. Ich wollte mal wieder meine Grenzen austesten.

Wie eine ganz normale Touristin machte ich mich am nächsten Tag auf den Weg nach Mittelamerika. Der Flug erschien mir endlos, mindestens 14 Stunden saß ich in der engen Maschine und rutschte unruhig auf meinem Sitz hin und her, bis der Pilot endlich die Landung ankündigte. Neugierig beugte ich mich über meinen schlafenden Sitznachbarn, um aus dem Fenster sehen zu können. Immerhin war ich noch nie zuvor so weit gereist und wollte unbedingt einen ersten Eindruck von diesem Land gewinnen. Unerwartet grün sah es aus, ich konnte ein Gebirge erkennen und einige Dörfer.

Im Flughafengebäude lief ich einfach der Menge hinterher,

die mich zielsicher ans richtige Gepäckband lotste. Mein Koffer kam als einer der ersten, alles klappte ganz wunderbar. Jetzt musste ich nur noch Ray finden. Suchend blickte ich mich wenige Minuten später in der Ankunftshalle um.

«Hey, Maren!», sprach mich Ray, der einen weißen Leinenhut auf dem Kopf trug, in gebrochenem Deutsch an. «Schön, dass du da bist. Jetzt müssen wir noch auf Katrin warten.»

«Katrin?», fragte ich erstaunt.

Der kleine Nigerianer erklärte mir knapp, dass sie ebenfalls für ihn arbeite und mit der gleichen Maschine wie ich nach Costa Rica gekommen sei.

Als die hübsche Blondine endlich auftauchte, schnappte sich Ray – ganz Gentleman – unsere Koffer und trug sie zu seinem rostigen Minitransporter, der in Deutschland vermutlich längst aus dem Verkehr gezogen worden wäre. Die Geschäfte schienen nicht so gut zu laufen, wenn er eine solche Rostlaube fuhr, befürchtete ich und sog genüsslich die feuchtwarme Luft ein. Sie versetzte mich sofort in Urlaubslaune, auch wenn ich zum Arbeiten nach Costa Rica gekommen war.

«Was sollen wir denn jetzt machen?», fragte ich den Fahrer ungeduldig.

«Ich bringe euch erst mal ins Hotel», erwiderte er.

«Okay, und was sollen wir *dann* machen?»

«Warten.»

«Worauf?» Ich hatte noch nie gehört, dass jemand fürs Warten bezahlt wurde.

«Wir werden heute Abend zusammen essen gehen, dabei werde ich euch alles erklären», verkündete Ray geheimnisvoll und wechselte dann spontan das Thema. «Das Meer mit seinen traumhaften Stränden liegt übrigens nur etwa fünf Stunden mit dem Bus entfernt.»

Nachdenklich betrachtete ich die Häuser, die beinahe allesamt durch hohe Zäune, Gitter und Stacheldraht geschützt waren. Anscheinend gab es hier viel Kriminalität. Ein Gedanke, bei dem mein Herz sofort schneller schlug – hoffentlich war der Auftrag wirklich legal!

Nach etwa einer halben Stunde Fahrt hielten wir vor einer netten kleinen Ferienanlage, die üppig bepflanzt war. «Hier sind zwei Zimmer für euch gebucht. Ich hole euch am Abend dann ab. Schönen Tag noch!», rief Ray und knatterte mit seinem Minitransporter davon.

Unsicher betraten Katrin und ich die Eingangshalle. Mir wäre lieber gewesen, unser Auftraggeber hätte für uns eingecheckt. Mein Englisch war alles andere als perfekt, und auf Spanisch konnte ich gerade mal zwei Bier bestellen und den Refrain von «Vamos a la playa» mitsingen. Glücklicherweise war Katrins Englisch deutlich besser, sodass wir wenige Augenblicke später zwei Zimmerschlüssel in den Händen hielten. Meine Begleiterin lachte mich herzlich an, und ich überlegte, ob sie wohl mehr über unseren Auftrag wusste, traute mich aber nicht, sie danach zu fragen. Stattdessen plauderten wir über unser Hotel, das uns beiden gut gefiel. Durch die offene Terrassentür entdeckte ich einen türkisblauen Pool, der in den folgenden zwei Wochen beinahe zu meinem permanenten Aufenthaltsort werden sollte.

Am späten Abend, gegen 22 Uhr, klopfte es an meine Zimmertür. Katrin stand davor. «Ich soll dich abholen, Ray wartet unten im Auto.» Gemeinsam und ohne ein Wort miteinander zu wechseln, liefen wir die Treppe hinunter. Katrin wirkte ebenso angespannt wie ich, weshalb ich vermutete, dass sie genauso wenig über den bevorstehenden Auftrag wusste wie ich.

Der Freund meiner Tanzkollegin führte uns in ein gemütliches kleines Lokal, dessen Chef er gut zu kennen schien, so innig, wie die beiden sich begrüßten. Wir setzten uns an einen abgelegenen Tisch und blickten gespannt auf Ray. Da er nur gebrochen Deutsch sprach und sich im Englischen sicherer fühlte, erklärte er uns den Auftrag leider nicht in meiner Muttersprache. Das hatte zur Folge, dass ich nicht alles verstand und vor allem den entscheidenden Punkt verpasste: Was sollten wir nach Deutschland bringen?

Aufgeregt zupfte ich an Katrins Ärmel. «Was hat er gesagt? Was sollen wir machen?»

«Drogen, wir sollen Drogen transportieren», erwiderte Katrin, und ich hörte ihrer Stimme an, dass sie diese Information genauso in Aufruhr versetzte wie mich.

Drogen!, dachte ich entsetzt, also hatte Werner doch recht. Erschöpft lehnte ich mich in dem Korbsessel zurück und gab mir für einen Moment nicht einmal mehr Mühe, dem Gespräch zu folgen. Sollte ich das wirklich tun? Drogenschmuggel war nicht ungefährlich.

«Ray meint, wir sollen in Ruhe darüber nachdenken. Wenn wir uns nicht trauen, bucht er uns sofort einen Rückflug. Allerdings gibt es dann kein Geld», wandte sich Katrin nun an mich.

Ich nickte ihr zu und versuchte, in ihrem Blick zu lesen, was sie über den Job dachte. Wahrscheinlich hatte sie ebenfalls auf eine harmlose Aufgabe gehofft. Allerdings ließ sie sich ihre Verblüffung nicht so deutlich anmerken und löcherte Ray mit Fragen. «Was für Drogen? Und wie viel sollen wir schmuggeln?»

«Zwei bis drei Kilo Koks.»

«Wie genau? Im Koffer?»

«Das sage ich euch noch.»

«Was ist, wenn wir erwischt werden?»

«Das passiert nicht.»

Unzählige Gedanken schossen mir durch den Kopf: Ich hatte Angst, erwischt zu werden, wollte zu Hause mein Scheitern nicht zugeben und war nicht zuletzt begeistert von der Idee, noch schneller noch mehr Geld zu verdienen. Schließlich musste ich fast zwei Monate tanzen, um auf die Summe zu kommen, die Ray uns für einen einzigen Flug bot.

Breitbeinig saß der Drogenhändler vor uns und spielte mit seinem Autoschlüssel. Allmählich ahnte ich auch, warum seine Freundin lieber beim Tanzen bleiben sollte – so ungefährlich war der Job wohl doch nicht.

Als hätte Ray meine Gedanken erraten, beteuerte er umgehend: «Ihr müsst keine Angst haben!», wobei er uns das Gefühl vermittelte, unangemessen hysterisch zu reagieren. «Costa Rica ist total sicher – der Flughafen hier ist eine Würstchenbude, die haben nicht mal X-Rays zum Durchleuchten des Gepäcks. Mal ehrlich, selbst wenn ihr erwischt werden solltet, dann zahlt man eben ein paar Dollar, und ihr seid wieder frei. It's easy!»

Katrin starrte ausdruckslos vor sich hin. In der Zwischenzeit hatte der Kellner das Essen auf den Tisch gestellt, Ray langte als Einziger zu. Meine Kehle war wie zugeschnürt, Appetit hatte ich keinen mehr. Als meine Hände zu zittern begannen, legte ich sie schnell auf meinen Schoß. Mit den Augen suchte ich das Restaurant ab, beäugte die Menschen, die hier saßen und aßen, lachten und unbeschwert waren. Ray beobachtete mich, ich spürte seinen Blick und wagte nicht, ihn zu erwidern. Er wartete auf eine Reaktion, doch ich wollte, ich konnte noch nicht reagieren. Drogenschmuggel – dafür kommt man ins Gefängnis. Für mehrere Jahre. Katrin hatte ich fast vergessen, daher zuckte ich erschreckt zusammen, als sie abrupt aus ihrer Starre erwachte.

«Ich mach's!», sagte sie überlaut und setzte wie zur Bestätigung hinzu: «Ich mache den Flug für euch.»

Ray sah zu mir. Nun war ich an der Reihe, er wollte meine Entscheidung. Doch das Einzige, was ich denken konnte, war: Jetzt, ich muss jetzt etwas sagen. Ich fühlte mich total unsicher und überrumpelt, als ich mich selbst wie aus weiter Ferne sagen hörte: «Ja, ich mache es auch.» Es war beinahe geflüstert, so als ob eine leise Zusage leichter zurückzunehmen wäre.

Ray lachte breit. «Großartig.»

Er wirkte sehr zufrieden und winkte sofort den Kellner zu uns, um Cocktails zu bestellen, die üppig mit Früchten bestückt waren. Da Katrin und ich im Gegensatz zu unserem Auftraggeber überhaupt nicht in Feierlaune waren, schlug Ray bald vor, uns zurück ins Hotel zu fahren. Beim Aussteigen fragte er nach unseren Slipgrößen. Irritiert sahen wir uns an.

«Unsere was?», fragte Katrin, die wohl genau wie ich glaubte, sich verhört zu haben.

«Eure Slipgröße!», wiederholte Ray, als wäre es die normalste Frage der Welt. «Welche Größe habt ihr?», drängelte er.

Zu diesem Zeitpunkt wog ich gerade mal 48 Kilo. «Ich hab XS», sagte ich daher.

Katrin war etwas kräftiger und trug dementsprechend zwei Konfektionsgrößen mehr. «Kommst du noch mit in mein Zimmer?», fragte sie, sobald Ray in seinem rostigen Transporter davongebraust war.

Ich freute mich sehr über diese Einladung. Es fühlte sich gut an, mit jemandem über diesen waghalsigen Auftrag sprechen zu können. Der Job machte uns beiden Angst, aber wir hielten uns immer wieder die hohe Geldsumme vor Augen, die wir damit verdienen würden. Wir waren käuflich. Katrin offenbar genau so wie ich, auch wenn sie über die Umstände, die sie nach Costa Rica geführt hatten, nicht reden wollte.

Für den nächsten Tag verabredeten wir uns zum Frühstück,

legten uns anschließend gemeinsam an den Pool und gestanden uns in regelmäßigen Abständen unsere Angst vor dem anstehenden Flug. Es fühlte sich gut an, sich nicht allein auf dieses Wahnsinnsabenteuer einzulassen, damit wirkte es nicht mehr ganz so halsbrecherisch. Immerhin gab es mindestens eine weitere Person, die sich ebenfalls dafür entschieden hatte.

In den kommenden Tagen erkundeten wir die Stadt, bummelten durch die Geschäfte oder die schönen Parks von San José, bis sich eine Woche später Ray meldete. Wir sollten am Nachmittag in meinem Zimmer auf ihn warten. Da wir glaubten, unsere Schmuggelreise früher als gedacht antreten zu müssen, waren wir unglaublich aufgeregt. Mein Magen grummelte, mein Herz schlug schneller, und als Ray an die Zimmertür klopfte, war mir vor lauter Anspannung speiübel. Nervös öffnete ich die Tür und stand dem breit lächelnden Nigerianer gegenüber.

«Ich hab was für euch!» Aus einer sonnengelben Tüte zog er zwei riesige hautfarbene Schlüpfer.

Katrin prustete sofort los: «Was sollen wir denn damit?»

Ich fragte entsetzt: «Sind die etwa für uns?» Noch nie hatte ich eine Unterhose getragen, die aus so viel Stoff bestand!

«Probiert sie mal schnell», wies Ray uns an, und wir lachten uns schief, als wir mit diesen Liebestötern vor dem Spiegel posierten. Laut Etikett sollten sie den Bauch flach machen, da sie aber je zwei Nummern zu groß waren, schlabberten sie unschön an uns herum. «Perfekt!», sagte unser Auftraggeber, was bei uns beiden nur für neue Lachanfälle sorgte.

Diese Riesenschlüpfer saßen alles andere als perfekt! Dafür ließen sie ausreichend Platz für unzählige Kokainpäckchen, eine Erkenntnis, die unsere Heiterkeit schlagartig in Besorgnis verwandelte. Jetzt ging es wohl bald los!

Zufrieden steckte Ray die hautfarbenen Mitbringsel zurück

in die Tüte. «Ihr werdet übrigens länger in Costa Rica bleiben müssen. Die Flughäfen sind momentan nicht sicher.»

Er wollte sich gerade verabschieden, als ich ihn fragte, ob ich dann für ein paar Tage ans Meer fahren dürfe. Ohne Katrin – die hatte nämlich den netten Koch unseres Hotels kennengelernt und wollte lieber bei ihm bleiben, anstatt mit mir einen Abstecher an den Pazifik zu unternehmen. Der Nigerianer hatte nichts gegen meinen Strandurlaub und gab mir sogar noch ein paar Dollar Taschengeld. «Aber melde dich zwischendurch, damit ich dir sagen kann, wann es losgeht», ermahnte er mich.

So machte ich mich sofort am nächsten Morgen auf die Suche nach dem zentralen Busbahnhof, den es – wie ich nach einer Weile entnervt feststellte – in San José leider nicht gab. Die Haltestellen lagen im ganzen Zentrum verteilt. Nachdem ich längere Zeit planlos von einer Station zur nächsten gewandert war, schien endlich eine alte, runzlige Frau zu verstehen, was ich vorhatte, und schickte mich zum Terminal Tralapa. «Sí, a la playa, a la playa», bestätigte sie immer wieder, und dank ihrer Wegbeschreibung saß ich tatsächlich irgendwann in dem Bus, von dem auch der Fahrer behauptete, er fahre zur «Playa».

Sobald ich auf meinem Platz saß, fühlte ich mich unglaublich glücklich und frei und fand, dass mein neuer Job durchaus Vorzüge hatte. Fünf Stunden später erreichte ich die «Playa Hermosa». Vor mir tat sich ein breiter, endlos langer Sandstrand auf, an dem sich einige Surfer neben graubraunen Pelikanen in die Wellen stürzten. Es war traumhaft, kein Vergleich zu meinen bisherigen Stranderfahrungen auf Fehmarn! Es war mein persönliches Paradies.

Nachdem ich eine kleine preiswerte Pension bezogen hatte, schlüpfte ich in meinen Bikini, kaufte mir ein Surfbrett und stapfte selbstbewusst ins Wasser. Erst beobachtete ich eine Weile die anderen Wellenreiter, ehe ich mich selbst aufs Brett traute. Ich war zwar ziemlich sportlich, dennoch war die Angelegenheit deutlich schwieriger, als ich geglaubt hatte. Es dauerte eine ganze Weile, bis ich begriff, wann der richtige Moment war, um auf das Brett zu springen, und es dauerte noch länger, bis ich mich dort auch halten konnte. Von «Wellenreiten» konnte erst mal keine Rede sein.

Ich hatte unglaublich viel Wasser geschluckt und Arme wie Pudding, als ich erschöpft zurück zu meinem Handtuch krabbelte. Mir fehlte sogar die Kraft, meine Wasserflasche zu öffnen. Schlapp ließ ich mich auf den erhitzten Boden fallen und schloss die Augen. Das Salzwasser kitzelte mich auf der Haut, die Sonne schien warm auf mich herab. Ich genoss das Rascheln der Palmen und das Rauschen des Meeres, als ich eine fremde Stimme vernahm und jemand fragte, ob er sich zu mir setzen dürfe. Erstaunt schlug ich die Augen auf, denn ich hatte niemanden kommen hören.

Ein junger Mann hockte neben mir und lächelte mich an. Er hatte auffallend schöne blaue Augen, einen durchtrainierten Körper und gehörte zu der Surfergruppe, die mir schon bei meiner Ankunft am Strand aufgefallen war. «Klar, setz dich», lud ich ihn ein. Er hieß Chris, war 25 Jahre alt und stammte ursprünglich aus Kiel, lebte aber seit dem Kindergartenalter in Amerika und sprach daher kaum noch Deutsch.

«Warum machst du alleine Urlaub?», wollte er wissen.

«Ach, ich mag das ganz gerne», log ich in gebrochenem Englisch.

«Magst du trotzdem zu uns rüberkommen?», fragte er freundlich, und ich willigte gerne ein. Die Freunde von Chris begrüßten mich überschwänglich. Ich war nun die einzige Frau in ihrer Runde. Leider sprachen die Jungs nur Englisch, sodass ich anfangs Probleme hatte, ihren Gesprächen zu folgen. Doch bald spürte ich, wie längst vergessen geglaubte Schulvokabeln langsam zurück in mein Gedächtnis krochen. Es wurde ein lustiger Nachmittag mit engagierten und geduldigen Lehrern, die mir abwechselnd ihre Sprache und das Wellenreiten näherbringen wollten.

Am Abend trafen wir uns in einer Bar. Ich genoss die Aufmerksamkeit der gutaussehenden Amerikaner, die sich allesamt sehr um mich bemühten, und konnte mich kaum entscheiden, welcher von ihnen mir am besten gefiel. Im Gegensatz zu mir waren die Surfer erfahrene Costa-Rica-Urlauber und warnten mich vor den gefährlichen Spinnen und Skorpionen, die sich vorzugsweise in Schuhen und Kleidern versteckten, weshalb ich die Schuhe vor jedem Anziehen unbedingt ausschütteln sollte. Außerdem rieten sie mir, die Bettdecke vor jedem Schlafengehen glatt zu streichen. Ich fühlte mich wohl in der Rolle der Umworbenen, glücklich und leicht, was allerdings auch an den leckeren Cocktails liegen konnte, die ich hier in großen Mengen serviert bekam.

Als Chris mich fragte, als was ich arbeitete, wurde ich übermütig. «Ich bin gerade auf Dienstreise», gab ich an und kokettierte damit, dass mich dieser tolle Urlaub keinen Pfennig koste und mein Chef sogar das Surfbrett bezahlt habe.

Die Surfer versuchten meinen Job zu erraten. «Hotelkauffrau? Reiseleiterin? Stewardess?» Als ich «Drogenschmugglerin» entgegnete, lachten meine amerikanischen Reisebekanntschaften laut auf, und ich lachte einfach mit.

Nach diesem Abend hielt ich meine neue Erwerbstätigkeit tatsächlich für einen Traumjob. Andere Leute bezahlten für einen solchen Urlaub viel Geld, und ich sollte sogar noch welches dafür bekommen!

Auch die nächsten Tage wurden phantastisch. Ganz früh am Morgen, kurz nach Sonnenaufgang, traf ich mich mit Chris und seinen Freunden am Strand – angeblich waren die Wellen um diese Zeit am besten. Ich legte mich bäuchlings auf das Brett und paddelte los in Richtung Meer, und es klappte schon viel besser als am ersten Tag. Ich war fröhlich und ausgelassen und wünschte, mein Leben verliefe immer so leicht und unkompliziert wie in diesem Moment.

Erst der versprochene Anruf bei Ray beendete meinen Höhenflug. «Jetzt ist alles klar, sei spätestens morgen früh zurück im Hotel!», sagte er, als ich mich um die Mittagszeit bei ihm meldete. Sofort packte ich meinen Koffer und zahlte mein Hotelzimmer. Wenn ich am folgenden Morgen in San José sein sollte, musste ich mich beeilen.

Chris und die anderen warteten am Strand auf mich, damit wir gemeinsam essen gehen konnten. Sie waren mehr als überrascht, als ich ihnen von der unmittelbar bevorstehenden Abreise erzählte. Der plötzliche Abschied von meinen amerikanischen Reisebegleitern fiel mir schwer. «So ist das wohl, wenn man sich mit einer Drogenkurierin einlässt», scherzte Chris und hatte keine Ahnung, dass er damit den Nagel auf den Kopf traf.

Ich lächelte gequält, klemmte mir das Surfbrett unter den Arm und machte mich mit Sack und Pack auf den Weg zur Bushaltestelle. Wegen meiner Verständigungsschwierigkeiten setzte ich mich leider in einen Bus, der mich in die komplett falsche Richtung transportierte. Ich landete irgendwo in einer kleinen Stadt, weit entfernt von meinem eigentlichen Ziel. Eine Katastrophe! Glücklicherweise gabelte mich eine freundliche Familie aus Deutschland auf, die mir anbot, mich mit dem Auto nach San José zu bringen.

Einen Tag verspätet kam ich schließlich in meinem Hotel an. Ray war erleichtert, als er mich endlich erreichte und ich ihm von meiner Irrfahrt erzählte. Wahrscheinlich hatte er schon befürchtet, ich hätte mich abgesetzt. Wir vereinbarten, uns zwei Stunden vor dem geplanten Abflug in meinem Hotelzimmer zu treffen.

Inzwischen war auch Katrin bei mir aufgetaucht, nervös saß sie auf der geblümten Tagesdecke meines Hotelbetts und bohrte mit dem Zeigefinger Löcher in ein Papiertaschentuch. Meine «neue Kollegin» war mindestens so aufgeregt wie ich.

«Sieh mal, wie ich zittere», sagte ich und streckte ihr meine bebenden Hände entgegen. Außerdem hatte ich das Gefühl, alle fünf Minuten aufs Klo zu müssen. «Wie früher vor den Klassenarbeiten», seufzte ich.

Katrin dagegen nutzte jede kurze Toilettenpause, um mir einzubläuen: «Lass dir bloß nichts anmerken!» Natürlich wusste sie, dass all ihre Ratschläge nicht halfen, denn mein Körper hatte sich längst meiner Kontrolle entzogen und führte ein höchst zappeliges Eigenleben.

Als Ray mich so sah, runzelte er die Stirn. «Meinst du, du schaffst das?», fragte er, und seine Bedenken waren deutlich herauszuhören.

Obwohl ich sie voll und ganz teilte, nickte ich – mit klappernden Zähnen.

Ray hatte wieder seine gelbe Tüte dabei, aus der er zunächst zwei schwarze Jogginghosen und dann die beigefarbenen Bauchweg-Schlüpfer zauberte, von denen allerdings nur einer prall gefüllt mit eingenähten Kokainpäckchen war: ein Kilo vorn, zwei hinten.

«Es kann nur eine von euch was transportieren. Als wir die zweite Hose präparieren wollten, haben wir festgestellt, dass der Schnee grün ist. Grasgrünes Koks. So was habe ich noch nie gesehen», schimpfte Ray, während wir nur auf die Information warteten, wer von uns die Drogen nehmen sollte.

Als der Nigerianer nach einem Blick auf das Größenschild Katrin den vorbereiteten Schlüpfer überreichte, war ich mehr als erleichtert. Katrin dagegen wurde in etwa so grasgrün wie der Stoff, von dem Ray erzählt hatte. Trotzdem stieg sie widerstandslos in den Slip, der wie angegossen saß.

«Maren, du bekommst diesmal nur die Hälfte vom versprochenen Lohn, okay?», begann Ray. «Es ist sinnlos, noch länger zu warten.» An Katrin gewandt fügte er hinzu: «Ihr geht jetzt runter und zahlt die Zimmer, dann ruft ihr euch ein Taxi und fahrt zum Flughafen.»

Ich starrte ihn entsetzt an. «Bringst du uns denn nicht hin?»

«Nein, das wäre zu riskant!»

In der Zwischenzeit zog Katrin die weite schwarze Jogginghose an, die ausgesprochen unvorteilhaft saß. Hoffentlich fällt sie in diesem Outfit nicht auf, dachte ich nur, so kleidet sich doch keine junge Frau!

Aber Ray war mit ihrem Aussehen zufrieden. «Perfekt! Man sieht nichts!», sagte er.

Katrin wollte über ihr Schmuggler-Outfit wohl gerne noch diskutieren und zog die Augenbrauen hoch, als ich in ihre Richtung blickte. Doch ehe sie sich über die modische Entgleisung unseres Auftraggebers auslassen konnte, drängelte er schon zum Aufbruch. Daraufhin warf ich schnell meinen Pullover über und verabschiedete mich von ihm. Ob ich wohl wegen Mittäterschaft belangt werden konnte?

«Passt auf euch auf», flüsterte Ray.

Ich nickte, sagen konnte ich nichts mehr. Vor Aufregung schossen mir die Tränen in die Augen. Der Nigerianer küsste mich auf die Wange und schob mich dann zur Zimmertür hinaus.

Katrin hatte das Gefühl, in ihrer präparierten Hose nicht normal laufen zu können. «Schau bitte mal, watschele ich etwa?», wollte sie von mir wissen, aber ich versicherte meiner «Kollegin», dass ihr Gang ganz normal aussah. Vorsichtig tastete Katrin ihren Po ab, um gleich wieder loszuschnattern: «Mein Hintern ist steinhart. Hoffentlich kommt niemand auf die Idee, mich in den Po zu kneifen!»

Ich atmete einmal tief durch. Dann gingen wir zur Rezeptionistin, bezahlten und bestellten ein Taxi zum Flughafen. Steif und unbeweglich nahm Katrin auf dem Rücksitz Platz, und ich war froh, dass sie sich in dieser unbequemen Hose auf den Weg nach Europa machen musste, nicht ich. Der Taxifahrer glaubte sicher, Katrin habe ein schlimmes Rückenleiden. Nach einer viel zu kurzen Fahrt erreichten wir den Flughafen von San José.

Das Herz schlug mir bis zum Hals, und mein Körper begann wieder unkontrolliert zu zittern. «Ruhig bleiben, ruhig bleiben!», betete ich vor mich hin und rief mir ins Gedächtnis, dass hier sämtliche Polizisten bestechlich waren. Das ist alles nur ein Spiel, redete ich mir ein, sozusagen die Schnäppchenvariante. Wenn wir gefasst werden, müssen unsere Chefs lediglich noch mal Bestechungsgeld zahlen, mehr kann nicht passieren. Das Magendrücken wurde trotzdem so stark, dass es mich beinahe zur Toilette zwang. Ich versuchte, den Drang wegzuatmen, versuchte, an etwas anderes zu denken als an Katrins Hosenfüllung, die uns höchstwahrscheinlich ins Gefängnis bringen würde, sollten sich die Polizisten nicht auf ein Schmiergeld einlassen. Wieder kündigten sich Tränen an. Tief durchatmen, an etwas Schönes denken! Ich befürchtete, gleich verrückt zu werden.

Eigentlich hatten Katrin und ich uns vorgenommen, belanglos zu plaudern und ein wenig zu lachen, so wie Freundinnen es normalerweise tun. Stattdessen wirkten wir wohl eher, als hätten wir uns gerade für alle Zeiten verkracht. Noch während ich darüber nachdachte, erspähte ich die ersten Uniformierten. Sie liefen auf und ab, als warteten sie auf jemanden. Auf uns? «Nicht weinen, locker bleiben», ermahnte mich meine innere Stimme beim Einchecken. Da sah einer der Polizisten zu uns herüber. «Ruhig bleiben, ruhig bleiben!», schrie mich meine innere Stimme an, als mein Blick auf ein Plakat fiel, auf dem etwas von *drogas* und *diez años* stand. Obwohl sich meine Spanischkenntnisse während des Aufenthalts kaum verbessert hatten, glaubte ich den Text zu verstehen: Für Drogenschmuggel drohten zehn Jahre Gefängnis. Zehn Jahre! «Ganz ruhig bleiben, gaaanz ruhig!» Wieder atmete ich bewusst tief ein und aus und passierte neben Katrin problemlos sämtliche Sicherheitskontrollen, die in San José zugegebenermaßen eher spärlich ausfielen.

Als ich keine halbe Stunde später durch den langen Gang zum Flugzeug lief, fiel mit einem Schlag die ganze Last und Aufregung von mir ab. Wir hatten es geschafft! Dass in Amsterdam weitere Sicherheitskontrollen auf uns warteten, schreckte mich in diesem Moment nicht. Wenn schon ins Gefängnis, dann lieber in den Niederlanden als in Costa Rica, befand ich – hier kriegen die uns jedenfalls nicht mehr!

Die Maschine war noch mindestens zehn Schritte entfernt, da hüpfte ich bereits innerlich und schwor mir: Das mache ich auf jeden Fall noch einmal! Das ist ja total easy! Fünf Schritte weiter überlegte ich, was ich mir von dem vielen Geld kaufen würde, und beim Betreten des Flugzeugs waren die gesamten 5000 Mark in Gedanken bereits ausgegeben. Mir ging es großartig. Katrin dagegen tat mir leid, als sie sich mit steifer Hüfte in den Sitz neben mir plumpsen ließ. Die Ärmste hatte einen Endlosflug vor sich, denn in den engen Miederhosen würde die Reise für meine Begleiterin sicher zur Tortur!

Während die Boeing 767 vom Boden abhob, fielen mir Chris und seine Surferfreunde ein. Auf einmal wurde mir ganz wehmütig ums Herz. In Costa Rica hatte ich eine unbeschwerte, glückliche, aufregende Zeit verbracht, und nun sollte ich zurück in mein altes Leben, in verqualmte Bars, zu bemitleidenswerten, fiesen Typen und schlechtem Wetter. Meine Stimmung rutschte lawinenartig in Richtung Tiefpunkt.

Auch Katrin war schlecht gelaunt, wenngleich aus einem anderen Grund. «Die Hose kneift und zwickt», jammerte sie. «Ich habe das Gefühl, meine Beine werden nicht ausreichend durchblutet, sie sind ständig taub.» Unruhig rutschte sie hin und her und nervte unsere Sitznachbarn, da sie ständig aufstand.

«Was machst du denn da?», raunte ich ihr zu.

«Auf der Bordtoilette kann ich die Hose herunterlassen und die Füße hochlegen. Sonst sterben sie noch ab!», erklärte sie missmutig.

Als der Pilot endlich die Landung ankündigte, war ich wieder in Hochstimmung. Jetzt mussten wir nur noch unentdeckt die niederländischen Sicherheitskontrollen passieren!

Sobald ich die Maschine verlassen hatte, begann mein Herz schneller zu schlagen. Als ich kurz darauf meinen Koffer vom Band gezerrt und das Surfbrett beim Sperrgepäck abgeholt hatte, erwartete uns die Sicherheitskontrolle. Mein Herzklopfen verstärkte sich, und ich wurde leicht panisch. Hoffentlich sah mir niemand die Aufregung an! Noch während ich mich um eine teilnahmslose Miene bemühte, riefen mich die Zöllner zu sich.

«Wo kommen Sie her?», wollten sie wissen.

«Aus Costa Rica.»

«Haben Sie etwas zu verzollen?»

«Nein!» Ich schüttelte energisch den Kopf und fühlte erneut Panik in mir aufsteigen.

«Dann öffnen Sie bitte mal den Koffer.»

Spontan verspürte ich den Drang, durch die Schiebetür in die nur wenige Meter entfernte, sichere Ankunftshalle zu fliehen, aber ich beherrschte mich, lächelte freundlich und klappte den Koffer auf. Da die Beamten nichts Verdächtiges fanden, winkten sie mich schließlich durch. Mit weichen Knien lief ich in die Halle von Schiphol, wo Katrin und Rays Schwester Marie bereits auf mich warteten. Obwohl ich die junge Frau nicht kannte, fiel ich ihr glücklich um den Hals. Es war vorbei, wir hatten es geschafft! 5000, 5000, 5000!, trällerte es in meinem Kopf. Dementsprechend enttäuscht war ich, als ich erfuhr, dass wir das Geld nicht sofort erhalten sollten.

«Erst müssen wir das Zeug verkaufen», klärte mich Marie auf und bot uns an, bis dahin bei ihr in Amsterdam zu wohnen, was wir zunächst dankbar annahmen.

Drei Tage später überreichte sie Katrin und mir feierlich einen dicken Batzen Geldscheine. So viel Geld auf einmal. Marie fragte, ob wir noch einmal einen solchen Auftrag übernehmen würden.

«Klar!», gaben Katrin und ich einmütig zurück, ohne auch nur einen Moment zu zögern. Wir waren wie betäubt durch das viele Geld in unseren Händen.

Drogenschmuggel war nicht nur deutlich lukrativer, als an der Stange zu tanzen, ich hatte auch weniger das Gefühl, mich verkaufen zu müssen. Doch das war nicht alles: Ich fühlte mich auf einmal wertvoll und achtenswert und vor allem unabhängig. Anders als die Chefs in den Bars zeigten sich meine neuen Auftraggeber dankbar, dass ich den Job für sie erledigte, und versuchten, mir die Arbeit so angenehm wie möglich zu gestalten. Einen bürgerlichen Job hätte ich mit meiner abgebrochenen Friseurausbildung ohnehin nicht gefunden, zumindest keinen, bei dem ich meinen Lebensstil hätte beibehalten können. Daher fiel mir die Entscheidung nicht schwer.

Mit einem Taxi fuhren wir in die Innenstadt von Amsterdam, wo Katrin und ich uns trennten. Sie wollte zuerst zum Friseur, ich zog es vor, ausgiebig zu shoppen.

Anschließend flog ich für ein paar Tage nach Berlin, um mir die Stadt anzusehen, danach besuchte ich eine Freundin in Hamburg. Das Geld war erschreckend schnell aufgebraucht, verprasst für ein paar nette Reisen und teure Kleidung. Vollkommen pleite und dementsprechend kleinlaut tauchte ich wenig später wieder bei Marie in Amsterdam auf, um sie um einen weiteren Kurierjob zu bitten.

«Momentan habe ich leider nichts», beteuerte sie, bot mir aber immerhin an, eine Weile bei ihr zu wohnen, bis sie mir den nächsten Job anbieten konnte. Ihr Apartment war groß genug und ohnehin so etwas wie eine WG mit ständig wechselnder Belegung.

Als Marie kurz den Raum verließ, sprach mich der Mann an, der ebenfalls gerade zu Besuch war. «Ich hätte da vielleicht was. Gib mir doch mal deine Telefonnummer.»

Erleichtert blickte ich ihn an, dieses Angebot war meine Erlösung. Ich musste nicht zurück an die Stange, ich durfte wieder fliegen. Perfekt!, dachte ich erleichtert.

ISLA MARGARITA Der Traum vom Absprung

Es dauerte nicht lange, da rief mein neuer Kontaktmann an, um mich für einen Flug nach London zu buchen. Für diese Reise zahlte er mir genauso viel Geld, wie ich für den Trip nach Costa Rica bekommen hatte: 5000 Mark. Allerdings sollte ich diesmal allein fliegen und nur wenige Tage, maximal eine Woche unterwegs sein. Der Stoff sollte unter meinen Schuhsohlen versteckt werden.

Die Sache lief wie am Schnürchen, alles klappte perfekt, und ich passierte ungehindert die Zollkontrollen. In der Szene sprach sich schnell herum, dass ich zuverlässig und vertrauenswürdig als selbständige Drogenkurierin arbeitete, auch wenn das Arbeitsamt diese Berufsbezeichnung sicher nicht führt. In den folgenden Jahren flog ich für wechselnde Auftraggeber nach Großbritannien, Südafrika, Norwegen und Costa Rica und hatte auf einmal so viel Geld zur Verfügung wie nie zuvor in meinem Leben. Meist war ich für meine Aufträge mehrere Monate unterwegs und hielt mich zwischen den Reisen nur kurz in Amsterdam auf. Daher löste ich meine Wohnung in Deutschland auf, deponierte einige Habseligkeiten bei meinem Freund Werner und lebte fortan aus dem Koffer. Mein Heimatland zu verlassen fiel mir nicht schwer. Niemals hätte ich mir vorstellen können, dass ich einmal Heimweh bekommen würde ...

Da ich nun kaum mehr mit Deutschen zu tun hatte, verbesserten sich meine Englischkenntnisse im Nu, sodass ich bald so fließend reden konnte, wie es meine Lehrerin in der Schule wahrscheinlich niemals für möglich gehalten hätte. Manchmal dauerten meine Dienstreisen wenige Tage, manchmal auch mehrere Monate. Mir gefiel dieses Gefühl der permanenten Bewegung, Unruhe und Spannung. Werner sah ich nur noch selten, aber per Mail hielten wir engen Kontakt. Inzwischen hatte er es aufgegeben, mich von meinem Job als Drogenkurierin abzubringen, da ich davon nichts hören wollte. Mein Ziel war es, möglichst viel Geld zu verdienen, um damit irgendwann eine kleine, edle Bar zu eröffnen. Aber erst später!

Vorerst verpulverte ich meinen ganzen Lohn für ausgiebige Shoppingtouren, Kurzurlaube und weite Taxifahrten. Schon zu meinen Zeiten als Tänzerin hatte ich einen ausschweifenden Lebensstil entwickelt, jetzt allerdings wurde ich maßlos. Obwohl ich jeden Monat mehrere tausend Euro zur Verfügung hatte, blieb nie etwas übrig, weshalb ich ständig neue Aufträge annehmen musste. Meist trug ich die Drogen am Körper, manchmal übergab mir auch eine eingeweihte Stewardess die verbotene Ware vor dem Flieger. «Ist das Ihre Tasche, Maren?», fragte sie dann, woraufhin ich das präparierte Gepäckstück entgegennahm. Es gab allerdings auch Jobs, die ich ablehnte. Einmal wollte mich ein Auftraggeber gegen ein großzügiges Honorar nach Japan schicken. «Das mache ich nicht», erklärte ich knapp, da ich von einer Freundin gehört hatte, dass in einigen asiatischen Ländern auf Drogenschmuggel die Todesstrafe steht. Das war mir dann doch zu heikel. Ebenso weigerte ich mich, Drogen in einer Kapsel herunterzuschlucken, da auch das tödlich enden konnte.

Mittlerweile war ich ein echter Profi: unerschrocken, routiniert und vor allem fest davon überzeugt, dass mir nichts passieren konnte. Mein größter Stress war es, zwischen den Reisen gelegentlich neue Pässe zu beantragen, damit die Zollbeamten beim Anblick der vielen Stempel in meinem Ausweisdokument nicht stutzig wurden.

Irgendwann meldete sich auch Antony wieder bei mir. «Wenn du interessiert bist, hätte ich jetzt einen besser bezahlten Job als beim letzten Mal.» Ohne auch nur eine Sekunde nachzudenken, sagte ich zu und stand wenige Tage später bereits am Amsterdamer Flughafen, um nach Venezuela, genauer Porlamar, einzuchecken.

So gerne ich diesen Job ausübte, das Fliegen gehörte für mich eindeutig zu seinen Schattenseiten. Zehn Stunden lang verharrte ich eingequetscht zwischen Urlaubern und Geschäftsleuten auf meinem Sitz und dachte mit Grauen an den Rückflug in der unbequemen Miederhose mit den eingenähten Kokainpäckchen. Doch sobald ich das Flughafengebäude verließ und mich die schwül-feuchte Hitze umhüllte, verpufften die trüben Gedanken. Ich schloss die Augen und atmete tief ein. Um mich herum nahm ich spanisches Stimmengewirr wahr. Es fühlte sich jedes Mal herrlich an, in Mittelamerika anzukommen! Diesmal holte mich niemand vom Flughafen ab, stattdessen sollte ich mit einem Taxi in das Hotel fahren, das mein Auftraggeber für mich gebucht hatte. Als erfahrene Weltenbummlerin machte es mir nichts mehr aus, auf mich allein gestellt zu sein. Dann wartete ich eben dort auf weitere Anweisungen.

Die Unterkunft war traumhaft – klein, gemütlich und direkt am Strand gelegen. Das Meer rauschte einladend, während ich den Koffer aufs Bett warf. Als Erstes kaufte ich mir ein riesiges Badetuch, dann lief ich mit meinem Surfbrett unter dem Arm über die heißen Steinplatten zum strahlend weißen Strand. Das Wasser funkelte, die Palmen wogten im Wind, und ich spürte ein heißes Glücksgefühl in mir aufsteigen. Ich war 25, hatte den kleinen Braunschweiger Friseursalon zunächst gegen rauchige Striplokale getauscht, um schließlich hier zu landen: in einem traumhaften Badeparadies. Das Leben meinte es gut mit mir!

Nachdem ich meine Tasche und das Tuch einfach an einem willkürlich ausgewählten Fleck hatte fallen lassen, hastete ich ins Wasser. Zum Surfen war leider zu wenig Seegang, und so ließ ich mich nur eine Weile auf dem Brett treiben. Doch lange hielt ich es an diesem Tag nicht im Wasser aus, immerhin hatte ich einen anstrengenden Flug hinter mir und bislang kaum etwas gegessen. Also setzte ich mich in eine der vielen Strandbars und bestellte bei einer freundlichen Venezolanerin Bier und eine Portion Nudeln in Sahnesoße.

Es war das erste Mal, dass ich Pedro sah. Er hatte die schönsten braunen Augen, in die ich jemals geblickt hatte, sie waren umrahmt von dichten schwarzen Wimpern, um die sich beinahe jede Frau ein Leben lang aussichtslos bemüht. Seine Lippen waren voll und schön geschwungen, sein Lächeln wirkte jungenhaft. Durch das T-Shirt zeichneten sich ausgeprägte Brustmuskeln ab, seine Oberarme und Hände, die gerade den Nudelteller vor mir abstellten, wirkten kräftig und stark. Ich war fasziniert – vom ersten Augenblick an. Obwohl er deutlich jünger war als ich, beobachtete ich ihn während des Essens und freute mich, wenn er meine Blicke erwiderte. Als mein Bierglas leer war und er an den Tisch trat, um nach weiteren Wünschen zu fragen, bekam ich bereits Herzklopfen. Beim Abräumen und Bezahlen kamen wir ins Gespräch, und er fragte, woher ich käme, wie lange ich hier Urlaub machte, ob es mir gefiele … Als ich nach meiner Tasche griff, um aufzubrechen, wollte er wissen, was ich denn nun vorhätte. «Ich will noch ins Einkaufszentrum», erklärte ich, woraufhin er vorschlug, mich zu fahren, wenn ich noch kurz auf ihn wartete. Natürlich wartete ich!

Vor der Strandbar setzte ich mich in den Sand, sah aufs Meer und freute mich auf unseren ersten gemeinsamen Ausflug. Als ich hinter mir Schritte hörte, drehte ich mich erwartungsvoll um und erblickte die nette Venezolanerin, die vorhin meine Bestellung aufgenommen hatte. Sie lachte, als sie mich entdeckte. Wenig später gab Pedro ihr einen Abschiedskuss auf die Wange, lief auf mich zu, hielt mir seine Hand hin, um mir beim Aufstehen zu helfen, und erklärte dabei, dass die Strandbar seinen Eltern gehörte und die Frau seine Mutter sei. Nun war mir auch klar, warum sie uns so genau beobachtete, während wir auf Pedros Geländemotorrad zuliefen, aufstiegen und gemeinsam davonknatterten. Schüchtern hielt ich mich an seiner Hüfte fest, um nicht vom Sitz zu fallen. Ich spürte seinen flachen Bauch, den Fahrtwind, der meine langen Haare durcheinanderwirbelte, und war glücklich. Aufgeregt und glücklich.

Da Pedro keine Lust auf eine ausgiebige Shoppingtour zu haben schien, schlug er vor, den Billardsalon im Untergeschoss des Einkaufszentrums aufzusuchen. Ich hatte seit Ewigkeiten kein Billard mehr gespielt und dementsprechend wenig Erfolg. Umso mehr bejubelten wir gemeinsam meine wenigen Glückstreffer. Es war ein Riesenspaß. Trotz der Sprachbarriere funktionierte unsere Verständigung erstaunlich gut, wir redeten einen wilden Mix aus Spanisch, Englisch, Deutsch und Zeichensprache. Als wir uns spät in der Nacht vor meinem Hotel verabschiedeten, trafen wir gleich eine Verabredung für den nächsten Abend. So ging es einige Tage. Mittags aß ich in der Strandbar Nudeln und freute mich, wenn Pedro sich zu mir setzte, sobald es die Arbeit zuließ. Am Abend hatte ich ihn dann für mich, und er zeigte mir die Insel: die entlegenen Buchten, die Spielhalle, in der er sich sonst mit seinen Freunden traf, seine Lieblingsbars, das Aquarium mit den Haien. Es war traumhaft romantisch. Ich war zum ersten Mal seit langem wieder richtig verliebt – so sehr, dass mir der Gedanke, Pedro bald verlassen zu müssen, schon jetzt wehtat.

Eines Abends holte mich der Anruf von Antony in die Wirklichkeit zurück. Er wollte mich am nächsten Mittag im Hotel treffen. Zwar war ich nur seinetwegen überhaupt nach Venezuela gekommen, trotzdem traf mich diese Nachricht wie ein Paukenschlag, da ich wusste, dass ich mich nun bald von Pedro würde trennen müssen.

Doch es kam ganz anders.

Mein Auftraggeber war ein sachlicher und ruhiger Mann, der mir beim Mittagessen zwar den Ablauf der geplanten Schmuggelaktion erklärte, aber hinzufügte, dass der Flughafen gerade zu «heiß» sei, da derzeit zu viele Kontrollen stattfanden. Mir schauderte, schließlich hatte ich keine Lust, in einem venezolanischen Knast zu landen. Erfreulicherweise schien auch Antony mir das ersparen zu wollen. Schon oft hatte ich über die grauenhaften Verhältnisse in diesen Gefängnissen gelesen: Rohe Gewalt, überfüllte Zellen, verdrecktes Trinkwasser, blutige Revolten und brutale Bandenkriege sollen den Alltag bestimmen. Schrecklich! Laut Antony gab es sogar mehrere Deutsche, die dort wegen versuchten Drogenschmuggels einsaßen. Er war erstaunlicherweise so ehrlich, mir davon zu erzählen, und betonte noch einmal, dass ich nur dann fliegen sollte, wenn es absolut sicher sei. Ich vertraute ihm.

Außerdem erklärte er mir, dass Venezuela ein besonders heißes Pflaster sei, da es der Hauptumschlagplatz für Koks aus Kolumbien sei, wo angeblich 150 000 Hektar Land mit Kokapflanzen bedeckt waren. Das entspreche in etwa der Fläche von London, unvorstellbar! Laut Antony stammten drei Viertel des weltweit konsumierten Kokains aus Kolumbien, das damit als größter Kokainproduzent der Welt gelte. Über Venezuela werde der Stoff in die Welt entsandt, daher würden hier besonders viele Drogenkuriere benötigt, und dementsprechend streng fielen die Kontrollen am Flughafen aus, zumindest dem Anschein nach. Welche Rolle die Korruption spielte, konnte ich nicht in Erfahrung bringen.

Stattdessen warnte Antony mich eindringlich, selbst Drogen zu konsumieren. «Schon für kleinste Mengen wird man hier hart bestraft. Ruck, zuck sitzt man für zehn bis zwanzig Jahre im Knast.»

«Keine Sorge, ich nehme nichts», entgegnete ich. Seit ich nicht mehr tanzte, hatte ich mich nie wieder mit Koks zugeknallt.

Antonys Blick nach zu urteilen, hatte er mit anderen Kurieren in der Hinsicht bereits schlechte Erfahrungen gesammelt. Mir war vollkommen schleierhaft, wie man dieses Zeug überhaupt regelmäßig nehmen konnte. Dementsprechend hielt sich mein Mitgefühl für die Konsumenten in Grenzen: Es zwang sie ja keiner dazu, Drogen zu nehmen.

Als ich mich von Antony verabschiedete, freute ich mich über den Aufschub, den er mir soeben gewährt hatte. Ich durfte also noch länger auf der Isla Margarita bleiben. Großartig!

Inzwischen waren Pedro und ich fest zusammen, ein unzertrennliches Paar. Meine Spanischkenntnisse machten Fortschritte, und seine Eltern nahmen mich mit überwältigender Herzlichkeit in ihre Familie auf. Da sie davon ausgingen, dass ich auf der Insel einen Langzeiturlaub verbrachte, schlugen sie mir vor, das Geld für das Hotel zu sparen und stattdessen bei ihnen zu wohnen. Dankbar nahm ich das Angebot an. Noch am selben Tag packte ich meinen Koffer und das Surfbrett, um in das kleine, gemütliche Haus außerhalb der Touristenmeile zu ziehen, in dem Pedro mit seinen Eltern und zwei Hunden lebte. Ich fühlte mich bei ihnen pudelwohl. Oft stand ich mit seiner Mutter in der Küche, um das Essen vorzubereiten – wie früher mit Mama. Zum ersten Mal seit ihrem Tod hatte ich das Gefühl, Teil einer Familie zu sein.

Glücklicherweise blieb der Flughafen Porlamar noch eine ganze Weile «heiß», sodass ich insgesamt fünf Monate ungestört darauf warten konnte, meinen Job zu erledigen. Da es tagtäglich losgehen konnte, wagte Antony nicht, mich nach Hause zu schicken, zumal es nicht praktikabel war, im Bedarfsfall einen Kurier aus Europa einzufliegen, um ihn dann postwendend zurückzuschicken. So etwas fiel garantiert auf und war daher viel zu riskant.

Pedro wunderte sich zwar, dass ich so lange in Venezuela bleiben konnte, und fragte mehrmals, ob ich denn keinerlei Verpflichtungen in meiner Heimat nachgehen müsse, glaubte aber wohl, ich verfügte über beachtliche Ersparnisse und einen entspannten Chef, der nichts dagegen hatte, dass seine Mitarbeiterin monatelang wegblieb. Und so freute er sich einfach über meinen langen Aufenthalt. Unsere gemeinsame Zeit war traumhaft, unglaublich harmonisch und liebevoll. Nie gab es Streit, wir lachten viel und genossen die gemeinsamen Ausflüge, das Familienleben und die intensive Bindung, die zwischen uns bestand. Mitten in einer Unterhaltung und eindeutig in Feierlaune kam uns irgendwann die Idee, uns gemeinsam tätowieren zu lassen – wir fanden es cooler, als zum Beispiel die gleichen Ringe zu tragen.

«Lass dir doch meinen Namen stechen», schlug Pedro vor.

Aber ich lachte bloß. «Und wenn ich dich dann irgendwann nicht mehr haben will? Dann laufe ich mit deinem Namen rum, lieber nicht!»

Pedro lachte mit mir.

Im nächsten Moment schwangen wir uns auf sein Motorrad

und brausten los, um unsere Idee sofort in die Tat umzusetzen. In einer dunklen Bretterbude ließen wir uns identische Tribals in den Nacken tätowieren, die wir am Abend stolz seinen Eltern präsentierten. Die beiden schüttelten über unseren Unfug nur den Kopf.

In den ruhigeren Momenten träumten wir davon, wie es wäre, wenn wir gemeinsam eine Strandbar eröffneten. Eine, die nicht wie die anderen schon um 21 oder 22 Uhr zumachte, sondern bis in die Nacht leckere Cocktails und kleine Snacks anbot. Gemütlich sollte sie sein, mit flackernden Kerzen auf jedem Tisch – das würde den Touristen gefallen. Pedro war von dieser Idee genauso begeistert wie ich, und somit machten wir uns mit Feuereifer auf die Suche nach einem geeigneten Standort, den wir bald darauf nur zwei Straßen von der Bar seiner Eltern entfernt fanden. In unmittelbarer Nähe zu den Hotels war ein kleines Restaurant frei, das ziemlich genau unseren Vorstellungen entsprach. Das Einzige, was noch fehlte, war das nötige Startkapital. Mindestens 3000 Euro würden wir brauchen, um unseren Traum verwirklichen zu können. Umso mehr ärgerte ich mich darüber, dass ich in den vergangenen Jahren meinen Lohn immer nur verschwendet hatte. Allerdings wusste ich, dass die Summe für mich leicht zu besorgen sein würde.

«In Deutschland schuldet mir ein Freund noch Geld», schwindelte ich. «Ich werde zurückfliegen, um es zu holen.»

In Wahrheit spielte ich mit dem Gedanken, einen letzten Schmuggeljob anzunehmen, mit dem ich unser Vorhaben finanzieren wollte. Nachdem wir außerdem eine kleine Wohnung besichtigt hatten, die wir nach meiner Rückkehr gemeinsam beziehen wollten, rief ich Antony an.

«Ich muss unbedingt zurück nach Deutschland. Vielleicht kann ich später noch einmal fliegen?»

Da Antony den Flughafen noch immer als zu unsicher empfand, ließ er mich zu meinem Erstaunen widerstandslos ziehen. Ich hatte nicht erwartet, dass er meine Absage so locker hinnehmen würde, zumal er seit Monaten für meinen Aufenthalt in Venezuela bezahlte. Erleichtert packte ich den Koffer. Auch der Abschied von Pedro und seinen Eltern fiel mir nicht schwer, ich wusste ja, dass ich bald zurückkehren würde.

«Ich werde nicht lange in Deutschland bleiben, sondern nur schnell das Geld holen, das mir ein Freund schuldet. Bald bin ich wieder bei dir», versprach ich Pedro, dem die Trennung deutlich schwerer fiel als mir. Ich glaube, er hatte Angst, dass ich nicht wiederkommen könnte, während ich aufgeregt überlegte, wie ich möglichst schnell an einen möglichst kurzen, aber lukrativen Auftrag kommen könnte. Mein Plan war es, in spätestens zwei Wochen zurück zu sein und dann für immer auf der schönen Isla Margarita zu bleiben.

Als ich das Flughafengebäude betrat, um den Rückflug anzutreten, dankte ich dem Wink des Schicksals, den Drogentransport abzusagen. Wohin ich auch blickte, entdeckte ich Männer in Uniformen mit Hunden oder Maschinengewehren. Obwohl ich nichts Verbotenes mit mir führte, klopfte mir bei ihrem Anblick das Herz bis zum Hals. Noch bevor ich den Check-in-Schalter erreichte, musste ich – wie alle anderen Touristen auch – an einem Tresen erklären, warum ich überhaupt nach Venezuela gekommen war. Als ich kurz darauf die Wartehalle betrat, erblickte ich auch dort ringsum Männer mit versteinerten Mienen und Maschinengewehren in den Händen. Ich erschauderte. Als mein Flug endlich aufgerufen wurde, warteten vor der Maschine noch einmal bewaffnete Uniformierte, die an einem langen Tisch das Handgepäck aller Reisenden durchsuchten. Nach dem Zufallsprinzip griffen sie einige Passagiere heraus, nahmen sie mit und kontrollierten sie wahrscheinlich genauer auf möglichen Drogenbesitz. Mir war speiübel. Gott sei Dank hatte ich nichts bei mir!

Während des gesamten Fluges grübelte ich, wer mir wohl schnell einen passenden Auftrag vermitteln könnte. Kaum war ich gelandet, rief mich auch schon Antony an.

«Ich hätte da noch was anderes für dich. Du müsstest allerdings schon in drei Tagen starten.»

«Ist der Job auch sicher? Ich möchte nur etwas ganz Sicheres machen», entgegnete ich.

«Keine Sorge, die Polizisten sind geschmiert. In Brasilien wird dir nichts passieren», beruhigte er mich.

Ich glaubte ihm.

SÃO PAULO I Nur noch ein Mal ...

Pedro hatte ich versprochen, in etwa zwei Wochen zurück in Venezuela zu sein. Ich rechnete nach: drei Tage Aufenthalt in Deutschland, anschließend knapp zehn Tage in Brasilien, es würde also ein wenig länger dauern. Doch in spätestens drei Wochen wäre ich wieder bei meinem Schatz und seiner Familie. Gut gelaunt machte ich mich also auf den Weg nach Brasilien, zu meinem letzten – so schwor ich mir – Job als Drogenkurierin.

Schon bei der Ankunft in São Paulo fühlte ich mich unwohl. Die Stadt ist sehr groß, laut und dreckig und versprüht nichts von dem Charme und der Lebensfreude, die ich bisher in diesen Breitengraden erlebt hatte. Allein deshalb war ich froh, dass mein Aufenthalt hier nur zehn Tage dauern sollte. Als ich mit dem Taxi, das mich zum Hotel bringen sollte, einen übelriechenden kastanienbraunen Fluss überquerte, rümpfte ich angewidert die Nase.

«Das ist der Rio Tiete», erklärte mir der Taxifahrer. «Die Regierung wollte den Fluss trockenlegen, hat dann aber festgestellt, dass auf dem Grund lauter Leichen ruhen, die höchstwahrscheinlich die Mafia dort entsorgt hat. Daher haben sie es bleiben lassen.»

Mir lief es eiskalt den Rücken herunter. Ich hatte einmal gelesen, dass jedes Jahr etwa 60 000 Brasilianer durch Gewaltdelikte zu Tode kamen, das entsprach der Rate von kriegführenden Ländern. Ich war zwar unsicher, ob diese Zahlen korrekt waren, aber sie passten perfekt in mein Bild von dieser Stadt. Aus São Paulo wollte ich so schnell wie möglich wieder verschwinden! Niemals hätte ich geglaubt, dass ich ausgerechnet hier länger bleiben würde als an irgendeinem anderen Ort, seit mein Vater mich vor Jahren vor die Tür gesetzt hatte.

Kaum im Hotel angekommen, rief ich die Telefonnummer an, die Antony mir gegeben hatte. Ein gewisser Lucas meldete sich und kündigte an, in den nächsten Tagen bei mir vorbeizukommen.

Etwa eine Woche später stand er in Begleitung seiner übergewichtigen Freundin Maria in meinem Hotel, um mit mir Kleidung für den Kurierdienst zu kaufen.

«Du musst wie eine reiche Geschäftsfrau aussehen, das ist am unauffälligsten», erklärte Lucas und prahlte mit seiner langjährigen Erfahrung und beachtlichen Karriere in diesem Metier. Trotz dieser Großspurigkeit entpuppte er sich als erstaunlich knauserig, als ich in einem Geschäft einen teuren, aber wirklich sehr edlen Lederanzug entdeckte. «Nein, wir suchen etwas anderes», beharrte der Nigerianer, obwohl er zugeben musste, dass man unter dem Leder etwaige «Kokainbeulen» am besten kaschieren konnte. Stattdessen sollte ich mir eine knielange Radlerhose aussuchen, dazu eine Korsage und eine schicke Kombination aus schwarzem Blazer mit passender Hose und einer knallroten Bluse. Das Outfit gefiel mir, und ich bedauerte ein wenig, es ein bis zwei Nummern zu groß kaufen zu müssen, da ich es so nach meinem Auftrag nicht mehr anziehen konnte. Zufrieden ging Lucas mit dem Klamottenstapel zur Kasse, um zu bezahlen.

Im Anschluss führte er uns in ein Steakhaus, in dem wir lecker gegrilltes Fleisch aßen, das in großen Mengen serviert wurde. Dazu gab es frischen Salat und Bohnen, auf die ich allerdings verzichtete. Brasilianer scheinen diese Hülsenfrüchte zu lieben, denn es gibt sie in allen erdenklich Farben und Formen. Nachdem wir uns pappsatt und kugelrund gefuttert hatten, fuhren Lucas und seine Freundin mich mit dem Auto zurück ins Hotel. Durch die Scheibe betrachtete ich die gigantischen Hochhäuserzeilen von São Paulo. Wie konnte man nur freiwillig hier leben? Wehmütig dachte ich an die idyllische Isla Margarita und die gemütliche kleine Strandbar von Pedros Eltern. Dahin wollte ich zurück, und zwar möglichst bald! Als Lucas plötzlich stoppte, um bei den brasilianischen Polizisten das Bestechungsgeld abzuliefern, passte das perfekt zu meiner ohnehin schon schlechten Meinung über São Paulo: Hier waren sogar die Polizisten kriminell.

Zurück im Hotel, überraschte Lucas mich zum Abschied mit einer Hiobsbotschaft. «Ach, fast hätte ich es vergessen», sagte er. «Wir haben gerade Lieferschwierigkeiten, dein Flug wird sich daher um mindestens eine Woche verschieben.»

Eine Woche! Das erschien mir unendlich lang.

Kaum waren Lucas und Maria verschwunden, rief ich bei Pedro in Venezuela an, um ihm möglichst schonend beizubringen, dass sich meine Rückkehr ein wenig verzögerte.

Mein Freund reagierte mit Verunsicherung auf diesen Aufschub. «Ist alles in Ordnung?», fragte er.

Ich bejahte. «Mach dir keine Sorgen!», fügte ich noch hinzu.

Da Pedro davon ausging, dass ich mich in Deutschland befand, um das Geld abzuholen, schwindelte ich und behauptete, der Freund habe Schwierigkeiten, mir das Geld zurückzuzahlen. So richtig wohl fühlte ich mich nicht bei dieser Notlüge, aber schließlich konnte ich ihm kaum die Wahrheit sagen.

Am 22. Tag meines Brasilien-Aufenthalts teilte mir Lucas endlich mit, dass mein Flug am Folgetag nach Europa starten sollte. Ein letztes Mal ging ich in die Stadt und kaufte mir ein schönes grünes T-Shirt, das ich bei meiner Ankunft in Venezuela tragen wollte. Ich freute mich, denn jetzt dauerte es nicht mehr lange, bis ich wieder bei meinem Pedro war!

Am Morgen des Abflugs frühstückte ich in einem kleinen Straßencafé Croissants mit Butter, Kaffee, Melone und Kokosmilch, dann rief ich Lucas an. Wir hatten verabredet, dass ich mich noch einmal melden sollte. Leider war die Verbindung extrem schlecht, und ich konnte ihn kaum verstehen. «Ich warte im Hotel auf euch», brüllte ich in den Hörer und glaubte, ein «Okay!» zu hören. Wenig später tauchte Maria mit einer Supermarkt-Plastiktüte auf, in der sich die präparierte Radlerhose und die Korsage befanden. Zweieinhalb Kilo Koks sollte ich diesmal transportieren. Wie jedes Mal spürte ich beim Überstreifen der präparierten Kleidungsstücke ein Kribbeln. Jetzt ging es los! Maria überprüfte, ob die Wäsche gut und vor allem unauffällig saß, dann schlüpfte ich in den Anzug, stieg in ein Taxi und fuhr zum Flughafen. Es beruhigte mich zu wissen, dass die Polizisten bestochen waren.

Nur noch ein Mal …

Endlich – ein Geräusch vor der Tür. Schlüssel klappern. Die Tür wird aufgesperrt, und ein Polizist zerrt mich von meinem Stuhl, um mich anschließend quer durch einen langen Flur bis zu meiner Zelle zu schubsen. Meine erste Zelle. Meine erste Nacht im Gefängnis. Ich kann nicht glauben, dass mir das gerade passiert. Als der Polizist hinter mir den Riegel vorschiebt, das Schloss einhängt und schließt, sehe ich mich fassungslos in dem kleinen kargen Raum um. Er ist höchstens drei Quadratmeter groß und vermutlich noch nie geputzt worden. Überall an den weißgetünchten Wänden und dem grauen Betonboden entdecke ich eingetrocknete Reste von Erbrochenem und anderen Hinterlassenschaften meiner Vorgänger. Dementsprechend übel riecht es. Ich würge, schnappe nach Luft und habe wieder das Gefühl, den Boden unter den Füßen zu verlieren. Ich kann mich kaum auf den Beinen halten. Kein Wunder, denn inzwischen ist es Abend, und ich habe seit dem Frühstück nichts mehr gegessen oder getrunken. Hunger habe ich nicht, aber Durst.

Ich blicke mich um. Genau gegenüber meiner Minizelle befindet sich eine riesige Zelle mit bestimmt einhundert Etagenbetten. Nanu, müssen die hier etwa länger bleiben? Ich dachte, das wäre so etwas wie ein Durchgangsgefängnis? Einige Männer stehen an den Gittern und rufen mir etwas zu, doch ich verstehe sie nicht. Ich will sie auch gar nicht verstehen. Mit diesen verwahrlosten Gestalten möchte ich nichts zu tun haben! Ich rufe nach dem Polizisten und versuche ihm zu erklären, dass ich etwas trinken möchte. Er blickt mich nur kurz an und geht wieder weg.

Unglücklich lasse ich mich auf die schmutzige Matratze sinken, die beinahe die gesamte Bodenfläche einnimmt, da dringen wieder die Rufe der Männer von gegenüber an mein Ohr. Sie werfen mir eine Schachtel Zigaretten zu und Zettelchen mit Mitteilungen, die ich nicht entziffern kann. Dankbar stecke ich mir eine Zigarette an, ehe ich die Packung zurückwerfe. Die Männer wollen sich mit mir unterhalten, aber ich kann nicht, ich will nicht. Ich möchte endlich aufwachen aus diesem Albtraum.

Da kommt der Polizist zurück. Er reicht mir eine abgeschnittene Cola-Flasche aus Plastik, in der eine trübe Flüssigkeit schwappt. Ekelhaft! Erneut schießen mir Tränen in die Augen. Diese unidentifizierbare Brühe trinke ich nicht. Erschöpft breite ich meinen schönen neuen Blazer über die Matratze, um mich auf ihn zu legen; wenigstens ein bisschen geschützt vor all dem Schmutz.

Tränen kullern mir über das Gesicht, ich denke an Pedro, frage mich, wie es nun weitergeht, wie viele Jahre Gefängnis mich wohl erwarten. Die Gedanken springen wie Tischtennisbälle in meinem Kopf herum. Warum gönnt mir niemand ein schönes Leben? Warum musste Mama so früh sterben? Warum hat mein Vater nicht wenigstens versucht, mich zu halten? Warum habe ich meine Ausbildung abgebrochen? Und warum werde ich ausgerechnet in jenem Augenblick geschnappt, als sich endlich alles zum Guten wendet? Warum auf meinem letzten Flug? Wütend suche ich nach einem Schuldigen an meiner Lage und finde gleich mehrere: meinen Vater, Antony, Lucas, sogar Pedro ... Dabei spüre ich die Ungerechtigkeit dieser Vorwürfe ganz genau. Immerhin habe ich, ich allein mich in diese Situation gebracht.

Plötzlich schießt mir eine absurde Idee durch den Kopf: Ich könnte abhauen! Angestrengt grüble ich, wie ich die Polizisten austricksen könnte. Ich könnte mich losreißen und einfach davonlaufen. Allerdings: Ohne Pass käme ich weder zu Pedro nach Venezuela noch zurück nach Deutschland. Vom Weinen und von der Anspannung ausgelaugt, übermannt mich mitten in meinen Fluchtplänen tiefer Schlaf, aus dem ich erst am frühen Morgen durch lautes Schlüsselklappern gerissen werde. Zwei Polizisten stehen vor der Zelle. Mein Herz klopft wild. Was kommt jetzt? Die Elektroschocks? Einer der Männer legt mir Handschellen an, dabei tun mir die Handgelenke noch vom Vortag weh. Die Fesseln sind viel zu eng. Trotzdem sage ich nichts. Auch nicht, dass meine Kehle wie ausgetrocknet ist und ich dringend zur Toilette müsste.

Die Fluchtidee habe ich vergessen, widerstandslos lasse ich mich durch den langen Flur in das winzige Büro neben dem Ausgang führen. Dort erwartet mich ein kleines Stück Heimat, ein letzter Rest aus meinem alten Leben: mein Reisekoffer! Am liebsten hätte ich ihn in den Arm genommen, doch die Polizisten treiben mich ungeduldig an, ich solle mir schnell eine Unterhose aus dem Koffer nehmen.

«Nur eine?», frage ich entsetzt. Glücklicherweise habe ich in meiner Zeit in Venezuela Spanisch gelernt, und da es dem Portugiesischen ähnlich ist, kann ich mich zumindest einigermaßen verständigen. «Was ist mit meiner Zahnbürste?», will ich wissen.

Da wird der Koffer jedoch schon wieder zugeklappt. Verunsichert, mit einem schwarzen Spitzenslip in der Hand, stehe ich in dem Raum, als einer der Polizisten mir einen Schubs in Richtung Tür verpasst. Durch den Flur geht es nach draußen, wo ich – abgesehen von Handschellen und Bewachern – meine vorerst letzten Schritte in Freiheit, ohne begrenzende Mauern, gehe, ehe mich die Polizisten in den vergitterten Laderaum des verbeulten Transporters sperren. Auch diesmal nehmen die Fahrer keine Rücksicht darauf, dass ich mich wegen der Handschellen nirgendwo festhalten kann. Mit einem Affentempo jagen sie um die Kurven, sodass ich kreuz und quer durch den Wagen geschleudert werde und es nach der etwa einstündigen Fahrt keine einzige Stelle an meinem Körper gibt, die nicht schmerzt.

Als der Wagen endlich hält, lausche ich angespannt nach draußen. Da ich am Boden liege, kann ich nichts sehen, nur hören, wie ein Tor knarrend geöffnet wird. Der Fahrer gibt noch einmal kurz Gas, dann steigen er und sein Kollege aus. Die Kofferraumklappe wird aufgerissen. «Los, aussteigen!»

Unsicher krabbele ich aus dem Wageninneren und sehe mich um. Wir stehen in einem großen Innenhof, von dem mehrere Türen abgehen. Meine Bewacher führen mich vor eine weiße Wand. Was passiert jetzt? Ich habe Angst – dass sie mir etwas tun, mich den angedrohten Stromschlägen aussetzen könnten. Angestrengt rufe ich mir den schlammbraunen Fluss ins Gedächtnis, in dem die Mafia angeblich ihre Leichen entsorgt, und nehme mir vor, meinen Auftraggeber keinesfalls zu verraten. Ein weiterer Polizist eilt herbei, in der Hand einen Fotoapparat. Offenbar dient die weiße Wand als Hintergrund für die typischen Häftlingsfotos. Diese Prozedur habe ich schon Hunderte Male im Fernsehen mitverfolgt, doch niemals hätte ich mir vorstellen können, selbst einmal Teil eines solchen Fototermins zu werden. Die ganze Situation scheint mir dermaßen unwirklich, dass ich das Gefühl habe, in einem Film mitzuspielen. Zunächst werde ich von vorne und im Profil aufgenommen, dann werden Detailaufnahmen von meinen Tattoos gemacht. Auch von dem Tribal, das Pedro und mich für immer verbinden sollte ... Immerhin scheint mir vorerst niemand etwas zu tun.

Als der Fotograf die Bilder im Kasten hat, führen mich seine Kollegen in einen Raum, in dem mir endlich die schmerzenden Handschellen abgenommen und meine Sachen und ich genau untersucht werden. Ich muss mich komplett ausziehen und nackt hinhocken, damit eventuell vaginal eingeführte Drogen herauspurzeln. Dann soll ich den Kopf nach vorne beugen und durch meine Haare wuscheln, während zwei uniformierte Wärterinnen meine Kleidung inspizieren. Erst dann sperren sie mich in eine Gitterschleuse, in der bereits einige andere Häftlinge warten. Die Frauen mustern mich neugierig. Angeblich gehören in Brasilien 98 Prozent der Häftlinge zu den Ärmsten der Armen, und ein Blick auf meine Mitgefangenen scheint das zu bestätigen. Sie wirken schmutzig, verwahrlost, und ich ekle mich vor ihnen. Während sie sich lautstark auf Portugiesisch unterhalten, versuche ich zur Ruhe zu kommen, mich zu orientieren. In einiger Entfernung erkenne ich ein großes Gebäude: das Gefängnis Dacar 4, meine erste Haftstation.

Etwa zwei Stunden harren wir in unserem Käfig aus, ehe erneut Uniformierte erscheinen, diesmal mit Maschinengewehren. Einer von ihnen brüllt mich an, er wolle wissen, wie ich heiße, doch ich gebe trotzig vor, ihn nicht zu verstehen. Da reißt er aggressiv sein Gewehr in die Höhe und hält es mir genau vors Gesicht, während er schreiend seine Frage wiederholt. «Maren», stoße ich erschrocken aus, woraufhin die Polizisten sich am Schloss zu schaffen machen. Sie treiben uns weiter in Richtung Hauptgebäude, vorbei an langen Zwingern, in denen wütende Hunde bellen. Die Tiere sollen eine Alarmanlage ersetzen und mögliche Ausbrecher verraten – auch wenn ich mir nicht vorstellen kann, wie man von hier fliehen sollte. Ich bin umgeben von Stacheldraht und hohen Mauern, von den Wachtürmen mit den bewaffneten Aufpassern einmal ganz abgesehen …

Je näher wir dem Gefängnistrakt kommen, desto unwohler fühle ich mich. Wie wird man auf mich reagieren? Drohen mir als Ausländerin tatsächlich Schläge oder andere Repressalien, wie der Polizist, der mich festgenommen hat, behauptet hat? Ich spüre unbeschreiblich große Angst vor allem, was kommt. Durch ein großes Tor, das beinahe wie der imposante Eingang einer mittelalterlichen Burganlage wirkt, betreten wir einen runden Innenhof. Mittendrin steht ein riesiger Wachturm, in dem weitere Aufpasser mit Gewehren postiert sind. Von hier gehen vier Gebäudetrakte ab, der Teil «Bravo», in den sie mich bringen, liegt dem großen Eingangstor genau gegenüber. Das Gefängnis ist riesig.

Ich staune, wie viele kriminelle Menschen es hier geben muss, zumal Dacar 4 nur eines von vielen Frauengefängnissen in São Paulo ist. Zusätzlich gibt es natürlich noch mehrere Strafanstalten ausschließlich für Männer. Ich grusele mich. Und fühle mich wie ein Fremdkörper. Zugegeben, ich habe Drogen geschmuggelt, aber deshalb muss man mich doch nicht wie Schlachtvieh behandeln. Diesen Schmutz habe ich nicht verdient.

Die Polizisten öffnen wortlos die schwere Tür, stoßen mich in einen grauen Innenhof und schließen hinter mir wieder ab.

Da stehe ich nun, in einem tristen Hof mit gepflastertem Boden. Nicht das kleinste bisschen Grün ist zu entdecken. Dafür ist es furchtbar laut und chaotisch. Überall laufen Frauen umher und rufen aufgeregt durcheinander, in einer Sprache, die ich nicht verstehe. Über den Gitterstäben trocknet Wäsche. Rechter Hand, wenige Schritte von mir entfernt, findet eine Prügelei statt, die die Aufmerksamkeit der meisten Insassinnen auf sich zieht. Ich bin in der Hölle, denke ich. Was für ein finsteres Ghetto! Es stinkt entsetzlich. Weder in Deutschland noch auf einer meiner Reisen habe ich jemals etwas vergleichbar Abstoßendes gesehen. Am Boden an der Wand stapeln sich die Müllsäcke.

Noch ehe ich mir weitere Gedanken machen kann, nimmt mich eine blonde Frau an die Hand. Erschrocken zucke ich zusammen, wage jedoch nicht, ihr meine Hand zu entziehen.

«Gringa?», fragt sie.

Ich nicke. Dass «gringa» Ausländerin bedeutet, weiß ich, aber ansonsten habe ich keine Ahnung, was diese Frau von mir will. «Jetzt habe ich auch noch eine Freundin» ist mein erster schlimmer Verdacht, schließlich habe ich schon viel von den lesbischen Beziehungen in Frauengefängnissen gehört.

Verzweifelt und dennoch widerstandslos folge ich der Blondine über den tristen Hof, der hinter und rechts neben mir von hohen Steinmauern, auf der linken und gegenüberliegenden Seite von einem zweistöckigen, vergitterten Gebäude umschlossen wird. Der Zellentrakt. Er erinnert mich an einen überdimensionalen Kaninchenkäfig. Durch die Gitterstäbe kann man einen Flur erkennen und die dahinterliegenden Zellen, die nur auf der Rückseite gemauert und ansonsten vergittert sind. Da zieht es doch rein! Wahrscheinlich regnet es sogar hinein! Von Insekten einmal ganz abgesehen, male ich mir entsetzt aus. Erst in diesem Moment wird mir bewusst: Mein Aufenthalt hier wird nichts mit meinem bisherigen Leben in Freiheit gemeinsam haben. Wieder muss ich gegen die Tränen ankämpfen, während ich meiner neuen blonden Freundin folge, die mich über eine Eisentreppe in den zweiten Stock führt, wo ebenfalls unglaublicher Lärm herrscht. Wärter brüllen Anweisungen, Frauen schreien wild durcheinander, Radios dudeln, während gleichzeitig mehrere Fernseher laufen. Der reine Horror!

Inzwischen bin ich der Blondine beinahe dankbar, dass sie sich meiner annimmt, denn so fühle ich mich wenigstens ein bisschen beschützt. Viele der anderen Gefangenen mustern mich abschätzig, und ich möchte nicht wissen, was sie mit mir anstellen würden, wenn ich ohne meine Begleiterin hier durchliefe. Ich wage es kaum, jemandem ins Gesicht zu sehen. Noch kenne ich die Regeln nicht, die hier im Gefängnis herrschen, und habe panische Angst, mir versehentlich eine Prügelei einzuhandeln.

In diesem Moment ist die merkwürdige Blondine offenbar vor ihrer Zelle angekommen, in die sie mich einfach mitzieht. Mir wird ganz schlecht. Was passiert nun? Der Raum ist leer. Er ist etwa zehn Quadratmeter groß, in den Wänden sind acht Eisenbretter verankert, offenbar die Betten der Gefangenen. Die Blondine lacht mich freundlich an, und ich komme zu dem Schluss, dass sie nichts Schlimmes mit mir im Sinn hat. Hinter meinem Rücken nehme ich Getuschel wahr. Als ich mich umdrehe, erblicke ich mehrere Frauen, die neugierig in die Zelle strömen und mich mustern. Die Blondine beginnt sofort, sie mir vorzustellen, auch wenn ich ihre Namen noch im selben Moment, in dem ich sie höre, schon wieder vergesse. Ich bin viel zu aufgewühlt und durcheinander. Immerhin begreife ich, dass diese Frauen meine neuen Zellengenossinnen sind.

Inzwischen muss ich so dringend auf die Toilette, dass es schon schmerzt, schließlich verkneife ich mir das Wasserlassen bereits seit mehr als einem Tag. Als ich nach einem WC frage, zeigt die Blonde auf einen Vorhang in der Ecke des winzigen Raumes. Ungläubig starre ich sie an. Doch die Brasilianerin läuft, so als wolle sie mir beweisen, dass sie tatsächlich die Wahrheit sagt, quer durch die Zelle und präsentiert mir hinter der Gardine einen winzig kleinen Sanitärbereich mit Toilette und Waschbecken. Verunsichert sehe ich mich um. Hier, mitten in diesem kleinen Raum, soll ich mein Geschäft verrichten? Mir wird ganz heiß vor Scham. Trotzdem stürze ich in die Ecke und ziehe den Sichtschutz vor. Nach allem, was ich bisher gesehen habe, scheint die Toilette der sauberste Fleck des ganzen Gefängnisses zu sein, denn sie ist blitzblank geputzt, ebenso wie das Waschbecken. Meine Mitgefangenen geben sich offenbar Mühe, ihr Umfeld so erträglich wie möglich zu gestalten.

Um das Plätschern zu übertönen, lasse ich den Wasserhahn laufen, und weil ich mich trotzdem noch schäme, halte ich mir obendrein die Ohren zu. Es ist entwürdigend. Dabei scheinen sich die anderen Frauen in der Zelle an diesen Zustand bereits gewöhnt zu haben. Im Hintergrund höre ich sie lachen und reden, keine scheint auf das, was hinter dem Vorhang passiert, besonders zu achten.

Als ich kurze Zeit später wieder zwischen ihnen stehe, lachen mich meine Mitgefangenen herzlich an und erleichtern mir damit meine Ankunft in einem der berüchtigtsten Frauengefängnisse São Paulos. Da mein schickes Business-Outfit und die hochhackigen Schuhe hier völlig unpassend wirken, bietet mir eine der Frauen ein hellblaues T-Shirt, geblümte Bermuda-Shorts und grüne Flipflops an, die ich dankbar annehme. Eine andere überreicht mir ein Handtuch. Dann legen sie mir zwei Pferdedecken auf den Fußboden, die ab jetzt als meine Matratze dienen sollen, und dazu eine dünnere Wolldecke zum Zudecken. Offenbar ahnen meine Zellengenossinnen, dass ich als Ausländerin, anders als sie, nicht regelmäßig von meiner Familie besucht und unterstützt werde, daher zeigen sie sich erstaunlich hilfsbereit und großzügig. Und das ohne jede Gegenleistung.

Insgesamt teilen wir uns den Raum, der für acht Gefangene vorgesehen ist, zu dreizehnt. Ich bekomme neben sechs anderen einen Platz auf dem Boden zugeteilt, denn die acht Bettplätze sind natürlich längst vergeben – allerdings nur an sieben Gefangene. Erstaunlicherweise belegt die blonde Marcia gleich zwei der raren Schlafplätze: Auf dem oberen lagert sie ihren Besitz, unten schläft sie. Marcia muss eine herausragende Position innehaben, vermute ich, auch wenn ich nicht verstehe, warum ich auf dem Boden schlafen muss, nur damit ihre Sachen nicht dort liegen müssen. Natürlich wage ich es nicht, auf diese Ungerechtigkeit hinzuweisen, zumal die anderen Frauen diesen Zustand offenbar völlig in Ordnung finden.

Schon bald löchern mich die Mitgefangenen und fragen, was ich denn verbrochen hätte. Zu meiner Verwunderung sind sie nicht erstaunt, als ich von meinem missglückten Drogenschmuggel erzähle.

«Alle Gringas hier sind Drogenkuriere», erklärt mir Marcia, die selbst wegen eines ähnlichen Deliktes sitzt. In unserer Zelle gibt es nur zwei «Raubüberfälle», alle anderen haben gegen das Betäubungsmittelgesetz verstoßen.

Obwohl ich glaube, mit der Verhaftung und der Ankunft im Gefängnis das Schlimmste überstanden zu haben, und sich meine Anspannung allmählich legt, verspüre ich keinerlei Hungergefühl, als einige Gefangene wenig später an der Zellentür das Abendessen austeilen. Nur einen abgestanden schmeckenden Kaffee mit

Milchpulver nehme ich dankbar entgegen. Während ich auf meinen Pferdedecken sitze, fällt mir eine riesige Kakerlake auf, die mit langen, wackelnden Fühlern über den blanken Betonboden läuft. Erschrocken ziehe ich die Beine an und suche mein Umfeld nach weiteren Krabbeltieren ab. Es schüttelt mich, denn wahrscheinlich steckt der ganze Raum voller Kakerlaken und Spinnen, die nachts über uns hinweglaufen. Während ich das ekelerregende Insekt fixiere, muss ich an einen der wunderschönen Pool-Nachmittage auf der Isla Margarita denken.

Pedro und ich kannten uns erst wenige Tage, wir hatten uns in meinem Hotel zum Mittagessen verabredet. Frisch geduscht, geschminkt und mit hochgesteckten Haaren wartete ich am Pool darauf, dass er endlich kam. Mein schönes Sommerkleid hatte ich nach oben geschoben, um die Füße ins angenehm kühle Wasser halten zu können, als Pedro sich plötzlich neben mich setzte. Ich strahlte ihn an, und er lachte aus seinen tiefbraunen, warmen Augen zurück, die so dunkel waren, dass man nicht einmal die Pupille erkennen konnte. Statt uns etwas zu essen zu bestellen, brachte Pedro zwei Cocktails an den Pool.

Wir sahen uns tief in die Augen, flirteten und genossen das Kribbeln der ersten Verliebtheit, als ich plötzlich ein Brummen wahrnahm. Beim Blick in die Richtung, aus der dieses Geräusch kam, entdeckte ich eine dicke Kakerlake, die direkt auf mich zuschwirrte. Kreischend wollte ich ihr ausweichen und fiel dabei samt Kleid und Cocktail in den türkisblauen Hotelpool. Pedro, der diese Viecher gewohnt war und sich deshalb nicht mehr vor ihnen erschreckte, lachte sich schlapp und schaffte es kaum, mir aus dem Wasser zu helfen.

Beim Gedanken an die unbeschwerte Zeit entweicht mir ein tiefer Seufzer. Mein venezolanischer Freund wundert sich bestimmt, warum ich ihn nicht angerufen habe. Er hat ja keine Ahnung … Anders als in den Fernsehkrimis hat mich leider niemand gefragt, ob ich telefonieren möchte – mal abgesehen von dem ernüchternden Anruf bei dem gleichgültigen Konsulatsmitarbeiter.

Vielleicht hätte ich ihn nach einem Anwalt fragen sollen? Aber so, wie ich hier bislang behandelt wurde, kann ich wohl kaum mit irgendwelcher Unterstützung rechnen. Es ist, als wäre ich Dreck, schlimmster Abschaum. Ich fühle mich so verlassen, ausgeliefert, kraftlos und leer wie noch nie zuvor in meinem Leben. Sie haben mich einfach aus meiner Welt gerissen und in ein Gemäuer gesteckt, in dem die Zeit stillsteht, während draußen alles seinen normalen Gang geht: Mein Vater fährt wahrscheinlich gerade mit dem Lastwagen durch die Gegend, in meinem alten Friseursalon bekommen irgendwelche Menschen einen neuen Haarschnitt, meine Maschine ist längst in Lissabon gelandet, und Pedro serviert hungrigen Touristen leckere Nudeln in Sahnesoße.

Nur ich sitze hier fest und kann nicht einmal mitteilen, was los ist. Hoffentlich bekomme ich überhaupt irgendwann die Gelegenheit dazu, schließlich möchte ich auf keinen Fall, dass mein Freund denkt, ich hätte es mir anders überlegt und mich einfach abgesetzt. Was er wohl dazu sagt, wenn er hört, dass ich im Gefängnis sitze? Ich weiß, dass Pedro von Drogen überhaupt nichts hält. Schon wenn am Strand jemand einen Joint geraucht hat und der süßliche Geruch zu uns herüberzog, hat er jedes Mal abwertend den Kopf geschüttelt. Würde er auf eine Frau warten, die Drogen geschmuggelt hat?

Ein Schlüsselklappern reißt mich aus meinen Gedanken. Einer der Wärter steht vor dem Gitter, zählt uns einmal durch und schließt dann ab. Irritiert sehe ich zu der blonden Marcia hinüber, die inzwischen meine erste Ansprechpartnerin ist und mir erklärt, was passiert. «Es ist sieben Uhr, da werden wir immer für die Nacht eingeschlossen.» Noch einmal atme ich tief durch. Es fühlt sich schlimm an, eingeschlossen zu werden und darauf angewiesen zu sein, dass jemand, den man nicht kennt und dem man nicht vertraut, irgendwann die Tür wieder öffnet. Als es dunkel wird, legen sich die Frauen schlafen. Anders als früher auf den Klassenfahrten wird nicht noch gekichert und getuschelt, sondern man schläft einfach ein. Links neben mir liegt eine freundliche, etwa 70 Jahre alte Brasilianerin, rechts von mir eine unsympathische 30-Jährige, die mich, obwohl sie meinen Namen kennt, stets nur abfällig «Gringa» nennt.

Als meine Mitinsassinnen längst ruhig atmen, liege ich noch wach. Traurig sehe ich durch die Gitterstäbe und die dunklen Konturen der aufgehängten Wäsche nach draußen. Der Mond scheint, derselbe Mond, den Pedro jetzt sehen kann. Ich muss weinen. Ganz leise, weil ich niemanden wecken möchte, aber auch weil ich mich schäme. Schließlich bin ich selbst schuld an meiner Situation. Und allen anderen hier geht es auch nicht besser.

DACAR 4 Der Horror Langeweile

Morgens um 5 Uhr ist unsere Nachtruhe vorbei. Dann laufen die Wärter durch die Gänge, zählen die Gefangenen durch und öffnen anschließend lautstark und ohne ein «Guten Morgen» die Zellen. Im ersten Moment erschreckt mich dieses herablassende Verhalten, aber dann sage ich mir, dass ich hier schließlich im Gefängnis bin und nicht in einem Hotel.

Die Beziehung zwischen Wärtern und Gefangenen ist höchst distanziert, man ignoriert sich offenbar, so gut man kann. Die Häftlinge wagen nicht, freundlich zu sein, weil ihnen die Mitgefangenen sonst Verrat vorwerfen könnten, was im besten Fall mit Prügeln, im schlimmsten mit Mord bestraft würde. Die Wärter wiederum fürchten die Gefangenen, da sie unbewaffnet sind und jederzeit mit brutalen Übergriffen rechnen müssen.

Marcia schnappt sich sofort nach dem Wecken ein paar ihrer Sachen und schwingt die Beine aus dem Bett.

«Was ist los?», frage ich.

Daraufhin erklärt sie mir, dass sie jetzt duschen gehe. «Wir haben hier nur sechs Duschen für etwa zweihundert Gefangene. Je früher man unten ist, desto kürzer muss man warten!»

Ich beschließe, mit ihr zu gehen. Eine Dusche würde mir jetzt sicher guttun, und allein traue ich mich ohnehin nicht. Als wir im Erdgeschoss vor dem Waschraum ankommen, gehören wir tatsächlich zu den Ersten. Ich schließe die Augen und genieße das heiße Wasser auf meinem Körper. Allerdings nicht lange, da eine der Wartenden bereits drängelt. Schnell wasche ich meine Unterhose aus und bemerke dabei, dass direkt neben der Dusche eine Toilette steht, die noch dazu gerade jemand benutzt. Beschämt wende ich den Blick ab. Da Marcia verschwunden ist, flitze ich schnell allein zurück in unsere Zelle. Ich fühle mich ein bisschen wie ein Mensch unter wilden Tieren. Eines ist sicher: Ich gehöre ganz bestimmt nicht hierher! Die Vorstellung, hier die nächsten Jahre verbringen zu müssen, macht mich fast wahnsinnig.

Kurz nachdem ich unsere Zelle wiedergefunden habe, wird das Frühstück verteilt. Jede Gefangene bekommt zwei Brötchen, dazu den üblichen unappetitlichen Milchkaffee. Am liebsten würde ich ihn in die Toilette spülen, aber ich bin auf ihn angewiesen, weil die Brötchen sonst definitiv zu trocken wären. Inzwischen verspüre ich großen Hunger und schlinge das Frühstück schneller als alle anderen herunter. Danach würde ich mich am liebsten wieder auf mein Deckenlager legen, doch meine Mitgefangenen scheuchen mich nach draußen, sie wollen sauber machen.

In unserer Zelle gibt es einen festen Plan, wer wann den Reinigungsdienst übernimmt, und noch bin ich als Neue davon befreit. Unsicher lungere ich vor unserer Zelle herum und traue mich erst nach unten, als eine der Brasilianerinnen mir anbietet, sie zu begleiten. Ängstlich betrete ich den grauen Hof, der mich bereits bei meiner Ankunft gestern erschreckt hat. Es ist ein kahler Platz, umgeben von Mauern und Gittern. Bänke oder andere Sitzgelegenheiten gibt es nicht, daher lässt meine Begleiterin sich einfach auf den Boden sinken, und ich setze mich neben sie.

Da mich eine Frage schon den ganzen Morgen beschäftigt, bin ich froh, nun endlich die Ruhe und Gelegenheit zu haben, sie zu stellen. «Kann ich hier telefonieren?», erkundige ich mich auf Spanisch.

Ich muss unbedingt Pedro erreichen, ihm erklären, was los ist. Sicher macht er sich schon Sorgen. Bislang haben wir jeden Tag telefoniert, nun herrscht seit zwei Tagen Funkstille. Obwohl ich eigentlich weiß, dass ich voraussichtlich die kommenden Jahre im Gefängnis verbringen werde, möchte ich mein «altes» Leben bewahren – die Illusion von Liebesglück und gemeinsamer Zukunft. Ich habe die neue Situation zwar erfasst, aber irgendwie ist sie noch nicht richtig bei mir angekommen.

Meine Begleiterin legt den Kopf schief. «Normalerweise kannst du hier nicht telefonieren.»

«Was heißt das?»

«Einige Gefangene besitzen heimlich Handys.»

«Wer?», will ich wissen.

«Frag mal Marcia», entgegnet die Brasilianerin vorsichtig. Anscheinend ist ihr das Gespräch unangenehm, vielleicht ist ihr aber auch unsere spanisch-portugiesische Unterhaltung zu anstrengend. Jedenfalls steht sie sofort auf, als eine Gruppe Frauen, die sie zu kennen scheint, den Hof betritt.

Ich bleibe sitzen und beginne vorsichtig, die anderen Gefangenen zu beobachten. Natürlich möglichst unauffällig, da ich Angst habe, sie könnten sich provoziert fühlen. Die meisten Frauen im Dacar-4-Gefängnis sehen einheimisch aus – mit dunklem Teint und schwarzen Haaren. Vereinzelt bemerke ich asiatische oder blonde, hellhäutige Gefangene. Es wäre interessant zu wissen, woher sie kommen. Vielleicht aus Deutschland? Als ich den Blick schweifen lasse, fällt mir auf, dass es hier erstaunlich viele Schwangere gibt. Wie schrecklich muss es sein, in diesem Umfeld sein Baby auszutragen!

Dabei fällt mir ein, dass meine Regel längst überfällig ist. Da sie das aber schon häufiger war, verdränge ich den Gedanken an eine mögliche Schwangerschaft schnell wieder. Stattdessen betrachte ich entsetzt die vielen Frauen, die schwerkrank aussehen. Ihre Gesichter sind eingefallen, aschgrau oder grünlich, sie haben kaum Zähne im Mund, sind abgemagert, brabbeln sinnloses Zeug vor sich hin oder rennen pöbelnd und schimpfend umher, offenbar auf der Suche nach einer Möglichkeit, sich abzureagieren. Vielleicht sind sie auf Crack?, frage ich mich.

Im Vergleich zu Crack finde ich Kokain und Haschisch geradezu harmlos. Niemals hätte ich dieses Teufelszeug probiert, das schon bei der ersten Einnahme süchtig machen kann. Angeblich wird es aus Wasser, Backpulver und Koks hergestellt, wobei es knackt. Daher auch der Name: Crack. Wenn man es raucht, tritt die Wirkung bereits nach wenigen Sekunden ein. Die Konsumenten fühlen sich großartig und platzen schier vor Energie. Leider hält die Wirkung nur für kurze Zeit an, ehe die Stimmung schlagartig in den Keller rutscht, weshalb die Konsumenten schnell wieder nachlegen wollen. Ruck, zuck geraten sie in die Abhängigkeit. Ekelhaft. Vor allem weil bei Crack rasend schnell der körperliche Verfall einsetzt. Die Abhängigen magern ab, verlieren die Zähne, haben oft am ganzen Körper offene Wunden und leiden an Verfolgungswahn und Halluzinationen. Nicht selten werden sie auch aggressiv und unberechenbar, genau wie die kaputten Gestalten, die hier im Hof herumirren. Ich beschließe, um diese Frauen lieber einen großen Bogen zu machen.

Die erste Stunde im Gefängnishof ist für mich noch ziemlich aufregend. In der zweiten beginne ich bereits, mich zu langweilen. Und als es nach einer gefühlten Ewigkeit endlich Zeit für das Mittagessen ist, freue ich mich sogar über die Abwechslung.

Hinter einem Gitter im Innenhof stehen die Wärter und verteilen das Essen an die Gefangenen. In Aluminiumschalen schwappt eine Mischung aus Salat, Reis, Fleisch und Bohnen. Mir stülpt sich der Magen um. Der Reis riecht alt und abgestanden, das Fleisch ist zäh wie Gummi, sodass es mir trotz intensiver Bemühungen nicht gelingt, es durchzubeißen, und Bohnen fand ich schon als Kind eklig, wenn es sie bei meiner Oma gab. Als Marcia mir dann auch noch erzählt, dass die Wärter dem Essen angeblich Medikamente beimischen, die den Sexualtrieb hemmen und uns beruhigen sollen, vergeht mir komplett der Appetit. Dass ich trotzdem zu einem einigermaßen schmackhaften Mittagessen komme, verdanke ich meinen großzügigen Zellenkolleginnen.

Wie die meisten Gefangenen betreiben sie in ihren Zellen kleine Campingkocher, auf denen sie aus den von Verwandten mitgebrachten Zutaten ihre Mahlzeiten selbst kochen. Der Gefängnissalat wird kurzerhand gewaschen und bekommt anschließend ein selbstangerührtes Dressing, das Fleisch wird scharf angebraten, wodurch es zwar nicht gerade köstlich, aber immerhin genießbar wird. Dazu wird eine schmackhafte Soße gekocht, die sogar den alten Reis erträglich macht. Wir setzen uns im Kreis auf den Zellenboden, um gemeinsam zu essen. Anschließend erledigt eine der Frauen den Abwasch, während die anderen zurück in den Hof gehen. Zum Sitzen und Warten. Stundenlang. Bis uns der Abendessen-Ruf aus der allgemeinen Lethargie reißt: Es passiert wieder was.

Ich will mich gerade auf den Weg zu meiner Zelle machen, da hält mich eine kleine Brasilianerin fest. «Gringa?», fragt sie.

Ich nicke.

«Komm mal mit!», ruft sie und klingt dabei so freudig, dass ich mich nicht fürchte, ihr in einen fremden Gefängnisflur zu folgen. Sie schiebt mich bis vor eine Zelle und ruft dann aufgeregt: «Gringa! Ich habe die Ausländerin gefunden.»

Nun wird mir doch ein bisschen mulmig. Aber nur kurz, denn dann entdecke ich eine hellhäutige Frau in der Zelle. «Bist du Deutsche?», frage ich aufgeregt.

Sie schüttelt den Kopf. «Ich bin Südafrikanerin.» Sie stellt sich mir als Claudine vor und winkt mich lachend zu sich. Als ich mich neben sie auf ihre Pritsche setze, sagt sie, was man vermutlich allen Neuen mit auf den Weg gibt: «Du musst dir keine Sorgen machen, es ist gar nicht so schlimm hier. Außerdem wirst du im Dacar 4 nur vorübergehend bleiben. Bald kommst du in ein anderes Gefängnis.»

«In ein anderes Gefängnis?» In mir erwacht die Hoffnung, womöglich nach Deutschland verlegt zu werden. In ein ordentliches, sauberes Gefängnis, in dem es vernünftiges Essen gibt und Wärter, die sich zuverlässig an Regeln und Gesetze halten.

Eine beruhigende Vorstellung, die Claudine jedoch umgehend zerschmettert. «Für uns Ausländer ist dies nur eine Art Durchgangslager. Wir werden so bald wie möglich in eine der besseren Anstalten von São Paulo verlegt.»

Leider bleibt mir trotz meiner vielen Fragen nicht viel Zeit, mich mit Claudine zu unterhalten, weil im Hof bereits zum Abendessen gerufen wird. Grundsätzlich wäre ich lieber bei meiner neuen Bekannten geblieben, da ich aber die Abläufe im Gefängnis noch nicht kenne und Angst habe, etwas falsch zu machen, halte ich mich vorerst an alles, was irgendwie nach Regel aussieht. Womöglich soll die Zelle jetzt verschlossen werden, und ich bin nicht rechtzeitig zurück? Schnell mache ich mich auf den Weg.

Meine Mitgefangenen warten bereits auf mich. Sie sitzen zusammen auf dem Boden, essen Reis, Fleisch und Bohnen und trinken dazu Kaffee. Auch mein Teller steht randvoll gefüllt am Boden. Allerdings bevorzuge ich dazu diesmal das Wasser aus der Leitung.

Nach einer Weile spreche ich Marcia an, die neben mir sitzt. «Dürfte ich bitte mal dein Handy benutzen? Es ist dringend.»

Sie nickt. «Morgen nach dem Mittagessen.»

Morgen!, jubiliere ich. Bei dem Gedanken, tatsächlich telefonieren zu können, bin ich so aufgeregt, wie ich es früher höchstens vor wichtigen Prüfungen war. Niemals hätte ich geglaubt, dass ich mich einmal so sehr auf ein Telefongespräch freuen würde! Nur noch ein Mal schlafen, dann werde ich endlich mit Pedro sprechen und ihm alles erklären können. Doch die Euphorie hält nur kurz an, dann schleichen sich erste Zweifel ein: Was, wenn er nichts mehr von mir wissen will? Ich bin besorgt und schlafe wieder schlecht ein.

Der nächste Morgen beginnt unerfreulich. Unter der Dusche wasche ich zunächst wieder meinen Slip aus, den ich anschließend über die Armatur hänge, um noch einen kurzen Moment unter dem warmen Wasserstrahl stehen zu bleiben. Schließlich ist die warme Dusche derzeit der einzige Luxus in meinem Leben! Mit geschlossenen Augen male ich mir das Telefonat mit Pedro aus und überlege, wie ich am besten beginnen soll. Als ich meine Augen wieder öffne und meine Unterhose nehmen möchte, ist sie verschwunden. Ungläubig starre ich auf die leere Armatur. Dann auf den Boden. Heruntergefallen ist sie nicht. Jemand muss sie gestohlen haben!

Tränen schießen mir in die Augen. Nun besitze ich schon so wenig, und dann wird mir auch noch etwas geklaut! Außerdem: Wie soll ich hier mit nur einer Unterhose auskommen? Mühsam schlucke ich die Tränen hinunter und ärgere mich, weil ich momentan so weinerlich bin. Das kenne ich gar nicht von mir, selbst in schlimmen Krisenzeiten bin ich bisher stets gefasst geblieben. Dieser Gefängnisaufenthalt macht mich fertig. Ich habe Angst, hier depressiv oder verrückt zu werden, und wünschte, ich könnte die deprimierenden Gedanken wenigstens für einen kurzen Moment einmal abschütteln. Frustriert trotte ich zurück in die Zelle, wo ich matt auf meinen Schlafplatz sinke. Der Boden ist ungemütlich hart, daran ändern auch die beiden Pferdedecken nichts. Obwohl es eigentlich noch viel zu früh ist, wollen die anderen Frauen schon wieder die Zelle schrubben und zupfen ungeduldig an meinen Decken, aber ich bewege mich nicht von der Stelle. Stur denke ich: Sollen sie doch um mich herumputzen! Was meine Mitgefangenen dankenswerterweise auch irgendwann tun. Wahrscheinlich kennen sie solche Frustattacken von anderen Neuankömmlingen.

Irgendwann schleppe ich mich nach unten in den Innenhof. Von den Hauswänden blättert die Farbe ab, und überall durchziehen den grauen Asphaltboden Risse, durch die sich vereinzelt Grashalme kämpfen. Das einzige Grün, das ich entdecken kann. Auf dem Wachturm erkenne ich einen uniformierten Mann mit Maschinengewehr. Was für ein grässliches Gefängnis! Es ist genau so heruntergekommen und verwahrlost wie die meisten seiner Insassen. Gerade rast wieder eine von den schreienden verwirrten Frauen über den Hof. Abstoßend.

Während ich aus sicherer Entfernung die Gefangenen betrachte, fällt mir ein Mann auf, der mit federnden Schritten quer über den Hof läuft. Erstaunlicherweise trägt er nicht das dunkelgraue Shirt mit dem Aufdruck «Agente», das die Wärter hier üblicherweise anhaben, sondern präsentiert in einem weißen Muskelshirt stolz seine durchtrainierten Oberarme. Ein Mann im Frauenknast?, wundere ich mich.

Da steht plötzlich Marcia vor mir. «Komm mit hoch», sagt sie nur.

In der Zelle angekommen, überreicht sie mir beinahe feierlich ihr Handy. «Hier. Aber lass dich nicht erwischen, sonst bekommen wir einen Riesenärger.»

«Ich werde aufpassen», verspreche ich dankbar und tippe sofort Pedros Telefonnummer ein. Hoffentlich habe ich gleich ihn am Apparat und nicht erst seine gesprächige Mutter, wünsche ich mir inständig, während ich in den Hörer lausche. Nichts passiert. Ich versuche es noch einmal. Wieder bleibt die Leitung tot. Da ich davon ausgehe, dass es am Telefon liegt, laufe ich eilig zu Marcia.

«Das Handy funktioniert nicht. Hast du vielleicht kein Guthaben mehr?»

«Kein Guthaben?» Marcia lacht. «Quatsch! Zeig mal her.» Sie drückt die Wahlwiederholungstaste und horcht einen kurzen Moment, dann sagt sie: «Die Nummer stimmt nicht.» Damit steckt sie das Telefon in die Hose, um es unauffällig zurück zum Versteck zu tragen.

Die Nummer ist falsch? Ungläubig und maßlos enttäuscht stehe ich da und versuche mir Pedros Telefonnummer ins Gedächtnis zu rufen. Da ich sie im Handy gespeichert hatte, musste ich sie nie selbst wählen, also wäre es durchaus möglich, dass ich sie mir falsch gemerkt habe. Und jetzt? Wie soll ich meinen Freund nun erreichen? Schon wieder spüre ich, wie meine Augen feucht werden. Weinen hilft mir jetzt auch nicht, ärgere ich mich. Stattdessen sollte ich lieber überlegen, wie ich Pedro sonst erreichen könnte.

Deprimiert setze ich mich wieder in den Innenhof und denke nach, als mich eine dunkelhäutige Frau zu sich ruft, neben der ein hagerer Mann sitzt. Ein Mann? Schon wieder? Oder ist es etwa derselbe, den ich vorhin bemerkt habe? Arglos folge ich ihrer Aufforderung, gespannt, was sie wohl von mir will.

«Ja, bitte?», frage ich höflich.

Die Brasilianerin mustert mich abschätzig. Sie ist etwas älter als ich, stark geschminkt und ebenso übergewichtig. Als sie anfängt zu sprechen, sehe ich, dass ihr beide Schneidezähne fehlen. «Das ist *meine* Frau! Wenn du sie noch einmal so anstarrst, bekommst du Ärger.»

Ihre Frau? Was meint sie? Irritiert fällt mein Blick auf den vermeintlichen Mann, den ich erst jetzt, beim genaueren Hinsehen, als Frau erkenne. «Ich habe sie überhaupt nicht angeguckt. Außerdem interessiere ich mich nicht für Frauen!», erwidere ich empört. Was für eine absurde Situation, ich habe dieses Mannweib nicht einmal bemerkt, geschweige denn beobachtet.

«Ich warne dich», ruft mir die Zahnlose drohend hinterher, als ich mich wieder zu meinem Platz auf den Pflastersteinen begebe.

Die spinnt doch!, denke ich wütend. Obwohl ich noch nicht lange hier bin, fühle ich mich inzwischen ein wenig sicherer in meiner neuen Umgebung. Zumindest fürchte ich nicht mehr, jeden Moment verprügelt zu werden, und sogar die zahnlose Frau finde ich eher ärgerlich als beängstigend. Jetzt, da ich festgestellt habe, dass ihr vermeintlich männlicher Sitznachbar eine Frau ist, fällt mir auf, dass es in unserem Gefängnishof mehrere Häftlinge gibt, die man auf den ersten Blick für Männer halten könnte: Sie alle haben kahlrasierte Schädel, durchtrainierte Körper und dementsprechend harte Gesichtszüge.

Als sich die Südafrikanerin Claudine überraschend zu mir gesellt, frage ich sie nach diesen seltsamen Gestalten.

«Das sind Zapataos», erklärt sie mir, «sozusagen die Männer hier im Knast. Allerdings gibt es nur wenige, da musst du dich schon anstrengen, wenn du einen abbekommen möchtest.»

«Nein, danke», wiegele ich lachend ab. «Frauen kommen für mich nicht in Frage. Gibt es hier eigentlich außer mir noch andere Deutsche?»

Claudine schüttelt den Kopf. «Nicht dass ich wüsste.»

«Schade», antworte ich. Es würde sich bestimmt gut anfühlen, mit jemandem in meiner Muttersprache reden zu können.

Als ich zwei Tage später mal wieder in der Zelle auf meiner Wolldecke sitze und darauf warte, dass die Zeit vergeht, ruft eine Brasilianerin etwas, das wie «Maren, Telefon!» klingt. Telefon? Für mich? Sofort springe ich auf und laufe der Frau hinterher, während ich überlege, wer mich wohl anrufen könnte. Pedro sicher nicht. Mein Vater? Der bestimmt auch nicht. Schließlich hat er sich seit meinem Auszug nicht mehr bei mir gemeldet. Außerdem weiß er – genauso wenig wie Pedro – gar nicht, dass ich hier bin. Woher auch? Vielleicht ist es das Konsulat? Fühlt sich am Ende doch jemand für mich zuständig?

Aufgeregt und leichtfüßig sause ich die Treppe hinunter in den Innenhof, wo die Frau auf ein großes blondes Mädchen zeigt, das direkt neben der Eingangstür steht. Verwundert sehe ich die Brasilianerin an, die strahlt, als hätte sie mir gerade ein Geschenk überreicht. Erst bin ich ein wenig enttäuscht, doch dann spricht mich die hübsche Blondine plötzlich mit einer überraschend tiefen Stimme an.

«Bist du Deutsche?»

«Ja! Du etwa auch? Das ist ja toll!», antworte ich.

Gegenseitig überschütten wir uns mit Fragen: «Woher kommst du? Warum bist du hier? Wie lange sitzt du schon?» Ich erfahre, dass Melanie zwei Wochen vor mir festgenommen wurde, als sie für Bekannte ein Paket mit Dokumenten nach Deutschland transportieren wollte. Tatsächlich steckten in dem Päckchen aber keine Papiere, sondern sechseinhalb Kilo Kokain.

«Ich kann nicht mal was dafür, dass ich hier sitze!», beteuert die Berlinerin und zuckt resigniert mit den Schultern.

Sie tut mir spontan leid. Unschuldig eingesperrt zu sein ist sicher um einiges schlimmer, als sich, so wie ich, das Dilemma selbst eingebrockt zu haben. Mindestens drei Stunden hocken wir in einer Ecke des Innenhofes zusammen, reden und lachen, bis Melanie plötzlich aufsteht.

«Ich muss zurück in meinen Block», sagt sie nur.

Leider ist meine neue Freundin nicht wie ich im Gefängnistrakt «Bravo» untergebracht, sondern eine Einheit weiter, im «Charly». Aber glücklicherweise funktioniert der Flurfunk im Gefängnis bestens. Ich war wohl kaum im Dacar 4 eingetroffen, da machte auch schon das Gerücht die Runde, dass eine Deutsche inhaftiert worden sei. Daraufhin hat Melanie mit fünf Real, also knapp zwei Euro, einen Wärter bestochen, damit er sie zu mir lässt.

«Mit Geld geht hier fast alles», behauptet sie, nachdem sie mir die Geschichte zu Ende erzählt hat.

Daraufhin fallen mir die bestochenen Polizisten in São Paulo ein. «Das dachte ich auch mal», erwidere ich nur.

Zum Abschied umarmen wir uns und versprechen einander, uns so bald wie möglich wieder zu besuchen. Vom ersten Augenblick an ist mir Melanie sympathisch, und ich glaube, wir wären in Freiheit ebenfalls Freundinnen geworden. Genau wie ich ist auch sie gewarnt worden, sich auf diese Reise einzulassen. Doch auch sie wusste es besser und wollte sich nicht von anderen reinreden lassen. Letztendlich trägt unsere Sturheit und Abenteuerlust, gepaart mit einer gewissen Gutgläubigkeit, die Schuld daran, dass wir nun hier sitzen, eingesperrt in einem brasilianischen Gefängnis. Sofort fühle ich mich Melanie verbunden. Was für ein Glück, dass ich die offenbar einzige Deutsche in diesem Gefängnis so gerne mag! Ab diesem Moment fühle ich mich nicht mehr so allein.

In den folgenden Tagen bemühe ich mich vergebens darum, dass mich einer der Wärter zu Melanie lässt. Entweder schütteln sie sofort energisch den Kopf, sobald ich ihnen mein Anliegen vorgetragen habe, oder sie verlangen nach einem Trinkgeld, das ich ihnen leider nicht zahlen kann. Also verbringe ich einige triste Tage zwischen meiner Zelle und dem grauen Innenhof. Mein Leben ist so langweilig, dass mir beinahe übel davon wird. Den ganzen Tag sitze ich tatenlos herum und warte darauf, dass es Essen gibt oder die Nachtruhe beginnt.

Vielleicht hätte ich versuchen können aufzubegehren, einen Anwalt zu verlangen oder zumindest einen Termin mit dem Konsulat. Aber dadurch, dass die Wärter mich behandeln, als wäre ich nichts wert, traue ich mich auch nicht, irgendwelche Rechte einzufordern. Stattdessen versinke ich in meinem Unglück.

Eine Möglichkeit, mit Pedro Kontakt aufzunehmen, ist mir noch immer nicht eingefallen, was mich zusätzlich entmutigt. Was er wohl denkt, warum ich mich überhaupt nicht mehr melde? Darauf, dass ich in Brasilien im Gefängnis sitze, kommt er ganz sicher nicht! Ich selbst hätte mir das ja auch niemals vorstellen können.

Es ist schon erstaunlich, wie schnell man sich trotzdem auf eine neue Situation einstellt. Anfangs finde ich es noch abstoßend, wie gierig die Schaulustigen zusammenlaufen, sobald eine Prügelei stattfindet. Nach nur wenigen Tagen renne ich selbst sofort los, um möglichst weit vorne zu stehen. Man stumpft ab, gewöhnt sich an die Brutalität der Schlägereien und ist irgendwann einfach nur froh, dass überhaupt mal etwas passiert. Sogar eine Messerstecherei wird von den meisten eher als willkommene Abwechslung denn als Drama genommen. Erst als ich feststelle, dass sich niemand um die Verletzte schert, bekomme ich einen Schreck. Wo sind denn die Wärter? Gibt es hier keine Krankenstation, wo man sich um die Verwundete kümmert? Offensichtlich nicht, denn die blutende Gefangene versorgt sich wie selbstverständlich selbst.

Es ist ein herzloser, düsterer Ort, an dem ich mich befinde, und ich muss mich nicht nur mit meinen teilweise erschreckend verrohten Mitgefangenen auseinandersetzen. Mich plagen auch ständig ungewohnte und lästige Heißhungerattacken auf Chips, Schokolade oder Eis. Außerdem würde ich gerne mal wieder fernsehen oder in eine warme Badewanne steigen. Nicht zuletzt fehlt mir Pedro, ebenso wie mein bester Freund Werner, irgendeine Brücke nach draußen. Ich sitze hier in diesem Loch, und keinen scheint das zu stören. Ein Gefühl von Verlorenheit überschwemmt mich.

Davon abgesehen wäre ich gerne mal wieder allein. Ständig sind Menschen um mich herum, niemals ist es ganz still – das ist auf die Dauer sehr anstrengend. Dazu die Eintönigkeit. Jeder Tag verläuft gleich: Gegen 5 Uhr wird die Zelle aufgesperrt, zwei Stunden später gibt es Frühstück, um 12 Uhr Mittagessen, um 15 Uhr einen Kaffee, um 17 Uhr Abendessen und um 19 Uhr wird die Zelle abgeschlossen. Das war's.

Daher kann ich mein Glück kaum fassen, als ich nach ein paar Tagen an einen Wärter gerate, der mich auch ohne Gegenleistung zu Melanie lassen will. Durch den riesigen Innenhof mit dem Wachturm in der Mitte bringt er mich zum Gefängnistrakt mit dem Namen «Charly». Einfach so. Dankbar lächle ich ihn an, bevor ich einen Hof betrete, der unserem bis ins letzte Detail gleicht: grauer Beton und Gitterstäbe, wohin man blickt. Dazwischen meist verwahrloste Gefangene, die entweder gelangweilt am Boden sitzen, lautstark streiten oder ziellos hin und her laufen – auf einer Fläche, die in etwa so groß ist wie eine Tennisplatzhälfte.

Ich spreche eine Frau an, die mir einigermaßen normal erscheint. «Ich suche Melanie, die Deutsche», sage ich.

Wortlos zeigt die Angesprochene in eine Richtung, und

jetzt sehe ich meine Freundin selbst, sie steht mit ein paar Mitgefangenen zusammen und plauscht. Eigentlich hätte ich sie auch problemlos allein finden können. Schon wegen ihrer Größe von ungefähr 1,80 Meter fällt Melanie hier auf, außerdem leuchten ihre hellblonden Haare auffällig in der Sonne. «Hallo, Melle!», rufe ich ihr aus einiger Entfernung freudig entgegen.

Sofort löst sie sich von ihrer Gruppe und kommt auf mich zu. «Maren! Das ist ja eine Überraschung! Wie bist du denn hierhergekommen?»

Nachdem wir uns herzlich begrüßt haben, verkrümeln wir uns in eine Ecke des Hofes und reden genauso angeregt wie bei unserem ersten Zusammentreffen. Die meiste Zeit erzählen wir von «früher», als wir noch in Freiheit lebten. Unvorstellbar, dass «früher» bei uns beiden genau genommen erst wenige Tage her ist. Es erscheint uns, als wären seitdem bereits Lichtjahre vergangen. Melanie, die noch keine 20 Jahre alt ist, arbeitete vor ihrer Verhaftung als Tänzerin. Genau wie ich. Nur dass sie sich nicht ausgezogen, sondern als Gogo-Girl in einer Disco die Besucher angeheizt hat. Sie wollte ebenfalls unbedingt früh unabhängig sein und suchte sich deshalb einen Job, bei dem sie auch ohne Ausbildung kurzfristig viel Geld verdiente.

Während wir zusammensitzen und über unser Leben philosophieren oder ausgelassen herumalbern, vergesse ich für wenige Augenblicke die Hässlichkeit und Brutalität unserer Umgebung. Es fühlt sich so leicht und unbeschwert an, mit Melanie zu quatschen, fast wie früher, wenn ich mit meinen Freundinnen im Café saß. Als ich Melanie von meinen Sorgen mit Pedro erzähle, ist sie ebenfalls ratlos. Melanie verspricht, darüber nachzudenken, wie ich Kontakt zu Pedro aufnehmen kann.

Auch bei ihr hat sich seit ihrem Auftenthalt in Dacar 4 weder ein Anwalt noch jemand vom Konsulat gemeldet. Genau wie ich verlässt sie sich lediglich auf das, was uns einige Mitgefangene erzählen. Demnach erwarten uns in einigen Monaten die Gerichtsverhandlung und anschließend eine mehrjährige Haftstrafe, es sei denn, unsere Familien sind reich genug, um den Richter zu bestechen. Ansonsten haben wir Deutschen es wohl vergleichsweise gut, weil sich tatsächlich in aller Regel das Konsulat einschaltet und später das Sozialamt Geld überweisen wird.

Da es inzwischen Zeit fürs Abendessen ist, erinnert mich Melanie daran, dass ich zurück in meinen Block muss. Ich nicke traurig. An der Tür winke ich ihr noch einmal zu und werde dann von einem Wärter zurück in meinen Gefängnisblock gebracht, in dem gerade wieder irgendeine Prügelei stattfindet. Diesmal mache ich einen großen Bogen um die geifernde Menge, das brutale Schauspiel interessiert mich nicht. Den Wärter kümmert dieser Tumult sowieso nicht, denn er und seine Kollegen lassen hier noch ganz andere Dinge durchgehen, wie ich einen Tag später feststellen soll ...

Am nächsten Morgen sind die Duschen schon früh erstaunlich voll. Kein Wunder, es ist Besuchstag, und die Familien der Inhaftierten dürfen in das Gefängnis kommen. Eigentlich nerven mich diese wöchentlich stattfindenden Veranstaltungen. Während die aufgeregten Frauen glücklich vereint mit ihren Angehörigen den Innenhof bevölkern, verkrieche ich mich meist in der menschenleeren Zelle. Manchmal beobachte ich dann von oben das bunte Durcheinander, das Lachen und die Freude und bin traurig, dass mich niemand besucht. Aber wer sollte auch kommen? Manchmal male ich mir dann aus, wie schön es wäre, wenn Pedro oder seine lieben Eltern plötzlich hier auftauchten. Hoffentlich kommen sie überhaupt! Noch weiß ich gar nicht, was Pedro zu meiner Verhaftung sagen wird.

Da haben es die brasilianischen Insassinnen deutlich leichter, denn bei ihnen weiß nicht nur die ganze Sippschaft über den aktuellen Aufenthaltsort Bescheid, es scheint sogar wenig anrüchig zu sein, im Gefängnis zu sitzen. Ich staune immer wieder, mit welcher Selbstverständlichkeit Großeltern, Geschwister und Kinder hier jeden Sonntag gut gelaunt hereinschneien. Das hat zur Folge, dass sich an Besuchstagen mitunter die griesgrämigsten Gestalten in fröhliche Menschen verwandeln, und es ist, als würde das gesamte Gefängnis für einige Stunden aufblühen. Das ganze Gefängnis, nur ich nicht. Früher hatte ich nie Depressionen, aber seit ich eingesperrt bin, fühle ich mich häufig unerträglich niedergeschlagen. Erst am Abend schließe ich Frieden mit diesem Tag, denn dann kommen meine Zellengenossinnen mit frischem Obst, leckeren Kuchen und anderen Delikatessen zurück, und wir schlemmen, schwelgen in den positiven Schwingungen und genießen all die Köstlichkeiten, die die Besucher mitgebracht haben.

Nachdem die Wärter unsere Zelle verschlossen haben, höre ich, wie Marcia sich an einem Paket zu schaffen macht. Neugierig beobachte ich ihre Bemühungen und bin gespannt, was darin steckt. Neue Unterwäsche? Lebensmittel? Ich hoffe auf Gummibärchen oder Schokolade, auf beides verspüre ich nämlich immer noch unbändigen Heißhunger! Doch sobald das braune Packpapier, das beinahe komplett mit Klebeband umwickelt ist, zum Vorschein kommt, bezweifle ich, dass sich Lebensmittel in dem Paket befinden. Dafür ist es zu gut verpackt. Sobald Marcia das Packpapier samt Kleber entfernt hat, kommt ein in Folie eingeschweißter weißer Batzen zum Vorschein: Kokain. Der Größe des Päckchens nach zu urteilen, ist es ein ganzes Kilo! Überrascht starre ich sie an, während die anderen Gefangenen überhaupt nicht reagieren.

«Was willst du denn damit?», frage ich erstaunt.

Marcia erklärt daraufhin leichtfertig: «Verkaufen, verbrauchen, Wärter bestechen.»

Ich kann es kaum glauben: Obwohl sich die Besucher den gleichen Kontrollen aussetzen müssen wie wir Gefangenen, inklusive Ausziehen, Hinhocken und Durch-die-Haare-Fahren, ist es offenbar möglich, Drogen in die Anstalt zu schmuggeln. Noch dazu in solchen Mengen! Wie machen die das bloß?, frage ich mich. Dabei liegt die Antwort auf der Hand. Vermutlich werden die Wärter von Angehörigen der Mafia bedroht oder einfach bestochen. Wenn Korruption in Brasilien tatsächlich so gut funktioniert, warum hat es dann bei mir nicht geklappt?, wundere ich mich.

Marcia, die sich in der Szene offenbar bestens auskennt, kann es mir erklären, als ich sie frage. «Weißt du, manchmal wird ein Kurier, der wenig Stoff mit sich führt, von seinen eigenen Auftraggebern an die Polizei verpfiffen, damit zeitgleich ein anderer Schmuggler mit einer größeren Lieferung ungestört die Maschine besteigen kann.»

Es klingt so einfach und logisch, wenn Marcia das sagt – aber mir versaut es gerade das Leben. Während ich mit zweieinhalb Kilo Kokain am Körper erwischt wurde, ist also ein anderer Kurier mit einer größeren Ladung geflogen. Womöglich hat er meine Festnahme sogar beobachtet. Wie können meine Auftraggeber nur so leichtfertig mit meinem Schicksal umgehen? Wie gemein, böse und kaltschnäuzig! Schon wieder ertappe ich mich dabei, die Schuld bei anderen zu suchen. Es fällt mir schwer zuzugeben, dass ich mich auf diese Aufträge einfach gar nicht erst hätte einlassen sollen. Andere Menschen arbeiten hart für ihr Geld, ich wollte die bequeme, schnelle Abkürzung nehmen. Lange Zeit hat es ja auch prima geklappt, ich hatte eine Menge Geld zur Verfügung und habe es mit vollen Händen ausgegeben. Nun bin ich für meine

Dummheit bestraft worden. Eigentlich hätte ich damit rechnen müssen, dass ich irgendwann einmal erwischt werde. Dass es ausgerechnet bei meinem letzten Mal passiert ist, macht es natürlich noch schwieriger, das Ganze anzunehmen. Das Schicksal ist wirklich ungerecht.

Die folgenden Tage vergehen extrem eintönig, sodass ich sehnsüchtig auf meine Verlegung warte. Immerhin bin ich nun ebenfalls für den Zellenputzdienst eingeteilt. Obwohl ich aus unerklärlichen Gründen neuerdings häufig müde bin, empfinde ich es als echtes Highlight, endlich eine Aufgabe zu haben. Ich bin so vertieft in die Arbeit, dass ich nicht merke, wie ein Wärter die Zelle betritt.

«Bist du Maren?», fragt er.

Erstaunt blicke ich auf. «Ja.»

«Dann komm mit.»

Mein Herz macht einen Sprung. Die Verlegung?, überlege ich und beginne zu packen.

Aber der Wärter drängelt ungeduldig. «Das brauchst du nicht. Komm jetzt!»

Neugierig laufe ich hinter ihm her in den großen Innenhof mit dem Wärterturm. Dort treffe ich Melanie. «Hast du eine Ahnung, was los ist?», rufe ich ihr schon von weitem zu.

«Ich denke, jemand vom Konsulat ist da. Nach über zwei Wochen können die auch wirklich endlich mal kommen, oder?», lautet ihr Tipp, mit dem sie tatsächlich recht behält.

Zwei schick gekleidete Damen erwarten uns: eine Frau vom Konsulat und eine deutsche Anwältin. Sie wirken kühl und distanziert und lassen nicht den geringsten Zweifel daran, dass sie keinerlei Mitleid mit uns empfinden. Drogenschmugglerinnen haben es in ihren Augen wohl nicht anders verdient, als in einem solchen Loch zu landen. Dementsprechend vage und leidenschaftslos beantwortet die Dame vom Konsulat unsere Fragen.

«Ja, Sie werden demnächst einem Richter vorgeführt. Ja, das kann durchaus noch ein paar Monate dauern. Auch auf das Urteil werden Sie länger warten müssen. Und ein paar Jahre Haft werden wohl auf Sie zukommen, eine genaue Haftdauer kann ich Ihnen allerdings nicht nennen.» Dann überreicht sie jeder von uns uns eine Tüte. «Wir haben ein paar Dinge zusammengestellt, die Sie sicher brauchen können.»

Freudig aufgeregt und neugierig durchwühlen wir unser «Geschenk» sofort. Eine Wolldecke kommt zum Vorschein, dazu eine Stange Zigaretten, Briefpapier und -marken, außerdem ein Kugelschreiber, Shampoo, zwei Krimis und ein riesiger weißer Schlüpfer, der mich in seinen Ausmaßen an die Miederhose aus Costa Rica erinnert.

Den werde ich sofort verkaufen, überlege ich. Die Zigaretten dagegen sind ein echter Schatz, weil sie im Gefängnis als Zahlungsmittel eingesetzt werden und uns ermöglichen, wichtige Dinge wie Zahnbürsten, Duschzeug, Deo, Unterwäsche und andere Dinge zu kaufen. Die Bücher interessieren mich weniger, Melanie dagegen scheint sich darüber zu freuen. Begeistert studiert sie die Klappentexte. Wolldecken kann man immer gebrauchen, Shampoo ebenso. Doch das Schönste von allem ist das Briefpapier samt Kugelschreiber: Endlich werde ich Pedro mitteilen können, was passiert ist!

Als Nächstes schiebt die Dame vom Konsulat einige Formulare über den Tisch, die wir ausfüllen sollen, damit wir künftig Sozialhilfe erhalten: 160 Real pro Monat, was etwa 60 Euro entspricht. «Von der ersten Zahlung werden wir natürlich die Auslagen abziehen, die wir für Sie hatten», erklärt sie uns, ehe die Anwältin zum ersten Mal das Wort ergreift. Sie möchte wissen, wie sie unsere Familien erreichen kann. Als ich ihr sage, dass ich keinen Kontakt zu meinen Angehörigen habe, zieht sie die Augenbrauen hoch. «Keine Familie?»

Ich lese in ihrem Gesicht, dass der Fall damit für sie erledigt ist. Wo keine Familie ist, da gibt es auch kein Geld, mal abgesehen von Sozialhilfe, die für ihr angestrebtes Honorar wahrscheinlich nicht ausreichen wird. Melanie ist für die Rechtsanwältin deutlich interessanter. Ihre besorgten Eltern warten in Berlin auf ein Lebenszeichen und würden alles tun, um ihrer Tochter zu helfen. Auch wenn Melanie sich bei diesem Gedanken offensichtlich sehr unwohl fühlt. Schließlich ist sie genau deshalb hier gelandet: weil sie unabhängig sein wollte. Nun hat sie genau das Gegenteil erreicht.

Nach etwa zehn Minuten ist unser erster Konsulatstermin beendet, und die Wärter bringen uns zurück in die Zellen. Ich kann es kaum erwarten, endlich mit dem Schreiben zu beginnen. Doch obwohl ich den Text im Kopf schon tausendmal geschrieben habe, fällt es mir nun schwer, die richtigen Worte zu finden. «Lieber Pedro!», beginne ich und schildere zunächst, was in den vergangenen Wochen, seit ich ihn das letzte Mal angerufen habe, passiert ist. Ich versuche ihm zu erklären, dass ich das alles nur für uns getan habe, für unsere Wohnung, das Restaurant, unsere gemeinsame Zukunft. Ich entschuldige mich, weil ich ihn belogen habe, und bitte ihn, mir zu verzeihen.

Nachdem ich alles niedergeschrieben habe und mir den Brief noch einmal durchlese, wird mir eines plötzlich sonnenklar: Natürlich wird Pedro nicht darauf warten, dass ich irgendwann entlassen werde! Er ist 19 Jahre alt, wir sind weder verheiratet, noch haben wir gemeinsame Kinder, uns verbindet lediglich ein gefühlsintensives, traumhaft schönes halbes Jahr und ein gemeinsames Tattoo. Das reicht nicht! Dabei wünsche ich es mir so sehr.

Wenn ich ehrlich in mich hineinhorche, dann spüre ich, dass wir uns nie wiedersehen werden. Ich vermute, dass er unsere Beziehung beenden wird, und ich kann es ihm nicht mal verübeln. Pedro hat ein liebevolles Zuhause, seine Eltern betreiben ein florierendes Strandcafé, er sieht großartig aus, führt ein gänzlich sorgenfreies Leben. Warum sollte er sich mit einem Problemfall wie mir belasten? Aus Liebe?

Als ich den Brief mit Pedros venezolanischer Adresse, die ich besser im Kopf zu haben glaube als die Telefonnummer, bei einem der Wärter abgeben möchte, erklärt er mir, dass das Porto lediglich für Inlandspost reiche. Für Inlandspost? Ich stutze. Warum bekomme ich vom Konsulat Briefmarken, die lediglich für Inlandsbriefe reichen? Ich falte den Brief zusammen, stecke ihn in einen anderen Umschlag, den ich an das Konsulat adressiere, zusammen mit der Bitte, meine Post entsprechend zu frankieren und weiterzuleiten. «Den Betrag können Sie ja wie gehabt von meinem Konto abbuchen», schreibe ich dazu.

Nun muss ich nur noch warten. Bis mein Brief in Venezuela ankommt, vergehen sicher ein bis zwei Wochen, dann vielleicht noch einmal genauso lange, bis Pedros Antwort mich erreicht. Ich muss Geduld haben.

TATUAPÉ I Alltag zwischen Häkeldecken und Schlagstöcken

Inzwischen ist es Juni. Als ich an einem Morgen nach dem Frühstück auf dem Boden meiner Zelle liege und an die weißgetünchte Decke starre, höre ich einen Wärter meinen Namen rufen. Gespannt richte ich mich auf: Es passiert wieder was! Der Wärter fordert mich auf, meine Sachen zu packen und mitzukommen. Schnell stopfe ich alles in einen schwarzen Müllsack, schlüpfe in meine Flipflops und renne dem Mann hinterher.

«Was ist los?», frage ich auf Spanisch und entnehme der portugiesischen Antwort, dass ich verlegt werde.

Endlich! Ohne mich von allen verabschieden zu können, verlasse ich im Eilschritt den grauen Hof, der nun fast zwei Monate lang mein Zuhause war. Zwei Monate, die mir vorkommen wie zwei Jahre!

Auf dem großen Platz mit dem Wärterturm sehe ich Melanie zusammen mit zwei anderen Gefangenen, einer Spanierin und einer Brasilianerin.

Meine Freundin strahlt mich an. «Werden wir entlassen?»

Verwundert schüttle ich den Kopf. «Wir werden verlegt.»

Enttäuscht entgleisen Melanies Gesichtszüge. Für einen kurzen Moment hatte sie gehofft, dieser Hölle zu entkommen. Schuld an diesem Irrtum sind entweder ihre schlechten Sprachkenntnisse, oder es ist ein grausamer Scherz der Wärter, beides ist vorstellbar. Meine Freundin reagiert maßlos enttäuscht. Ich möchte sie in den Arm nehmen, doch da werden wir schon weitergescheucht: in einen weiß-blauen Polizeitransporter, der uns in das neue Gefängnis bringen soll.

Während der etwa halbstündigen Fahrt reden wir kein Wort miteinander. Wegen der angelegten Handschellen sind wir vor allem damit beschäftigt, in den Kurven nicht so heftig aneinanderzustoßen. Ich tippe, dass die Polizisten auf diesen Fahrten all ihre Aggressionen entladen, die sich gegen uns angestaut haben, anders ist dieser chaotische Fahrstil nicht zu erklären.

Sobald wir das neue Gefängnis erreicht haben, beginnt die gleiche Prozedur, die wir bereits vom Dacar 4 kennen: ausziehen, hinhocken, Haare wuscheln, Arme in die Höhe strecken – fertig. Parallel werden unsere Sachen durchsucht. Beim Shampoo wird genau kontrolliert, ob in der Flasche womöglich irgendwelche anderen Stoffe versteckt sind, und das Deo, das ich gerade erst im Austausch gegen mehrere Zigarettenschachteln erstanden habe, wird einfach eingezogen. Ohne Begründung. Ich fasse es nicht!

Wir erhalten zwei beige Hosen mit Gummizug, die Frauen mit einer Konfektionsgröße 34 genauso passen wie jenen, die Größe 44 tragen, dazu zwei weiße T-Shirts, für die das Gleiche gilt, außerdem eine Decke, zwei Bettbezüge und eine Matratze. Dann begleiten uns die Wärter in eine Zelle, in der wir vorerst zehn Tage bleiben sollen. «Ohne Sonnenlicht», behaupten sie, und ich bekomme Panik. Droht uns jetzt etwa Dunkelhaft? Einigermaßen beruhigt stelle ich fest, dass die Zelle zumindest schmale Schlitze besitzt, durch die gerade mal eine Hand passt. Der Raum ist kalt und schmuddelig, anders als in meiner vorherigen Zelle wurde hier sicher seit Ewigkeiten nicht geputzt. Quer durch den Raum führt eine Ameisenstraße. Kein Wunder: Auf dem Boden liegen überall undefinierbare Essensreste unserer Vorgängerinnen, und es riecht fürchterlich nach Moder und Müll. Ansonsten erinnert die Zelle an einen verlassenen Rohbau: Decke, Boden und Wänden fehlt jede Form von Anstrich oder Putz, alles ist betongrau – mal abgesehen von dem Schimmel und einigen schriftlichen Hinterlassenschaften an der Wand. Stromkabel hängen frei von der Decke. Diese Zelle ist noch gammeliger als die, in der ich meine erste Nacht verbracht habe! Eine Bolivianerin fängt an zu weinen, sobald die Wärter die Tür verriegeln.

«Die überlebt das nicht», raunt Melanie mir zu, und ich nicke betroffen. Meine Freundin und ich beschließen, uns eines der fünf schmalen Betten zu teilen. Da wir insgesamt acht Frauen sind, kommen ohnehin nur zwei in den Genuss eines Einzelschlafplatzes: der brasilianische Zapatao, weil sich keine von uns mit ihm das Bett teilen möchte, und eine füllige Spanierin, bei der ich nicht sicher bin, ob sie schwanger ist oder dick. Hoffentlich Letzteres, ich wünsche keinem Baby, hier geboren zu werden!

Die nächsten zehn Tage übertreffen sogar meine Zeit im Dacar 4 an Eintönigkeit. «Ohne Sonnenlicht» bedeutet nämlich ohne Ausgang! Nur jeden zweiten Tag dürfen wir für wenige Minuten aus der Zelle, um in Lichtgeschwindigkeit warm zu duschen. Ansonsten hocken wir von früh bis spät auf unseren Pritschen, die wir höchstens mal verlassen, um auf die Toilette zu gehen oder uns schnell mit kaltem Wasser zu waschen. Der Wasserhahn ist, vermutlich um Platz zu sparen, direkt über der Toilettenschüssel montiert, einen Vorhang oder anderen Sicht- bzw. Spritzschutz gibt es nicht. Dreimal täglich bekommen wir Essen: Bohnen, und zwar jeden Tag. Nun ja: Ich war schon immer sehr schlank, und inzwischen würde ich wahrscheinlich als magersüchtig durchgehen, so sehr habe ich in den ersten Gefängniswochen abgenommen.

Leider wird unser Müll nur alle paar Tage abgeholt, sodass wir sämtliche Essensreste einfach aus den schmalen Fensterritzen werfen. Hauptsache, er gammelt nicht in unserer Zelle vor sich hin und lockt damit noch weitere Ameisen oder anderes Ungeziefer an. Angeblich soll es hier sogar richtig fette Ratten geben, und denen möchte ich lieber nicht in der Zelle begegnen. Ich bin unglaublich froh, Melanie bei mir zu haben, ohne sie würde ich wohl durchdrehen. Wie die Bolivianerin. Sie schafft es tatsächlich, tagelang und nur mit winzigen Unterbrechungen zu weinen.

Wir alle sind mit den Nerven am Ende. Ich fühle mich zunehmend depressiv und leide unter dem permanenten Eingesperrtsein, außerdem zermartere ich mich mit Selbstvorwürfen und habe Liebeskummer. Alles Gründe, warum ich mir zunächst keine Gedanken darüber mache, dass meine Regel weiterhin ausbleibt. Ich schiebe es einfach auf die Aufregung der letzten Wochen. Mit der Zeit kommt es mir dann allerdings doch verdächtig vor, vor allem weil ich neuerdings ein seltsames Ziehen im Bauch verspüre. Sehr eigenartig. Oder liegt das an den Hormonen, die uns angeblich ins Essen gemischt werden?

Misstrauisch betrachte ich den braunen Brei mit Bohnen, der über meinen Reis läuft, als ich an der Zellentür Melanies und mein Mittagessen entgegennehme.

Da spricht mich eine der Gefangenen an, die das Essen austeilt. «Bist du Deutsche?»

Verwundert antworte ich: «Ja. Warum?»

«Ich habe ein Paket für dich und die andere Deutsche.» Erstaunt drehe ich mich zu Melanie um, die ebenfalls überrascht wirkt und sofort neugierig vom Bett klettert. Aufgeregt nehmen wir das geheimnisvolle Päckchen entgegen und verkrümeln uns auf unsere Pritschen, um es eilig auszupacken. Ein Brief verrät uns, dass es von anderen deutschen Gefangenen ist, die diese unerträgliche Haft bereits überstanden haben und uns ein wenig aufmuntern wollen. Wir bekommen Zigaretten und Kekse und freuen uns wie Kinder über diese Geschenke. Leider haben wir kein Feuerzeug, um uns eine anzuzünden. Als wir unsere brasilianischen Zellennachbarinnen danach fragen, verlangen sie dafür als Gegenleistung zwei Zigaretten.

«Zwei Zigaretten? Seid ihr verrückt?», pöbelt Melanie. Wir sind uns einig, dass wir lieber auf den Tabakgenuss verzichten, ehe wir diesen Raffzähnen unsere wertvollen Kippen in den Rachen schmeißen! Bei der Essensausteilung am Abend fragen wir die Gefangene, die uns am Mittag das Paket überreicht hat, ebenfalls nach Feuer und haben Glück. Zufrieden kuscheln wir uns nach dem Abendessen auf die Pritsche und genießen unsere Zigaretten.

Als sie fast aufgeraucht sind, hat Melanie eine Idee. Sie zwirbelt zwischen den Fingern eine lange Wurst aus Toilettenpapier, die sie anzündet und «Therese» tauft. So haben wir tatsächlich noch eine Weile Feuer für weitere Zigaretten. Doch irgendwann wird der Geruch des vor sich hin kokelnden Toilettenpapiers so unerträglich, dass wir uns dazu durchringen, «Therese» zu löschen. Nun müssen wir wieder warten, bis die Mahlzeiten ausgeteilt werden und uns eine der anderen Gefangenen Feuer geben kann. Aber das ist nicht das Einzige, worauf ich ständig warte: Noch immer habe ich keine Post von Pedro erhalten. Hoffentlich kommt die hier überhaupt an!, denke ich. Immerhin bin ich mittlerweile verlegt worden, sodass der Brief zunächst im Dacar 4 landen wird.

«Die werden ihn schon weiterleiten», tröstet mich Melanie jedes Mal, wenn sie an meinem trüben Gesichtsausdruck erkennt, woran ich gerade denke.

Nach zehn Tagen erscheint eine hochgewachsene Wärterin in unserer Zelle und ruft ein lautes «Alle mitkommen!» in den

Raum, woraufhin wir hektisch unsere Sachen zusammenpacken. Durch das abrissreife Gebäude, das unpassenderweise «Pavillon» genannt wird, führt sie uns nach draußen. Ich atme tief ein und genieße den lauen Wind in meinem Gesicht. Endlich frische Luft! Ein Gefühl von Freiheit im Gefängnis. Absurd.

Unser neues «Zuhause» heißt «Pavillon 4» – er soll eines der schönsten von insgesamt sechs Gebäuden sein. Wobei ostdeutsche Plattenbausiedlungen deutlich mehr Charme und Gemütlichkeit ausstrahlen als diese Bruchbude. Die Wärterin bringt uns in ein Büro, in dem sie unsere Namen auf Karteikarten schreibt, als plötzlich eine große stämmige Frau mit langen grauen Haaren im Türrahmen erscheint.

«Ich bin Meike, du kommst mit in unsere Zelle!», erklärt sie grob und zeigt dabei auf mich.

Mir schaudert. Meike guckt extrem grimmig, kein einladendes Lächeln begleitet ihre Worte. Melanie trifft es allerdings noch schlechter. Hinter Meike taucht nämlich eine weitere Deutsche namens Gaby auf, die ebenso unfreundlich guckt, aber obendrein riecht, als hätte sie sich seit ihrer Ankunft, die möglicherweise schon Jahre zurückliegt, nicht mehr gewaschen. Ihre fettigen Haare hängen ihr strähnig ins Gesicht, und der beißende Geruch, den sie verströmt, ist unerträglich. Melanie und ich werfen uns entsetzte Blicke zu. Anders als erwartet scheinen wir uns mit diesem Gefängnis nicht zu verbessern. Ganz im Gegenteil.

Auf dem Weg über den Hof torkelt mir eine Frau entgegen, deren Haut mit blutigen Ekzemen übersät ist. Wütend brabbelt die Gefangene vor sich hin und schreit mich an, was mich erschreckt zusammenzucken lässt.

«Am besten ignorierst du sie. Die ist auf Crack», bestätigt Meike ungerührt meinen Verdacht, ehe sie in das heruntergekommene Treppenhaus vorangeht. Was für ein Horror!

Umso verblüffter bin ich, als ich hinter Meike die Zelle betrete. Der Raum ist zwar genauso geschnitten wie der, in dem ich die letzten zehn Tage verbracht habe, aber viel schöner und gepflegter. Der Boden ist in einem leuchtenden Orange gestrichen, die Wände strahlen weiß. Vor der Toilette hängt ein Vorhang, und sogar die Betten sind hinter einem Sichtschutz versteckt, der wenigstens eine minimale Intimsphäre erlaubt. Zumindest ist man nicht ständig den Blicken der anderen ausgesetzt. Eine Frau sieht gerade fern. Mit einem eigenen Fernseher! Und überall liegen selbstgehäkelte Deckchen herum, es ist richtig gemütlich.

«Wow!», rutscht es mir heraus, denn mit so viel Behaglichkeit habe ich nicht gerechnet.

Da die fünf Betten bereits belegt sind, suche ich mir einen Platz auf dem Boden, in der Hoffnung, bei der nächsten Entlassung oder Verlegung einen der begehrten Schlafplätze zu ergattern. Bis auf Meike, die allerdings dadurch Pluspunkte bei mir sammelt, dass sie diese Zelle so schön renoviert hat, scheinen meine Zellengenossinnen ganz nett zu sein. Wir sind ein international bunt zusammengewürfelter Haufen: Tina, 36 Jahre alt, kommt aus Thailand, Jani, 32, aus Brasilien, Martha, 21, aus Peru und Abigail, 20, aus Kanada – alle haben gegen das Drogengesetz verstoßen.

Nachdem wir uns vorgestellt haben, erklären die anderen mir die Abläufe: Das Essen wird zu festen Zeiten im Hof ausgegeben, immer eine aus jeder Zelle holt es für alle. Außerdem gibt es hier Jobs, mit denen man nicht nur ein bisschen Geld verdienen, sondern auch die Haftzeit verkürzen kann. Für drei Tage Arbeit bekommt man einen Tag Hafterlass. Man kann als Näherin für das Bekleidungshaus C&A arbeiten, Schlösser oder Wasseruhren zusammenschrauben sowie Schmuck und Autoteile fertigen. Anschließend zeigen mir meine neuen Mitbewohnerinnen noch, wo ich die Schule finde, um Portugiesisch zu lernen, und wo die Krankenstation liegt. Diese wird meine erste Anlaufstelle am nächsten Tag. Ich möchte wissen, ob meine ausbleibende Regel wirklich den schwierigen Umständen geschuldet ist oder ob ich womöglich doch schwanger bin. Von Pedro, von dem ich noch immer nichts gehört habe …

Der Tag in Tatuapé beginnt, genau wie im Dacar 4, morgens um 5 Uhr. Für eine Stunde werden die Zellen geöffnet, damit die ersten Frauen duschen können, anschließend werden sie für eine Stunde abgeschlossen, damit die Wärter die Gefangenen zählen können. Um 7 Uhr gibt es Frühstück: Milch in kleinen Tüten, Kaffee und Brot mit einer dünnen Butterschicht. Nach dem Essen machen sich meine Mitbewohnerinnen auf den Weg zur Arbeit in einen der anderen Pavillons. Mein Ziel liegt schräg gegenüber von unserem Haus.

Unsicher betrete ich die Krankenstation und werde sofort von einer freundlichen Krankenschwester in Empfang genommen.

«Kann ich dir helfen?», fragt sie und lächelt mich an.

«Ich würde gerne einen Schwangerschaftstest machen», erwidere ich zögerlich.

«Oh, das tut mir leid, da musst du nächsten Dienstag wiederkommen. Bluttests werden bei uns nur einmal die Woche gemacht.»

Enttäuscht verlasse ich das Gebäude. Jetzt, da ich den Verdacht habe, schwanger zu sein, möchte ich möglichst bald Gewissheit haben.

Mir fällt auf, dass ich mich inzwischen, nach einigen Wochen Gefängniserfahrung, beinahe selbstbewusst zwischen den fremden Frauen bewege. Inzwischen weiß ich, dass ich mir bei allen nicht aus Lateinamerika stammenden Häftlingen ziemlich sicher sein kann, dass ich es nicht mit einer brutalen Gewaltverbrecherin zu tun habe, sondern höchstwahrscheinlich mit einer Drogenkurierin. Nur bei den einheimischen Gefangenen ist Vorsicht geboten: Viele von ihnen haben zwar ebenfalls gegen das Drogengesetz verstoßen, aber es gibt auch hemmungslose Diebinnen und sogar brutale Mörderinnen.

Wobei ich lernen muss, dass in Brasilien bei einem Mord streng unterschieden wird. Ehegatten- oder andere Morde an Erwachsenen sind nämlich durchaus «salonfähig». Eine besonders beliebte Tötungsart ist es, dem schlafenden Ehemann (oder einem anderen Widersacher) einen Stift durch das Ohr bis ins Gehirn zu stechen. Diese Methode ist angeblich auch hinter Gittern im Umgang mit Verrätern oder Kindermördern verbreitet, weshalb solche Menschen auch sofort in eines der Hochsicherheitsgefängnisse verlegt werden. Besonders berüchtigt ist die Haftanstalt Tremembé, von der die Gefangenen meist angstvoll sprechen. Sie scheint ein Sammellager für die allerschlimmsten Verbrecher, Verrückten und Verräter zu sein. Obwohl die besonders gemeingefährlichen Exemplare also aussortiert sind, begegne ich den Südamerikanerinnen zunächst eher zurückhaltend. Mir ist nämlich schon ein «ganz normaler» Ehegattenmord unheimlich.

Wirklich Angst flößen mir nur die vielen Crack-Süchtigen ein, die offenbar in allen brasilianischen Haftanstalten zahlreich vertreten sind. Sie wenden in ihrem Wahnsinn nicht nur den Trick mit dem Stift im Ohr an, sondern ersetzen ihn gelegentlich durch heißes Öl oder Wasser oder schütten ihren Mitgefangenen im Extremfall auch schon mal kochende Flüssigkeiten ins Gesicht. Allerdings werden diese alltäglichen Gefängnisprobleme derzeit komplett von meiner Sorge über eine mögliche Schwangerschaft und meinem Kummer mit Pedro überdeckt.

Immerhin können wir uns in dieser Haftanstalt während der Aufschlusszeiten frei zwischen den Zellen bewegen, sodass ich meine Freundin Melanie jederzeit besuchen kann. Sie ist in einer Zelle gelandet, die zwar mit genauso harmlosen Insassinnen besetzt, aber bei weitem nicht so schön ausgestattet ist wie meine. Außerdem liegt ständig der Geruch von Gabys Schweiß in der Luft.

«Und?», fragt meine Freundin, sobald ich den Raum betrete, «hast du den Test machen können?»

«Leider nicht», murre ich. «Bis Dienstag muss ich mich gedulden.»

Melanie streichelt mir tröstend die Hand und schlägt dann vor, gemeinsam das Gefängnisgelände zu inspizieren.

Die Haftanstalt Tatuapé erstreckt sich insgesamt über sechs Pavillons, die jeweils durch hohe Betonmauern voneinander getrennt sind. Wir sehen uns zunächst die Schule an und werfen einen Blick in die verschiedenen Werkstätten.

«Ich will unbedingt arbeiten, sonst sterbe ich noch vor Langeweile», quengelt Melanie, während sie das Gesicht an die Fensterscheibe einer Werkhalle presst, um alles besser erkennen zu können. «Entweder als Näherin oder als Wasseruhrmonteurin. Was meinst du?»

Ich ziehe die Stirn kraus. Meine Lust zu arbeiten tendiert gerade gegen null. Stattdessen würde ich mich lieber wieder hinlegen und noch etwas schlafen. Neben meiner schlechten Stimmungslage leide ich nach wie vor unter einer dauerhaften Müdigkeit, und zwar völlig unabhängig davon, wie viel ich geschlafen habe. Schon deshalb ist es gut, Melanie an meiner Seite zu haben. Sie verhindert, dass ich mich komplett einigele.

«Komm, wir müssen unsere Sachen abholen», sagt sie jetzt und wendet sich zum Gehen.

«Was für Sachen?», frage ich irritiert und laufe Melanie hinterher.

Sie steuert direkt auf das Wärterbüro am Eingang unseres Blocks zu, wo sie sich selbstbewusst vorstellt. «Hallo, wir sind die Neuen, Maren und Melanie. Mir wurde gesagt, dass wir von ihnen Waschsachen bekommen.»

Die Gefängnisaufseherin geht an einen Schrank, aus dem sie für jede zwei Rollen Toilettenpapier, zwei Stück Seife, eine Tube Zahnpasta und ein Paket Binden kramt. Nach einem kurzen Vermerk auf einer Karteikarte gibt sie die Sachen an uns aus.

«Das dürfen wir uns jetzt einmal im Monat abholen», erklärt Melanie.

Ich bin überrascht, wie schnell sie sich in der neuen Umgebung zurechtfindet. «Ich fürchte, meine Binden kann ich verschenken», murre ich.

Melanie quittiert meinen Kommentar mit einem ziemlich schrägen Blick. Dann erzählt sie mir, dass sie sich bereits nach einem eigenen Telefon erkundigt hat, allerdings fehlt ihr dafür vorerst das Geld. Sie ist erstaunlich zielgerichtet und selbstbewusst, vor allem wenn man bedenkt, dass sie erst knapp 20 Jahre alt ist. Wieder einmal spüre ich eine tiefe Freude, sie zur Freundin zu haben. Zumal mich seit meinem Gefängnisaufenthalt sämtliche Kraft zu verlassen scheint. Ich schaffe es gerade mal, das Nötigste zu erledigen: essen und duschen.

Dann verabschieden Melanie und ich uns, um unsere «Schätze» in die Zellen zu tragen, wo ich alles in meine schwarze Plastiktüte stecke. Völlig unerwartet bekomme ich dafür prompt Ärger.

Tina meckert, ich solle mein Toilettenpapier gefälligst neben das Klo stellen.

Doch ich weigere mich. «Das ist meins», erwidere ich barsch.

«Da wird schon keiner rangehen!», argumentiert sie.

Doch davon will ich nichts wissen. Ich fühle mich wohler, wenn ich mein Papier selbst verwalte und es in Sicherheit weiß. Tina beschimpft mich noch als egoistische Idiotin, ehe sie wütend aus der Zelle stürmt. Was soll das? Ich werde doch wohl allein entscheiden können, wo ich mein Klopapier hinstelle! Im Gefängnis sind die Menschen oftmals ausgesprochen dünnhäutig und dementsprechend wenig rational.

Müde lasse ich mich auf meine Matratze sinken und schlafe, bis Melanie mich wecken kommt.

«Eine Frau aus meiner Zelle hat mir gerade heftig ins Gewissen geredet», erzählt sie. «Ganz viele Häftlinge leiden an Tuberkulose, deshalb darf man auf keinen Fall mit anderen Gefangenen Zigaretten oder Getränke teilen. Außerdem gibt es extrem viele Aidskranke hier. Wir sollten uns daher besser aus allen Streitigkeiten heraushalten. Wir müssen gut aufpassen, dass wir uns nicht irgendwo anstecken.»

Angewidert sehen Melanie und ich uns um und entdecken plötzlich lauter Frauen, die uns irgendwie krank vorkommen.

«Die HI-Viren werden uns schon nicht anspringen», versucht Melanie unsere aufsteigende Panik zu dämpfen.

Ich halte jedoch dagegen. «Tuberkulose wird, soweit ich weiß, per Tröpfcheninfektion übertragen.»

Es ist beängstigend. Wenn auch ein wenig hysterisch …

Als um 21 Uhr die Zellen abgeschlossen werden, hat Tina sich wieder beruhigt. Gemeinsam mit Abigail sehen wir ein wenig fern. Was für ein Luxus! Da meine kanadische Zellennachbarin arbeitet, kann sie sich solche Dinge leisten. Allerdings lässt der Reiz des Fernsehens für mich bald nach, denn dummerweise spreche ich noch nicht gut genug Portugiesisch, um den Sendungen folgen zu können. Daher werde ich bald müde und ziehe es vor, schlafen zu gehen, was Abigail, wie sie mehrfach betont, sehr schade findet. Ich werfe ihr eine Kusshand zu und kuschele mich unter meine Decke.

Abigail ist wirklich nett, und ich freue mich, dass ich mit ihr in einer Zelle gelandet bin. Die junge Kanadierin ist die Einzige, mit der ich auch mal herumalbern und lachen kann. Meike hat meist üble Laune. Die anderen beiden Zellengenossinnen sind zwar freundlich, aber sehr zurückhaltend. Und Tina, die für uns die vielen Deckchen gehäkelt hat, ist fleißig und penibel und verlangt von allen anderen ebenso viel Engagement und Perfektionismus, wie sie selbst an den Tag legt. Aber das ist für mich momentan zu anstrengend. Während die anderen lesen, sticken oder fernsehen, schlafe ich wieder ein.

Am nächsten Tag herrscht schon frühmorgens helle Aufregung: Die Duschen sind überbelegt, in sämtlichen Zellen klappert das Putzzeug, und die Frauen drängen sich vor ihren kleinen Handspiegeln, sodass mir sofort klar ist: Heute ist Besuchstag.

Allerdings nur der für die Liebespaare. Stundenweise dürfen sich Ehepaare in «intimer Atmosphäre» in speziell dafür vorgesehenen Zellen treffen, deren Wände kitschig rosa gestrichen sind. Sogar Kondome liegen bereit, um ungewollte Gefängnisschwangerschaften zu vermeiden. Einen Tag später, am Sonntag, findet dann der offizielle Besuchstag statt, zu dem zwischen 8 und 15 Uhr sämtliche Freunde und Familienmitglieder kommen können. Leider schleppen die Angehörigen hier nicht kistenweise Wurstwaren, Kuchen und andere Süßigkeiten an, das ist in Tatuapé nicht erlaubt, weshalb das im Dacar 4 nach solchen Tagen übliche abendliche «Festmahl» leider ausfällt.

Dementsprechend erstaunt bin ich, als Melanie mich am Abend abholt, um mit mir in den Pavillon 6 zu gehen.

«Du wirst nicht glauben, was da abgeht», kündigt sie großspurig an, während sie sich durch die anderen Gefangenen, die sie fast alle um mindestens einen Kopf überragt, einen Weg bahnt.

«Was werde ich nicht glauben?», frage ich zum wiederholten Mal und lache, weil Melanie so ein Geheimnis um ihre Entdeckung macht.

Schon am Eingang zum Pavillon 6 sind mehrere Gefangene postiert, die Alarm schlagen sollen, sobald sich ein Wärter nähert. Aus gutem Grund: Sämtliche brasilianischen Gefangenen haben vor sich Decken ausgebreitet, auf denen sie Drogen aller Art anbieten. Melanie hat nicht zu viel versprochen, ich bin total baff.

«Das ist ja ein richtiger Basar», stelle ich fest.

«Ja, und er findet wohl jeden Sonntag statt», klärt Melanie mich auf, während wir beide ungläubig auf die verbotenen Mitbringsel der Angehörigen starren. Vermutlich haben sie in Kondome verpackt und vaginal eingeführt ihren Weg ins Gefängnis gefunden und sorgen hier nun für regen Absatz.

Doch so ausgelassen und bunt der Abend ausklingt, so angespannt und angstgelähmt beginnt der nächste Morgen. Anders als normalerweise üblich erscheint früh um 5 Uhr keiner der Wärter, um die Zellen aufzuschließen, was mir grundsätzlich gefallen würde, wäre da nicht die Nervosität und Furcht meiner Mitgefangenen. Sie liegen wach in ihren Betten und lauschen nach draußen.

«Heute kommt die Militärpolizei», sagt Meike leise in den Raum. Dann schweigt sie. Auch sonst sagt niemand ein Wort.

Obwohl ich nicht weiß, was auf mich zukommt, klopft mir das Herz bis zum Hals, als ich frage: «Was heißt das?»

«Wir bekommen Ärger.» Mehr möchte Meike offenbar nicht verraten.

Ich spüre, wie sich Angst in meinem Körper breitmacht,

und lausche ebenfalls nach draußen, ohne zu wissen, auf welches Geräusch ich überhaupt warte. Darüber wird es 7 Uhr. Plötzlich nehme ich Hundegebell wahr, erst aus der Ferne, dann kommt es näher.

«Sie sind da», verkündet Meike.

Schon höre ich sie in unserem Treppenhaus: bellende Hunde und Knüppel, die gegen Wände und Zellentüren schlagen. Sie sind inzwischen fast bei uns angelangt. Im nächsten Moment springen meine Mitgefangenen von ihren Betten und setzen sich auf den Boden. Ich tue es ihnen nach. Kaum sitzen wir mit angewinkelten Beinen, den Händen auf den Knien, den Kopf nach unten geneigt da, wird unsere Tür aufgestoßen. Ich höre Gebrüll. Mit Schlagstöcken prügeln mehrere Männer unsere Vorhänge von den Wänden und schlagen alles kurz und klein. Dann stoßen uns zwei Polizisten mit ihren Maschinenpistolen an und brüllen, dass wir sofort die Münder öffnen sollen, was wir umgehend tun. Wir müssen die Zungen erst herausstrecken und anschließend gegen den Gaumen drücken, damit sie sehen können, ob wir in der Mundhöhle Drogen oder andere Dinge verbergen. Dabei steckt mir einer der Kerle den Lauf seines Gewehrs so tief in den Rachen, dass ich mich beinahe übergeben muss. Ich habe Todesangst.

Nachdem alle Gefangenen in meiner Zelle derart untersucht worden sind, geht die beängstigende Prozedur weiter. «Raus, raus, raus!», schreien die Polizisten und drängen uns dabei mit ihren Waffen aus der Zelle.

Hoffentlich löst sich kein Schuss, denke ich panisch, während ich mit gesenktem Kopf meinen Zellenmitbewohnerinnen auf den Flur folge. Durch ein Spalier martialisch vermummter Polizisten, die mich an einen Kriegseinsatz erinnern, laufen wir in Richtung Waschräume. Als ich aufschaue, um mir einen kurzen Überblick über die Situation zu verschaffen, beschimpfen mich die Uniformierten, weil ich es gewagt habe, sie anzusehen, woraufhin ich sofort wieder den Kopf senke. Hin und wieder trifft mich ein Schlag mit dem Knüppel, sodass ich froh bin, am Ende des Ganges bei den Duschen angelangt zu sein, die offenbar das Ende unseres Spießrutenlaufs bedeuten.

Meine Zellengenossinnen setzen sich blitzschnell auf den Boden – in der gleichen Haltung, die sie schon in der Zelle eingenommen haben. Leider scheine ich irgendetwas verkehrt gemacht zu haben, denn eine der Wärterinnen zieht mich unsanft an den Haaren auf die Beine und schubst mich grob an einen anderen Platz. Wenn die Militärpolizei nicht da wäre, würden sich unsere Wärter so etwas niemals trauen. Normalerweise haben sie Angst, die Gefangenen könnten über sie herfallen, aber jetzt lassen sie ihrem ganzen Zorn und ihrer Abneigung freien Lauf: Sie beschimpfen uns als Dreck, Abschaum, Schlampen, während sie uns drängeln, die Kleidung komplett abzulegen. Vor den Augen der Militärpolizisten müssen wir uns nackt hinhocken, die Arme nach oben heben, durch die Haare wuscheln und den Mund öffnen, ehe wir wieder in unsere Slips und BHs schlüpfen dürfen. Den Rest der Kleidung klemmen wir uns nur eilig unter unsere Arme.

Etwas Entwürdigenderes habe ich in meinem ganzen Leben noch nicht erfahren! Durch das Spalier der Militärpolizisten werden wir wie Vieh zurück durch den Gang getrieben, begleitet von den gelegentlichen Schlägen der vor Aggressivität überschäumenden Uniformierten. Anders als erhofft dürfen wir allerdings noch nicht zurück in die Zellen. Stattdessen jagen sie uns in den Hof, wo wir uns erneut hinkauern müssen, immer fünf Frauen hintereinander. Ein bis zwei Stunden müssen wir so ausharren, bewegungslos. Wer sich rührt, muss damit rechnen, von einem der Hunde gebissen zu werden. Gerade diejenigen, die als Letzte in der Reihe sitzen, werden häufiger als die anderen Opfer der wütenden Rottweiler. Es ist ein Albtraum.

Als wir uns endlich erheben dürfen, schmerzt mein ganzer Körper. Unter den Beschimpfungen der Spezialeinsatztruppe schleichen wir zurück in unsere Zelle, wo sich uns ein erbärmlicher Anblick bietet: Unser liebevoll gestalteter Raum ist komplett verwüstet. Die Matratzen liegen am Boden, alle Fotos und Poster sind von den Wänden gerissen, der Chlorreiniger wurde über unseren Sachen ausgeschüttet, meine für mich so kostbare Shampoo-Flasche ist zertreten.

«Warum?», frage ich Meike entsetzt.

«Sie wollen uns wohl zeigen, dass wir nichts wert sind. Aber man gewöhnt sich daran», erklärt die 45-jährige Deutsche und beginnt dann ungerührt mit den Aufräumarbeiten.

Ich schließe die Augen und atme tief durch. Von einigen anderen Gefangenen erfahre ich, dass auf der Krankenstation eine ältere Frau verarztet wird, der ein Rottweiler schlimme Bisswunden zugefügt hat. Mir schießen die Tränen in die Augen. Warum habe ich mich nicht für einen anderen Weg entschieden?

Doch dann reiße ich mich zusammen, um meinen Mitbewohnerinnen dabei zu helfen, die Zelle wieder in Ordnung zu bringen. Wenn das überhaupt möglich ist – die Einsatztruppe hat bei ihrer Suche nach Drogen, Waffen und Telefonen so gut wie alles zerstört. Erst am Abend sieht es bei uns wieder einigermaßen wohnlich aus, wobei einige Briefe, Postkarten und Poster nicht zu retten waren und auch Vorhänge und Kleidungsstücke irreparable Schäden genommen haben. Ich staune über die Gelassenheit meiner Mitgefangenen und frage mich, ob ich im Laufe meiner Haftzeit wohl auch so gleichgültig werde.

Zu meinem Zorn über die Militärpolizisten gesellt sich nun die Wut über die brasilianische Justiz. Es ist wirklich unglaublich, dass ich hier seit Wochen sitze, ohne einem Richter vorgeführt zu werden. Ich möchte wenigstens wissen, auf welche Haftdauer ich mich einstellen muss, diese Ungewissheit macht mich ganz mürbe! Und noch immer habe ich keine Nachricht von Pedro.

Als ich nach dem Abendessen Melanie treffe, sind wir gleichermaßen entsetzt und wütend über den menschenverachtenden Umgang mit uns Gefangenen. Noch nie sind wir dermaßen respektlos behandelt worden. Wir schaffen es kaum, uns gegenseitig aufzumuntern. Erst als Melanie mich daran erinnert, dass am nächsten Tag mein Bluttest ansteht, komme ich auf andere Gedanken.

«Meinst du, sie geben dir das Ergebnis sofort?», fragt sie.

Ich zucke ratlos mit den Schultern. «Keine Ahnung, aber ich hoffe schon!»

An diesem Abend halten wir uns lange im Arm, ehe wir uns voneinander verabschieden.

TATUAPÉ II Mein Verdacht wird bestätigt

Mit zittrigen Knien mache ich mich am nächsten Morgen nach dem Frühstück auf den Weg zur Krankenstation. Dort erwartet mich eine Schlange von etwa zehn Frauen, die alle einen Bluttest machen wollen. Bei den meisten geht es allerdings darum festzustellen, ob sie sich mit Aids infiziert haben, was bei dem regen gleichgeschlechtlichen Verkehr, der hier stattfindet, sicher häufiger passiert. Beruhigt stelle ich fest, dass auf der Krankenstation nicht einfach irgendeine Gefangene für die Blutabnahme zuständig ist, sondern dass eine ausgebildete Krankenschwester diese Aufgabe übernimmt.

«Keine Angst», redet sie mir gut zu, als ich endlich an der Reihe bin.

Ängstlich drehe ich den Kopf zur Seite, um die Nadel nicht sehen zu müssen, denn Spritzen und Blutabnahmen sind mir ein Gräuel. «Wann ist das Ergebnis da?», will ich noch wissen, ehe ich mich verabschiede. Die Antwort ist ernüchternd: Zwei Wochen werde ich wohl noch warten müssen.

Inzwischen ist fast ein Monat vergangen, seit ich den Brief an Pedro abgeschickt habe, sodass ich eigentlich jeden Tag mit einer Antwort rechne. Allabendlich wird unsere Post durch einen schmalen Spalt neben der Tür geschoben. Nachts verschließen wir ihn mit Schuhen und Kleidern, damit keine Ratten in unsere Zellen schlüpfen. Die Biester erlangen hier eine stattliche Größe, sodass sie gerade auf zwei Handteller passen würden. Außerdem sind sie extrem aggressiv. Schon mehrere Gefangene sind im Schlaf von Ratten gebissen worden und mussten dann umgehend auf der Krankenstation behandelt werden. Glücklicherweise ist mir das bisher erspart geblieben. Mir hat es schon gereicht, dass mir neulich ein besonders großes Exemplar über die Füße gehuscht ist. Ekelhaft.

Gerade zieht Tina unsere Zellenpost aus dem Schlitz hervor, was ich stets neugierig verfolge. Die Thailänderin freut sich über einen Brief ihres Freundes, der ebenfalls wegen eines Drogendeliktes in einem anderen brasilianischen Gefängnis sitzt und ihr von dort aus regelmäßig schreibt. Auch die anderen bekommen häufig Post. Nur ich bin jedes Mal enttäuscht, dass für mich nichts dabei ist. Mittlerweile habe ich auch meinem besten Freund Werner geschrieben, was passiert ist und wo ich mich befinde – ansonsten ist mir niemand eingefallen, dem ich einen Brief hätte schicken können. Noch einmal denke ich darüber nach, mich bei meinem Vater oder meinen Geschwistern zu melden. Aber dann verwerfe ich diese Idee wieder. Wozu? Sie würden sich allenfalls in ihrer schlechten Meinung über mich bestätigt fühlen.

So beobachte ich meist mit einigem Neid, wenn die anderen Frauen liebevolle Briefe aus der Heimat bekommen. Doch diesmal ist es endlich so weit: Tina entdeckt tatsächlich einen Umschlag mit meinem Namen drauf. «Maren, der ist für dich», sagt sie und überreicht mir einen weißen Umschlag, auf dem ich sofort Pedros Schrift erkenne. Fast zwei Monate ist es nun her, dass wir uns zuletzt gesehen haben. Damals schien die Sonne, wir küssten uns leidenschaftlich zum Abschied und träumten von einer gemeinsamen Zukunft. Und nun? Mit zittrigen Fingern öffne ich den Briefumschlag und wundere mich, wie lange es dauern kann, einen Brief aus seiner Hülle zu pellen. Aufgeregt falte ich das weiße

DIN-A4-Blatt auseinander und fühle mich, als befände ich mich in einem Vakuum. Nichts von dem, was um mich herum passiert, nehme ich wahr, es herrscht Totenstille.

Zuerst überfliege ich die Zeilen bloß, auf der Suche nach einem Hinweis, dass alles gut wird und Pedro verspricht, mir beizustehen. Da ich auf den ersten Blick keinen Liebes- oder Treueschwur entdecken kann, mache ich mich daran, den Brief genauer zu lesen, was mir schwerfällt, da meine Spanischkenntnisse beinahe täglich schlechter werden und sich immer mehr portugiesische Wörter dazwischenmogeln. Pedro schreibt, dass er nicht verstehe, warum ich ihm nicht von meinem Plan erzählt habe, und fragt mich, wie ich dazu käme, so etwas zu tun. Seine Worte klingen kühl, sehr distanziert und sachlich. Obwohl er es nicht direkt äußert, bin ich mir sicher, dass er nichts mehr mit mir zu tun haben möchte. Sonst hätte er doch etwas Verbindlicheres geschrieben?

Verzweifelt sitze ich auf meiner Matratze und starre auf den Zettel in meiner Hand. Das war's. Die Brücke in meine heile Zukunft ist zerstört. Wie schön wäre es gewesen, wenn draußen jemand auf mich gewartet hätte, eine Familie hinter mir zu wissen, die mich unterstützt und stärkt. Stattdessen bin ich nun wieder allein. Wenn mich die Polizisten nicht erwischt hätten, würden Pedro und ich gerade unsere Wohnung einrichten und die Restauranteröffnung planen, denke ich deprimiert und wische mit dem Handrücken ein paar Tränen weg, ehe sie auf den Bogen in meinen Händen tropfen.

Natürlich hätte ich einfach auf der Isla Margarita bleiben und mir mein Geld mit Kellnern oder etwas anderem Legalen verdienen können, dann wäre ich jetzt auch glücklich. Dann hätte ich Pedro nicht belügen müssen, könnte unbeschwert und frei sein. Hätte, könnte, müsste – aber so ist es nicht. Ich habe den falschen Weg gewählt. Noch einmal muss ich schlucken, weil mir mal wieder bewusst wird, dass ich mich niemals auf all das hätte einlassen sollen! Seit langer Zeit ist es der erste Abend, an dem ich mich in den Schlaf weine. Ich fühle mich unendlich verloren.

Am nächsten Tag macht ein spannendes Gerücht die Runde: Einer Ausländerin soll die Flucht geglückt sein. Meine kanadische Zellennachbarin Abigail erzählt es mir, als sie vom Duschen zurückkommt. «Stell dir vor, sie soll einfach über die Mauer gesprungen sein. Wahnsinn!» Diese Information belebt das ganze Gefängnis, schließlich träumt jede von uns davon, diesen betongrauen Albtraum so schnell wie möglich hinter sich zu lassen. Bislang kursierten nur Geschichten über missglückte Fluchtversuche.

Erst vor kurzem scheiterte eine Brasilianerin, die angeblich zur Mafia gehört, bei ihrem Fluchtversuch, obwohl die Aktion eigentlich gut geplant und vorbereitet war. Direkt neben unserem Gefängnis liegt die Jugendhaftanstalt. Dort sollten die jungen Gefangenen zu einem vereinbarten Zeitpunkt eine Revolte anzetteln, um die Wärter abzulenken. Währenddessen wollte die Mafiabraut rüber ins Jugendgefängnis und anschließend in die Freiheit klettern. Doch leider startete die Revolte verspätet, sodass die Wärter den Fluchtversuch bemerkten und auf die Flüchtige schossen.

Dementsprechend erfrischend klingt die Nachricht vom erfolgreichen Entkommen in unseren Ohren. Auch Melanie und ich reden zunächst von nichts anderem, als wir uns treffen. Inzwischen gibt es sogar neue Informationen.

«Angeblich ist ihre Mutter gestorben, und sie wollte unbedingt zur Beerdigung. Deshalb ist sie abgehauen», weiß Melanie zu berichten.

«Ganz schön mutig», erwidere ich nur.

Wir alle schwelgen in dieser Nachricht, träumen und planen, bis wir irgendwann zu dem Schluss kommen, dass die Wärter zukünftig besser aufpassen werden und wir ohne Reisepass ohnehin nicht weit kämen.

Etwas ernüchtert erzähle ich Melanie nun von Pedros distanzierter Antwort.

Sie sieht mich mitleidig an und nimmt mich in den Arm. «Das tut mir wirklich leid für dich. Hoffentlich ist wenigstens der Schwangerschaftstest negativ», sagt sie.

«Das hoffe ich auch.»

Als ich mich wenige Tage später gespannt auf den Weg zur Krankenstation mache, kommt mir auf dem leeren Gang ein Wärter entgegen. Er gehört zu einem Dreiergespann attraktiver junger Männer, die sich gut verstehen und bekannt dafür sind, dass sie sich intensiv um die hübscheren Häftlinge bemühen. Allerdings stößt das – zumindest offiziell – selten auf Gegenliebe, da die Frauen ansonsten heftige Probleme mit ihren Mitgefangenen bekämen. Wärter sind tabu. Wer sich mit einem von ihnen einlässt, gilt als Verräterin und muss eine Verlegung beantragen, um dem Zorn der Mitgefangenen zu entgehen.

Zu meiner Überraschung stellt sich der Mann mir plötzlich in den Weg und hält mir einen zusammengefalteten Zettel hin, den ich verdutzt annehme. Dann macht er einen Schritt zur Seite, damit ich meinen Weg fortsetzen kann. Neugierig falte ich das Papier auseinander und staune, als ich erkenne, dass mir der Wärter anscheinend seine Handynummer aufgeschrieben hat. Unglaublich! Erstens sind Handys im Gefängnis verboten, und wenn ich eins hätte, würde ich damit garantiert keinen der Aufpasser anrufen. Zweitens gehören Wärter für mich zur Polizei. Niemals würde ich mich mit so einem Typen einlassen. Ganz schön dreist! Während ich den Zettel in kleine Schnipsel zerreiße, überlege ich, ob er mit dieser Masche wohl auch Erfolg hat. Bislang habe ich noch nie von einer Gefangenen gehört, die etwas mit einem «Agente» angefangen hat.

Aber eigentlich beschäftigt mich gerade ein anderes Problem: mein Schwangerschaftstest. Exakt zwei Wochen nach der Blutabnahme betrete ich die Krankenstation, wo mich der Arzt sofort in sein Zimmer bittet. Erwartungsvoll sehe ich ihn an und versuche in seiner Miene zu lesen, als er meine Akte öffnet.

«Der Aidstest ist negativ», beginnt er, «der Schwangerschaftstest allerdings positiv. Sie bekommen ein Baby.»

Schwanger! Obwohl ich irgendwie damit gerechnet habe, fühlt es sich an, als hätte mir jemand mit Wucht in den Bauch geschlagen. Ich ringe nach Luft, kämpfe gegen die Tränen an und bin nicht fähig, irgendetwas zu sagen. Der Arzt sitzt teilnahmsvoll vor mir und gibt mir Zeit, mich zu sammeln. Ich bin froh, dass er mich in diesem Moment nicht vor die Tür setzt, ich würde wahrscheinlich zusammenklappen. Schwanger im Gefängnis, eine Entbindung hinter Gittern, ein eingesperrtes Baby!, hämmert es mit jedem Herzschlag in meinem Kopf. Wie oft habe ich in den letzten Wochen gedacht, dass es schlimmer nicht werden könnte, und nun erweist sich das als Trugschluss: Meine Situation spitzt sich ständig zu, wird immer auswegloser.

Es dauert mehrere Minuten, bis ich wieder sprechen kann. «Habe ich noch Zeit für eine Abtreibung, oder ist es dafür schon zu spät?»

Der Arzt schüttelt energisch den Kopf. «Darum geht es gar nicht. Eine Abtreibung würde Ihren Aufenthalt hier um mindestens zehn Jahre verlängern. Solche Eingriffe sind in Brasilien nämlich verboten.»

Wie in Trance erhebe ich mich und gehe nach draußen. Es

ist furchtbar laut. Mehrere Frauen streiten miteinander. Ich blicke auf die hässlichen Betonwände, an denen die Feuchtigkeit emporkriecht, und betrachte die Wachtürme mit den bewaffneten Aufsehern – hier soll mein Kind zur Welt kommen? Wieder habe ich das Gefühl, den Boden unter den Füßen zu verlieren. Ich muss unbedingt zu Melanie.

Meine Freundin sitzt in ihrer Zelle und stickt. Eigentlich bewundere ich sie für ihre handwerkliche Geschicklichkeit, die mir völlig abgeht, doch jetzt stehe ich nur stumm im Türrahmen und sehe sie an, während mir die Tränen übers Gesicht kullern.

«Du bist schwanger», erfasst sie die Situation sofort und lässt ihre Handarbeit fallen, um mich tröstend in den Arm zu nehmen.

Nun bricht es nur so aus mir hervor. Die ganze Angst, die Trauer um Pedro, meine Selbstvorwürfe – wie Sturzbäche strömen mir die Tränen übers Gesicht. Ich krampfe, schluchze, schimpfe, jammere, bis ich irgendwann allmählich kraftlos und ruhiger werde. Melanie lässt mich gewähren, wartet einfach ab und streichelt mir dabei sanft über den Rücken.

Wir beschließen, vorerst niemandem davon zu erzählen. Irgendwie habe ich das Bedürfnis, mein kleines reines Baby so lange wie möglich vor dem Schmutz hier zu verstecken. Außerdem nehmen wir uns vor, nach einer Möglichkeit zu suchen, dass Melanie in meine Zelle zieht. Und zwar so bald wie möglich.

«Magst du nicht abtreiben?», fragt Melanie schließlich zaghaft.

Ich wiederhole, was mir der Arzt gerade erklärt hat.

«Und wenn du eine Abtreibungspille nimmst? Sollen wir nicht wenigstens versuchen, so etwas zu besorgen?»

«Wo sollen wir die denn hernehmen?», frage ich resigniert.

«Die schmuggeln hier doch alles Mögliche rein, warum nicht auch so etwas?»

Wir beschließen, einige der vertrauenswürdigen Mitgefangenen nach einer solchen Pille zu fragen. Dann verabschiede ich mich, weil ich Pedro umgehend einen zweiten Brief schreiben möchte. Nachdem ich ihm als erste Hiobsbotschaft mitgeteilt habe, dass ich im Gefängnis sitze, werde ich ihm nun eröffnen, dass ich ein Kind von ihm erwarte. Für Pedro wird damit jedes Lebenszeichen von mir zum emotionalen Super-GAU. Natürlich hoffe ich, dass er sich durch diese Neuigkeit besinnen und sich, wenn schon nicht um mich, dann doch wenigstens um sein Kind kümmern wird. Vielleicht besucht er uns sogar im Gefängnis?, keimt neue Hoffnung in mir auf.

Plötzlich fällt mir etwas anderes ein: Ich habe zwar schon viele Schwangere im Gefängnis gesehen, aber noch nie ihre Babys. Mein Herz klopft schneller. Wohin kommen die Kinder der Gefangenen?

Ich höre auf zu schreiben, um Abigail danach zu fragen, die ebenfalls gerade auf ihrer Matratze liegt und einen Brief verfasst. Da sie schon seit zwei Jahren inhaftiert ist, kennt sie die Abläufe hier besser als ich. Unauffällig versuche ich, das Gespräch auf das Thema «Kinder» zu bringen, woraufhin Abigail ihre Matratze verlässt und sich zu mir setzt, wo sie mir bei jeder Gelegenheit über den Arm oder das Bein streichelt. Das macht sie immer, und eigentlich mag ich Menschen nicht, die einen ständig anfassen müssen. Aber abgesehen von dieser Eigenart ist Abigail sehr liebenswert, immer erstaunlich gut gelaunt und unglaublich integer. Obwohl ich versuche, den wahren Grund für mein Interesse zu verbergen, versteht sie sofort, was los ist.

Schon nach wenigen Sätzen hält sie kurz inne und mustert

mich prüfend, ehe sie antwortet. «Soweit ich weiß, kommen die Babys nach der Entbindung zu der Familie der Gefangenen.»

«Was, wenn es keine Familie gibt?», wage ich kaum zu fragen. Aus Angst vor der Antwort.

«Dann kommen die Kleinen wohl ins Heim. Zumindest dürfen sie nicht bei ihrer Mutter im Gefängnis bleiben.»

Ich muss tief Luft holen. Abigail spürt wohl, dass sie mich jetzt besser allein lassen sollte, und krabbelt zurück auf ihre Pritsche.

Ins Heim. Mein Kind muss ins Kinderheim. Ich habe mich die ganze Zeit schon maßlos darüber geärgert, dass ich den Kurierauftrag überhaupt angenommen habe, aber jetzt mache ich mir so heftige Vorwürfe, dass ich Angst habe, es könnte mich zerreißen. Nicht nur mein Leben habe ich mit diesem Wahnsinnstrip versaut, sondern auch das meines Kindes. Warum passiert mir so etwas? Warum ist das Leben nur so hart mit mir? «Mein Kind», wie das klingt. Tränen tropfen auf den Brief an Pedro, sodass ich mein Vorhaben, ihm zu schreiben, vorerst verschiebe.

Erst nach mehreren Stunden habe ich mich so weit gesammelt, dass ich den Brief beenden kann. Während ich den Umschlag mit der Zunge befeuchte und zuklebe, schließe ich die Augen und wünsche mir aus ganzem Herzen, dass die Nachricht über die Schwangerschaft Pedro umstimmen wird, dass er zumindest sein Kind hier herausholen wird. Anschließend ziehe ich einen weiteren Bogen Papier aus meiner schwarzen Plastiktüte, um einen zweiten Brief zu schreiben. Diesmal an das Konsulat. Noch einmal bitte ich die gestriegelte Konsulatsmitarbeiterin darum, meine Post weiterzuleiten. Und auch wenn ich mir nicht viel davon verspreche, teile ich ihr mit, dass ich schwanger bin. Wer weiß, womöglich stimmt sie diese Information ja doch noch um, und sie lässt mir endlich die Unterstützung zukommen, die ich vom Konsulat eigentlich erwartet hätte. Schließlich habe ich niemand anderen, an den ich mich wenden könnte. Ich fühle mich ziemlich verloren.

Bei dem Gedanken an die unsympathische Empfängerin meines Schreibens wird mir beinahe übel. Sie machte bei ihrem Besuch damals mit ihrem Verhalten keinen Hehl daraus, wie wenig sie von mir hält. Meine Schwangerschaft wird sie in ihren Vorurteilen nur noch bestätigen. Ich kann mir genau vorstellen, wie überheblich sie gucken wird, wenn sie meine Mitteilung liest. Doch dann wische ich diese Gedanken beiseite. Was soll's? Schließlich habe ich jetzt andere Sorgen. Ich sitze schwanger in einem brasilianischen Gefängnis. Die größte vorstellbare Katastrophe!

Unsere Bemühungen, eine Abtreibungspille zu besorgen, scheitern kläglich, stattdessen übermittelt mir Melanie das haarsträubende Angebot einer brasilianischen Rechtsanwältin: Sie würde mir 50 000 Real, also knapp 20 000 Euro, für mein Baby zahlen und hätte sogar schon eine Arztfamilie, die das Kind gerne aufnehmen möchte.

«Das ist nicht wahr!», schmettere ich meiner Freundin entsetzt entgegen, die angesichts dieser Unverfrorenheit genauso schockiert ist wie ich. «Warum sitzen wir eigentlich im Gefängnis, während so viele Kriminelle draußen frei herumlaufen?» Ich tobe.

Die Wärter sind bestechlich oder dealen selbst mit Drogen, und die Rechtsanwälte betreiben Babyhandel? Offenbar kann man sich in diesem Land auf gar nichts verlassen – eine Erkenntnis, die mich gleichermaßen wütend und ängstlich macht. Sie verstärkt das Gefühl, ausgeliefert, macht- und hilflos zu sein. Auch wenn ich zunächst eine Abtreibung als beste Lösung empfunden habe, spüre ich jetzt den Drang, mein Kind beschützen zu wollen. Niemals würde ich es verkaufen! Stattdessen werde ich um mein Baby kämpfen.

Von diesem Moment an vertilge ich artig jedes Obststück, das ich in die Hände bekomme. Und das ist im Gefängnis natürlich nicht viel: maximal ein Apfel oder eine Banane am Tag. Sogar Melanie achtet fürsorglich darauf, dass ich möglichst viele Vitamine zu mir nehme, und verzichtet häufig auf ihre Obstration, um sie an mich abzutreten. An den ungünstigen Bedingungen meiner Schwangerschaft kann ich nichts ändern, ich kann lediglich versuchen, es meinem Baby möglichst an nichts fehlen zu lassen.

Regelmäßig lasse ich mich daher auf der Krankenstation untersuchen, wobei der Gefängnisarzt natürlich nicht die Gerätschaften hat, über die in Deutschland jeder Wald-und-Wiesen-Gynäkologe in seiner noch so kleinen Praxis verfügt. Es gibt kein Ultraschallgerät und auch kein CTG, mit dem die Herztöne des Babys gemessen werden können. Im Grunde fragt der Arzt nur, wie es mir geht, und ich erzähle ihm, welche Veränderungen ich an meinem Körper feststelle. Trotzdem: Diese Termine beruhigen mich, sie geben mir das Gefühl, etwas für mein Baby zu tun. Leider sind die Arztbesuche meist mit langen Wartezeiten verbunden.

So auch an diesem Tag. Während ich gelangweilt in der Reihe stehe, fällt mir eine üppige Frau auf, die nur zwei Plätze vor mir wartet. Die Art, wie sie ihre Haare in den Nacken wirft, und auch ihre Stimme kommen mir bekannt vor. Neugierig beuge ich mich vor, um sie wenigstens im Profil betrachten zu können, da stockt mir der Atem. Ich kenne diese Frau tatsächlich, es ist Maria, die Freundin meines nigerianischen Auftraggebers.

Schnell verkrieche ich mich zurück an meinen Platz in der

Warteschlange. Was will die denn hier?, denke ich bestürzt und voller Angst, dass sie davon ausgehen könnte, ich hätte sie angeschwärzt. Mit Verräterinnen wird hier nicht gerade zimperlich umgegangen! Als Nächstes kommt mir in den Sinn, dass sie höchstwahrscheinlich von der Mafia ins Gefängnis geschleust wurde, um mich zu beobachten und sich zu vergewissern, dass ich dichthalte. Immerhin steht meine Gerichtsverhandlung noch immer aus.

Weder die eine noch die andere Variante klingt für mich besonders verlockend, da jede irgendwie Ärger bedeutet. Auf die Idee, dass Maria selbst erwischt worden und rein zufällig hier gelandet sein könnte, komme ich im ersten Moment gar nicht. Immerhin gehört die junge Frau für mich zu den Chefs und damit zu den Drahtziehern des Drogenschmuggels, die wird doch niemand einsperren! Zumal sie als Freundin von Lucas sicher besonderen Schutz genießt. Mir läuft ein eiskalter Schauer über den Rücken, und ich versuche, gleichmäßig in mich hineinzuatmen, um mich zu beruhigen. Meine Gefühle rasen wie in einer Achterbahn durch meinen Körper: Wut, Angst, Mitleid, Hass – alles durcheinander. War sie es womöglich, die mich verraten hat? Wusste sie zumindest von dem Plan, mich an die Polizei auszuliefern? Oder war sie ebenso ahnungslos wie ich? Denkt sie nun, ich hätte sie verraten? Schmiedet sie womöglich gar Rachepläne?

Obwohl ich ihr konsequent den Rücken zudrehe, in der Hoffnung, dass sie mich nicht erkennt, entdeckt Maria mich genau in dem Augenblick, als sie die Krankenstation verlassen möchte. «Maren!», kreischt sie begeistert und schlägt mir dabei grob auf die Schulter. Glücklicherweise kommandiert mich in diesem Moment die Krankenschwester zu sich, sodass ich Maria noch einmal entkomme. Leider nicht lange, da die Freundin meines ehemaligen Auftraggebers vor der Krankenstation auf mich wartet. Misstrauisch beäuge ich sie, gespannt auf ihre Reaktion, die erstaunlich fröhlich ausfällt.

«Wie schön, dich zu sehen!», beginnt sie unsere Unterhaltung.

Ich reagiere mit einem höflichen Lächeln, denn ich fühle mich gerade ziemlich überfordert und weiß nicht, wie ich mit ihr und dieser absurden Situation umgehen soll.

«Mich haben sie auch erwischt», redet sie ungerührt weiter. «Ich war gerade mit einem Kilo Kokain auf der Straße unterwegs, als die Bullen mich geschnappt haben.»

Ich nicke vorsichtig, denn ich habe keine Ahnung, wie ich das Ganze einschätzen soll. Es kann unmöglich ein Zufall sein, dass ich ausgerechnet hier einen von den zwei Menschen treffe, die ich in ganz Brasilien kenne. Ein Argument, das definitiv für Spionage spricht, zumal Maria nicht den Anschein macht, als glaubte sie, ich hätte sie verraten. Jemand anders würde sie doch wohl kaum an die Polizei ausliefern, oder etwa doch?

Da unser Gespräch aufgrund meiner offensichtlichen Zurückhaltung nicht in Gang kommt, verabschiedet sie sich bald mit den Worten: «Man sieht sich.»

Das lässt sich hier nun mal nicht vermeiden, denke ich knurrig und mache mich aufgewühlt auf den Weg zurück in meine Zelle. Wenn Marias Geschichte stimmt, ist sie womöglich ebenfalls verraten worden, genau wie ich. Vielleicht wollte Lucas sie loswerden? Oder aber ihr Gerede ist einfach nur Theater, und sie versucht doch, mich auszuspionieren. Ich bin verunsichert und laufe nachdenklich die Treppen zu meiner Zelle hoch. Immerhin scheint mit meinem Baby alles in Ordnung zu sein, auch wenn der Gefängnisarzt natürlich kein Gynäkologe ist. Ich sei gesund und im besten Alter, ich solle mir mal keine Gedanken machen, versichert mir der Doktor bei jedem meiner Besuche, und eigentlich vertraue ich ihm.

Zusammen mit etwas Wasser aus der Dusche versuche ich die Vitaminpillen zu schlucken, was mir wie immer einige Schwierigkeiten bereitet. Warum sind die blöden Dinger auch so groß, fluche ich in Gedanken. Schließlich hatte ich zu Hause schon beim Herunterwürgen der Minipille Probleme. Ich bin so sehr mit mir beschäftigt, dass ich erst gar nicht bemerke, wie Melanie die Zelle betritt und sich direkt neben mich stellt.

«Na, was macht die Liebe?», fragt sie und lacht mich dabei frech an.

«Was soll das?», fahre ich sie verletzt an. Schließlich weiß meine Freundin genau, dass dieses Thema mir gerade sehr zu schaffen macht.

«Ich meine gar nicht die Sache mit Pedro, sondern deine Liebschaft mit Abigail. Du hast mir gar nichts davon erzählt», bohrt sie weiter und kann sich dabei ein Lachen kaum verkneifen.

Zunächst weiß ich nicht, worauf sie hinauswill. Außerdem bin ich nicht in der Stimmung für solche Albernheiten und kämpfe genervt weiter mit meiner Vitaminkapsel, die mir trotz der Unmenge an Wasser, die ich in mich hineinschütte, konsequent im Rachen stecken bleibt.

Währenddessen plappert Melanie munter weiter. «Deine Zellennachbarin Abigail verbreitet im ganzen Gefängnis, dass ihr beide ein Paar wärt. Sie sagt, dass alle schön die Hände von dir lassen sollen, weil du nun ihre Frau seist.»

Endlich gelingt es mir, die Tablette hinunterzuschlucken, und ich sehe Melanie erstaunt an. «Das erzählt sie?» Natürlich weiß ich, dass meine Zellennachbarin sich für Frauen interessiert, denn daraus macht sie kein Geheimnis. Auch dass ich ihr gefalle, habe ich befürchtet. Da gleichgeschlechtliche Beziehungen für mich aber überhaupt nicht in Frage kommen, habe ich mich bislang nicht um Abigails Annäherungsversuche gekümmert. Schließlich gibt es hier genügend andere Frauen, die sich gerne für leidenschaftlichen Sex zur Verfügung stellen.

Da ich mir Sex mit einer Frau nicht vorstellen kann, richte ich mich darauf ein, in den nächsten Jahren enthaltsam zu leben, und daran werden auch Abigails Bemühungen definitiv nichts ändern.

Etwa die Hälfte aller Gefangenen haben hier regelmäßig lesbische Beziehungen. Sogar diejenigen, die zu Hause einen Mann haben, der auf sie wartet, vergnügen sich in den Zellen mit anderen Frauen, was meist kaum zu überhören ist. Da die Liebenden keine Rückzugsmöglichkeiten haben, treiben sie es ziemlich hemmungslos an allen nur vorstellbaren Orten und ohne Rücksicht auf die anderen Häftlinge. Gerade gestern erst habe ich die Bolivianerin, die uns in den ersten zehn Tagen mit ihrer ständigen Heulerei beinahe in den Wahnsinn getrieben hat, mit einer anderen Frau beobachtet.

Dass ich nun gerüchteweise selbst Teil einer solchen Zweierbindung sein soll, macht mich im ersten Moment wütend, und ich nehme mir vor, die junge Kanadierin sofort zur Rede zu stellen. Doch dann beruhige ich mich wieder und sage leise, wie zu mir selbst: «Na und? So lassen mich wenigstens die anderen Frauen in Ruhe. Und mit Abigail kann ich umgehen.»

Melanie nickt bekräftigend.

Nachdem die erste Wut über die Lüge verflogen ist, müssen Melanie und ich über diese Geschichte lachen. Nun habe ich also offiziell eine Freundin. Großartig! Gemeinsam laufen wir hinunter in den Hof, wo ich Melanie von meinem denkwürdigen Zusammentreffen mit Maria erzähle.

«Maren, sei nicht albern! Die schleusen hier doch nicht extra die Freundin deines Auftraggebers ein, um dich zu beobachten», versucht Melanie mich zu beruhigen.

Mittlerweile kommt mir meine Vermutung ja selbst ein wenig überzogen vor. Aber allein der Verdacht, sie könne von meinem Verrat an die Polizei wissen, macht mich so wütend, dass ich mit ihr lieber nichts zu tun haben möchte. Natürlich lässt es sich auf dem begrenzten Raum hier im Gefängnis nicht vermeiden, dass wir uns gelegentlich begegnen. Und so laufe ich Maria nur wenige Tage nach unserem ersten Zusammentreffen prompt schon wieder in die Arme.

Ihre Miene erhellt sich, sobald sie mich erkennt. «Maren, schön, dich zu sehen. Ich muss dir was erzählen», ruft sie und zieht mich verschwörerisch in eine Ecke bei den Duschen. Sofort fühle ich mich unwohl, doch Maria scheint es nicht zu bemerken, und sie schnattert ungerührt los. «Stell dir nur vor, sie haben Lucas geschnappt!», offenbart sie mir freudestrahlend.

«Was?» Mit einer solchen Nachricht habe ich überhaupt nicht gerechnet. Mein Auftraggeber sitzt im Knast? Prompt steigt in mir die Angst hoch. Was, wenn er nun glaubt, ich hätte ihn ans Messer geliefert?, frage ich mich. Eine unnötige Sorge, wie sich schnell herausstellt.

«Angeblich hat ihn seine Freundin verraten», berichtet die Brasilianerin weiter.

Verwundert sehe ich Maria an, die sich aufrichtig darüber zu freuen scheint, dass die Polizei ihren ehemaligen Liebhaber festgenommen hat. «Ich dachte, *du* wärst seine Freundin?», frage ich irritiert.

Daraufhin schnalzt sie genervt mit der Zunge. «Ich war nur eine von vielen. Es geht um seine feste Freundin, mit der er zusammengelebt hat. Sie hat ihn verraten.»

Nun ist mir klar, warum Maria sich so sehr über Lucas' Festnahme freut. Sie wirkte damals sehr verliebt in meinen afrikanischen Auftraggeber und freut sich jetzt wahrscheinlich vor allem über die Tatsache, dass ausgerechnet ihre Widersacherin ihn verraten hat. Mir verschafft die Festnahme dagegen kaum Genugtuung. Sollte er mich an die Polizei ausgeliefert haben, geschähe ihm das natürlich recht. Aber ich weiß es nicht mit Sicherheit. Und selbst wenn er es gewesen sein sollte, bleibt es dabei: Hätte ich mich nicht auf diesen Deal eingelassen, hätte mich auch niemand verraten können. Letztendlich trägt kein anderer die Schuld an meinem Gefängnisaufenthalt als ich selbst, das habe ich inzwischen verstanden.

Da in wenigen Minuten der Unterricht beginnt, den ich neuerdings täglich besuche, um die portugiesische Sprache schneller zu lernen, verabschiede ich mich eilig von meiner alten Bekannten. Ich muss mich sputen und sause in den Klassensaal, in dem schon mehrere andere ausländische Gefangene darauf warten, dass die Stunde endlich beginnt. Auch Melanie sitzt bereits an ihrem Platz. «Ich habe schon befürchtet, du kommst nicht mehr», zischt sie mir zu, als unsere freundliche Lehrerin direkt hinter mir den Raum betritt.

Nach Unterrichtsende setzen wir uns zu einer Gruppe junger Frauen in den Hof, die gerade ihre Stickereien miteinander vergleichen. Handarbeiten sind hier sehr beliebt, da sie eine der wenigen Möglichkeiten sind, sich zumindest einigermaßen sinnvoll zu beschäftigen. Auch Melanie mischt sich sofort in die Fachgespräche ein, zu denen ich absolut nichts beitragen kann. Was Handarbeit angeht, bin ich eine fleischgewordene Katastrophe! Deshalb setze ich mich gelangweilt neben die schnatternde Gruppe in die Sonne.

«Du machst dir wohl auch nichts aus Handarbeiten?», spreche ich eine dunkelhaarige Frau an, die mir vorher noch nie aufgefallen ist.

Schüchtern schüttelt sie den Kopf.

«Bist du neu hier?», will ich wissen, was sie zaghaft lächelnd bejaht.

«Ich bin Yvonne», sagt sie dann leise, und auch ich stelle mich ihr vor. Sie macht einen beinahe zerbrechlichen Eindruck, wirkt extrem verschüchtert und unsicher. Die meisten Frauen passen sich in Gefangenschaft sofort und relativ problemlos ihrer neuen Umgebung an oder finden sich zumindest schnell zurecht. Yvonne dagegen wirkt so verschreckt, dass ich mich frage, wie sie die Zeit hier überstehen soll. Warum sie wohl hier ist?, überlege ich, wage aber nicht, mich danach zu erkundigen, da solche Fragen generell verpönt und nur unter Zellengenossinnen üblich sind. Für Drogenschmuggel wirkt sie zu wenig abgebrüht, zu ängstlich, finde ich.

In den folgenden Tagen treffe ich Yvonne häufiger im Gefängnishof, wo wir uns fast immer kurz unterhalten. Doch dann lässt sie sich plötzlich gar nicht mehr blicken. Zunächst gehe ich davon aus, sie traue sich nicht mehr aus ihrer Zelle, deshalb frage ich eine ihrer Zellenkameradinnen nach Yvonne.

«Die ist vor Gericht, schon den dritten Tag», erklärt die Frau mit vielsagender Miene.

Diese Neuigkeit überrascht mich sehr. Wenn jemand an drei aufeinanderfolgenden Tagen beim Richter erscheinen muss, bedeutet das, er hat einen Mord begangen. «Yvonne ist eine Mörderin?», frage ich baff. Dieser zurückhaltenden Frau hätte ich eine Gewalttat niemals zugetraut. Vielleicht war es Notwehr? Doch mit dieser Vermutung liege ich genauso falsch wie mit meiner gesamten Einschätzung von Yvonne.

Kurze Zeit später sickert nämlich durch, warum sie meine

neue Bekannte tatsächlich eingesperrt haben. Zusammen mit ihrem Mann soll sie ein Kind zuerst missbraucht und dann bestialisch ermordet haben, und zwar auf eine Weise, die mir dermaßen brutal erscheint, dass ich wünschte, niemals davon gehört zu haben.

Seit die Geschichte in unserem Gefängnis die Runde macht, herrscht große Aufregung: Raub, Mord, Totschlag, schwere Körperverletzung, für all diese Vergehen wird keine der Insassinnen von ihren Mitgefangenen geächtet, solange kein Kind betroffen ist. Frauen, die sich an Kindern vergangen haben, werden dagegen grausam bestraft.

Da Yvonne davon wohl bereits gehört hat, beantragt sie sofort «Sicherheit», was bedeutet, dass sie umgehend verlegt wird und nicht mehr nach Tatuapé zurückkehrt. Vermutlich ist sie in Tremembé gelandet, dem wohl berüchtigtsten Gefängnis von São Paulo, dem «Knast der Mörder und Verräter», wie man hier sagt. Mir graut allein bei der Vorstellung von einer Haftanstalt, in der die gewalttätigsten Frauen unter sich sind. Da möchte ich niemals landen, denke ich – nicht ahnend, dass mir auch dieser Aufenthalt während meiner Haftzeit in Brasilien nicht erspart bleiben würde.

Dann streichle ich zärtlich über meinen Bauch, der sich mittlerweile verräterisch wölbt. Da mir allerdings T-Shirt und Hose einige Nummern zu groß sind, ist er unter der weiten Kleidung kaum zu erkennen. Unvorstellbar, dass Yvonne einem kleinen unschuldigen Kind Gewalt angetan hat. Mir schaudert allein bei dem Gedanken, mit dieser Irren Zeit verbracht zu haben. Allerdings erstaunt mich, dass sie nur kurze Zeit auf ihre Verhandlung warten musste. Ob das wohl von der Art des Verbrechens abhängt? Meine Verhaftung ist mittlerweile drei Monate her, und ich habe noch immer keinen Richter gesehen. Immerhin hat auch

Melanie, die nur kurze Zeit vor mir verhaftet worden ist, ihre erste Verhandlung bereits hinter sich. Ob sie mich wohl vergessen haben? Den brasilianischen Behörden würde ich in der Hinsicht einiges zutrauen. Wieder spüre ich die Ohnmacht, das Gefühl des Ausgeliefertseins in mir aufsteigen. Ich sitze hier wirklich in einem Loch, fernab aller Zivilisation. Niemand kümmert sich um mich, keiner kann mir helfen. Ich sitze da, warte wie gelähmt darauf, dass irgendetwas passiert, und hoffe, dass es meine Situation nicht verschlimmert. Es ist, als würde ich in einer Lawine sitzen und die Füße nicht auf den Boden bekommen.

Deprimiert schleiche ich zurück in meine Zelle, wo Abigail gerade hektisch damit beschäftigt ist, ihre Sachen zu packen.

«Was machst du denn da?», will ich wissen. Schließlich hat sie erst zwei Jahre ihrer insgesamt vierjährigen Haftstrafe verbüßt.

«Ich werde nach Kanada verlegt», teilt sie mir mit und hält dann inne, um sich auf ihre Pritsche fallen zu lassen, wo sie eine Packung Zigaretten unter dem Kopfkissen hervorzieht. «Hier, willst du auch eine?»

Obwohl ich mir wegen des Babys vorgenommen habe, mit dem Rauchen aufzuhören, nehme ich ihr Angebot an. Erst die Sache mit Yvonne, jetzt der Auszug von Abigail, das sind mir doch zu viele schlechte Nachrichten so kurz hintereinander.

«Du hast es gut, du kannst nach Hause», seufze ich und verspüre ein tiefes Heimweh nach Deutschland. Leider habe ich keine Chance, in ein heimisches Gefängnis verlegt zu werden. Anscheinend gibt es keine entsprechenden Vereinbarungen zwischen Brasilien und Deutschland, die das ermöglichen würden.

Gemeinsam sitzen wir auf Abigails Bett und pusten blaugraue Rauchkringel in die Luft.

«Magst du mein Bett haben?», fragt sie in die Stille.

Ich nicke. «Wenn du nicht mehr drinliegst, gerne.»

Abigail knufft mich lachend in die Seite. Ich bin traurig, dass sie geht. Ohne sie wird die Zelle viel von ihrer Heiterkeit verlieren, und auch die Kanadierin ist ein wenig traurig. Natürlich freut sie sich einerseits, in ihre Heimat zurückkehren zu können, dorthin, wo ihre Freunde und ihre Familie wohnen. Andererseits fürchtet sie sich auch vor dem, was kommt. Hier in Tatuapé kennt sie die Abläufe, die Menschen, sie fühlt sich sicher. Im kanadischen Gefängnis muss sie sich wieder neu orientieren.

Abigail hat ihre Zigarette zu Ende geraucht und rafft sich auf, um weiterzupacken. «Magst du meinen Fernseher haben?» Erfreut blicke ich auf das kleine Gerät, das Abigail stets wie einen Schatz gehütet hat. «Für 50 Real, ist das okay?»

Das entspricht knapp 20 Euro, eigentlich ein Schnäppchen. Da ich mich aber noch immer nicht motivieren konnte, endlich arbeiten zu gehen, kann ich mir den Fernseher ohne fremde Hilfe nicht leisten. Gerade in solchen Momenten geht mir meine Lethargie selbst auf die Nerven, aber es gelingt mit einfach nicht, mich aufzuraffen und Geld zu verdienen.

«Ein Fernseher wäre großartig, aber ich muss erst Melle fragen, ob sie mir Geld leiht», antworte ich und mache mich sofort auf den Weg zu meiner Freundin.

Im Gegensatz zu mir wird sie von ihren Eltern aus Deutschland regelmäßig mit allem versorgt, was sie braucht. Daher hat sie eigentlich immer Geld zur Verfügung und damit die Möglichkeit, bei den einmal im Monat stattfindenden Einkäufen kräftig zuzuschlagen. Auf einer Liste können sich die Häftlinge aussuchen, was sie haben wollen: Shampoo, Süßigkeiten, Elektroartikel, Zigaretten, sogar Bastelscheren und Klebstoff. Auch Strümpfe, Unterwäsche, Schuhe oder Oberbekleidung können bestellt werden, allerdings nur alle sechs Monate. Dabei erweist sich dieses

Listen-Shopping gerade bei Kleidung häufig als ausgesprochen schwierig, da die Größenbezeichnungen ziemlich unzuverlässige Richtwerte darstellen. Mal sitzt ein Slip in Größe «S» knalleng, ein anderes Mal rutscht er fast über die Hüften. Da es kein Umtauschrecht gibt, blüht nach jeder Bestellauslieferung der Tauschhandel zwischen den Gefangenen. Trotzdem freuen wir uns jedes Mal, wenn wieder Bestellzettel auslegen, die wir dann ausgefüllt in dem kleinen Wärterbüro abgeben können. Etwa zwei Wochen später öffnen sich zwei kleine Fenster zum Gefängnishof, an denen wir die bestellten Waren abholen können.

Bisher waren meine Mitgefangenen so lieb, mich mitzuversorgen und ganz selbstverständlich mit mir Kekse, Schokolade und andere Leckereien zu teilen. Es herrscht eine große Kameradschaft zwischen uns, und vor allem Melanie zeigt sich mehr als großzügig. Ich hoffe, dass ich mich bald für ihre Hilfe revanchieren kann. Schließlich muss die Sozialhilfe aus Deutschland ja irgendwann eintreffen.

Erwartungsgemäß erklärt sich Melanie sofort bereit, mir die benötigte Summe zu leihen. Sie selbst besitzt seit kurzem sogar einen richtig großen Fernseher, um den sich abends häufig ihre ganze Zelle versammelt. «Jetzt bekomme ich auch endlich ein Bett», jubele ich und drücke Melanie dankbar einen Kuss auf die Wange, ehe ich zurück in den Flur B laufe, in dem meine Zelle liegt. Ein eigenes Bett und ein eigener Fernseher, das ist fast wie Weihnachten. So hat es durchaus auch sein Gutes, dass Abigail uns verlässt. Trotzdem kommen mir die Tränen, als ich sie zum letzten Mal in den Arm nehme.

TATUAPÉ III Zerplatzte Hoffnung

Wie zum Trost steckt am Abend nach Abigails Auszug ein Briefumschlag mit meinem Namen im Postschlitz. Post von Pedro? Aufgeregt hüpfe ich von meiner Pritsche, um das Schreiben in Empfang zu nehmen. Ich warte dermaßen sehnsüchtig auf die Antwort meines letzten Freundes, dass ich einen kurzen Moment enttäuscht bin, als ich sehe, von wem der Brief tatsächlich stammt. Er ist von Werner. Doch nach einer Millisekunde der Unzufriedenheit macht sich ein zärtliches Gefühl in mir breit. Mein bester Freund. Auf ihn kann ich mich verlassen. Leider fehlt ihm derzeit das Geld, um mich zu besuchen oder mich hier drinnen finanziell zu unterstützen. Aber immerhin hat er sofort geschrieben, sobald er von meiner Inhaftierung erfuhr.

Ich erinnere mich noch genau daran, wie ich Werner zum ersten Mal in dem Braunschweiger Nachtclub getroffen habe, wie belustigt er wirkte, als ich schüchtern an der Hand meines Bekannten vor ihm stand, um mich als Tänzerin vorzustellen. Später verriet Werner mir, er sei felsenfest davon überzeugt gewesen, dass ich mich niemals auf die Bühne trauen würde. Umso beeindruckter war er wohl, als er mich kurz darauf im Scheinwerferlicht erkannte. Zunächst sahen wir uns nur beim Betreten des Lokals und später bei der Abrechnung, ohne je viel miteinander zu reden.

Erst als wir uns irgendwann zufällig in einer ganz normalen Disco trafen, setzte er sich zu mir. Wir blieben den ganzen Abend zusammen, lachten und redeten und fuhren anschließend noch in ein kleines Café, um gemeinsam zu frühstücken. Von da an gingen wir regelmäßig gemeinsam aus, ins Restaurant oder Kino, und halfen uns gegenseitig bei der Jobsuche, wenn es einem von uns dort, wo wir gerade arbeiteten, nicht mehr gefiel. Für eine Weile ließen wir uns sogar auf eine turbulente Beziehung ein, die letztlich in beiderseitigem Einvernehmen auseinanderging. Glücklicherweise fiel es uns aber leicht, nach diesem Ausflug ins Amouröse, unsere enge Freundschaft weiterzuführen.

Werner kümmerte sich stets sehr liebevoll um mich: Er kochte mir Hühnersuppe, wenn ich krank war, versorgte meinen Hund, wenn ich verreist war, und tröstete mich, als mein lieber Vierbeiner unheilbar krank wurde und ich ihn einschläfern lassen musste. Hatte ich Geldprobleme, dann gab mir Werner so viel, wie er konnte, ohne zu fragen, wann ich es ihm zurückzahlen könne. Er war einfach immer für mich da und ist daher der beste Freund, den man sich vorstellen kann. Hätte ich auf ihn gehört, wäre ich niemals hier gelandet – schließlich warnte er mich schon vor meinem allerersten Auftrag.

Nachdem ich den Brief mehrere Male durchgelesen habe, klebe ich ihn mit Tesafilm an die Wand direkt neben mein Kopfkissen. In den nächsten Wochen, Monaten und Jahren werden noch viele Briefe von Werner dazukommen. Niemals sind seine Zeilen belehrend, sondern stets aufmunternd und ermutigend – eben eine echte Stütze.

Alle Gefangenen pflastern ihren Schlafbereich mit Fotos, Postkarten und Briefen von Freunden und Familienangehörigen. Ich überlege kurz, ob ich Pedros Brief der Vollständigkeit wegen dazuheften sollte, entscheide mich dann aber dagegen. Schließlich soll die Wand mich aufheitern und nicht noch mehr deprimieren.

Dann schalte ich den Fernseher ein. Meinen Fernseher. Dabei strahlt über meinem Kopf eine Glühbirne, mein eigenes Licht. All diese Dinge, die früher, in meinem freien Leben, selbstverständlich waren, empfinde ich jetzt als Luxus. Verrückt. Erst ganz spät in der Nacht nehme ich einen Zipfel meiner Bettdecke in die Hand, um die Birne so weit herauszudrehen, dass sie den Stromkontakt verliert und erlischt. Lichtschalter gibt es hier nicht. So weit geht der Luxus dann doch nicht.

Weil ich erst sehr spät eingeschlafen bin, möchte ich am nächsten Morgen nach dem Frühstück am liebsten sofort zurück in mein Bett, doch daraus wird nichts.
«Maren, mitkommen!», brüllt ein Wärter in unsere Zelle.
Müde rappele ich mich auf, um dem Mann in seinem grauen Poloshirt mit dem «Agente»-Aufdruck auf dem Rücken zu folgen.
«Was ist denn los?», frage ich ihn auf Portugiesisch.
Kurz und knapp teilt er mir mit, dass ich vor Gericht erwartet werde.
Vor Gericht? Jetzt? Ohne Anwalt? Schlagartig bin ich hellwach und mache mir wütend Vorwürfe, dass ich nicht früher aufgestanden bin, um zu duschen und mir die Haare zu waschen. So soll ich vor den Richter treten? Völlig unvorbereitet? Na großartig, denke ich und mustere betreten die Flipflops an meinen Füßen. Hoffentlich legt der Richter mein Erscheinungsbild nicht als Respektlosigkeit aus.
Die Polizisten führen mich durch die Schleuse, legen mir Handschellen an und öffnen die Kofferraumklappe des Gefängnistransporters, damit ich in den stinkenden, verschmutzten Innenraum klettern kann. Los geht die wilde Fahrt, bei der ich vor allem versuche, wenigstens meinen Bauch und damit mein Baby

vor den heftigen Stößen zu schützen. Ich verliere einen meiner Schuhe, den ich erst wieder einsammeln kann, als die Polizisten die Ladeklappe öffnen. Belustigt beobachten sie, wie ich beim Aussteigen versuche, mein zerzaustes Haar einigermaßen in Ordnung zu bringen. Ich kann diese Männer nicht leiden und habe es satt, von ihnen wie Abfall behandelt zu werden.

Vor dem Gerichtssaal empfängt mich eine brasilianische Anwältin, die mich offenbar vertreten soll. Ich frage mich, wie sie meinen Fall verteidigen will, ohne ihn zu kennen. Immerhin macht die Dame einen freundlichen und bemühten Eindruck, als sie mir erörtert, dass dies der erste von insgesamt zwei Gerichtsterminen für mich sein werde. Gleich soll ich vom Richter verhört werden, beim nächsten Mal sind die Zeugen dran, anschließend wird mir das Urteil per Post zugesandt. Ich berichte ihr gerade in Kurzform, was überhaupt vorgefallen ist, da werden wir auch schon in das Zimmer geschoben, in dem die Anhörung stattfindet.

Es ist ein kleiner schlichter Raum, der nicht das Geringste mit den deutschen Gerichtssälen zu tun hat, die ich aus dem Fernsehen kenne. Man weist mir einen Platz an einem einfachen Schreibtisch zu, sodass ich keine Chance habe, meine nackten Füße zu verstecken. Ich ziehe sie so weit wie möglich unter den Stuhl und hoffe, dass der grimmig dreinblickende Richter, der leicht erhöht sitzt, sie nicht bemerkt. Neben mir sitzt meine Anwältin, die mir aufmunternd zulächelt, hinter mir passen drei Militärpolizisten darauf auf, dass ich nicht türme.

Detailliert erzähle ich nun dem Richter, was vorgefallen ist, und seine Sekretärin schreibt emsig mit. «Es tut mir wirklich leid, und ich bereue es sehr, dass ich mich zu so etwas habe hinreißen lassen», schließe ich meinen Bericht. Mir kommen die Tränen, als ich das sage. Es tut mir tatsächlich von Herzen leid, dass ich so wenig nachgedacht und nur das viele Geld im Kopf gehabt habe. Meine Schwangerschaft verstärkt diese Selbstvorwürfe noch. Unauffällig streichle ich über meinen kleinen Bauch. Von meinem Baby erzähle ich dem Richter, der in seiner dunklen Robe beängstigend auf mich wirkt, lieber nichts. Ich kann gar nicht genau sagen, warum ich die Schwangerschaft verschweige, wahrscheinlich weil ich schon jetzt Angst davor habe, dass man mir mein Kind wegnehmen könnte. Natürlich ist mir bewusst, dass ich es damit nicht verhindern kann, aber es fühlt sich so einfach besser an. Noch ist es allein mein Kind.

Der Richter hat die verräterische Geste zum Glück nicht bemerkt. Mit strengem Blick fragt er nach meinen Hintermännern und will genau wissen, wer mir den Auftrag erteilt hat.

Mit fester Stimme antworte ich: «Ich kenne die Namen nicht. Meine Auftraggeber haben mit Decknamen gearbeitet.»

Er mustert mich misstrauisch, und ich sehe ihm an, dass er meiner Aussage nicht traut. Trotzdem schließt er kurz darauf die Verhandlung und erhebt sich. Etwa fünfzehn Minuten nachdem ich den Gerichtssaal betreten habe, ist meine Anhörung beendet, und ich werde aus dem Raum geführt.

«Was meinen Sie, wie viele Jahre kommen wohl auf mich zu?», frage ich meine Anwältin. «Zehn?» Diese Zahl schwirrt mir im Kopf herum, seit ich das Plakat am Flughafen von Costa Rica gesehen habe.

Doch die Brasilianerin beruhigt mich. «Zehn Jahre werden es ganz bestimmt nicht. Aber genau kann ich es Ihnen nicht sagen, das hängt vom Richter ab.»

Wir verabschieden uns. Während sie sich zu ihrem Auto und damit in die Freiheit begibt, krabbele ich zurück in den Hundekäfig. Hoffentlich hat die Anwältin recht mit ihrer Vermutung, wünsche ich mir. Immerhin haben meine Zellenkameradinnen

Tina, Meike und Abigail jeweils auch nur vier Jahre Gefängnisstrafe bekommen. Wenn auch mit einem entscheidenden Unterschied: Sie konnten glaubhaft versichern, von den mitgeführten Drogen nichts gewusst zu haben. Man habe sie ihnen heimlich in den Koffer gesteckt, behaupteten sie. Da ich das Kokain am Körper getragen habe, fällt diese Ausrede für mich leider aus. Daher rechne ich damit, auf jeden Fall länger als vier Jahre im Gefängnis schmoren zu müssen.

Wenn alles gut läuft, könnte ich vielleicht sogar vor meinem 30. Geburtstag wieder frei sein. Dann wäre ich wenigstens noch jung genug, um mein Leben neu zu ordnen und weitere schlimme Katastrophen zu umschiffen. Am schönsten wäre es natürlich, irgendwann mit Pedro und unserem Kind auf der wunderbaren Isla Margarita zu leben. Wir könnten den ganzen Tag Sandburgen bauen und Muscheln sammeln. Und ich hätte endlich wieder eine Familie. Eine eigene kleine Familie! Hoffentlich lässt Pedro sich umstimmen, denke ich. Er liebt Kinder. Ich habe gesehen, wie ausdauernd und liebevoll er mit der kleinen Tochter seines besten Freundes gespielt hat. Wenn er nun selbst Papa wird, kümmert er sich bestimmt genauso zärtlich um sein eigenes Kind. Mir wird ganz warm im Bauch bei diesem Gedanken.

Doch leider geht auch dieser Wunsch nicht in Erfüllung. So langsam sollte ich mich daran gewöhnen, dass tendenziell alles schlechter läuft, als ich es mir erhoffe, denke ich, als ich am Abend mit Pedros zweitem Brief auf meiner Pritsche liege. Er schreibt, er glaube nicht, dass er der Vater des Kindes sei, und wolle mit mir, den Drogen und meiner kriminellen Karriere nichts zu tun haben.

Das war's! Eine klare Ansage. Ich bin allein, allein mit meinem ungeborenen Kind, von dem ich jetzt schon weiß, dass es ohne Vater aufwachsen wird. Viel schlimmer noch: Man wird es in ein Heim stecken, da ich keine Familienangehörigen habe, die sich um mein Baby kümmern werden. Oder noch dramatischer: Man könnte mir mein Kind wegnehmen und an irgendjemanden verkaufen. Hier im Gefängnis würde ich davon jahrelang nicht einmal etwas mitbekommen.

Zutiefst erschüttert liege ich auf meiner Pritsche und beginne hemmungslos zu weinen. Jetzt ist es mir auch egal, ob meine Zellennachbarinnen von meinem Elend erfahren. Ich habe keine Lust mehr, meine Trauer und Verzweiflung zu verstecken. Man wird mir mein Kind wegnehmen, und ich werde nichts dagegen tun können. Ich hatte so sehr gehofft, dass Pedro uns helfen würde. Vergebens.

Nachdem ich mir den Brief immer und immer wieder durchgelesen habe, entscheide ich mich, ihn zusammen mit dem ersten zu entsorgen. Wenn dieser Idiot uns nicht haben möchte, dann will ich von ihm auch nichts mehr wissen!, denke ich und schnappe die Briefe, um sie im Innenhof in die Mülltonne zu werfen. Eine Ratte springt erschreckt davon, als ich den Brief in möglichst viele Einzelteile zerreiße und zwischen dem Müll verteile. Ich hasse mein Leben! Anschließend verziehe ich mich sofort wieder in meine Zelle. Nichts und niemanden möchte ich sehen.

Obwohl ich wahrscheinlich ziemlich unerträglich bin, kümmern sich Melanie und die anderen Gefangenen in den kommenden Tagen liebevoll um mich. Sie versorgen mich mit Keksen und anderen Süßigkeiten, sodass es mir, obwohl ich noch immer kein Geld in der Tasche habe, an nichts fehlt. Das Geld vom Sozialamt ist leider noch immer nicht angewiesen, was mich zunehmend nervt. Immerhin habe ich den Antrag der Konsulatsmitarbeiterin bereits vor drei Monaten unterschrieben. Warum dauert das denn so lange? Auf meine Nachricht, dass ich schwanger bin, haben sie deutlich schneller reagiert und mir Vitaminpräparate zugeschickt, die ich nun regelmäßiger und gewissenhafter einnehme als früher die Pille. Ansonsten hört oder sieht man kaum etwas von den Leuten vom Konsulat.

Melanie hat inzwischen in der Firma, die Wasseruhren herstellt, einen Platz bekommen, wo sie morgens um 8 Uhr mit der Arbeit beginnt, um 12 Uhr eine kurze Mittagspause macht, und anschließend weiterschraubt bis zur Kaffeepause um 15 Uhr, bevor gegen 17.30 Uhr der Feierabend eingeläutet wird. Damit verdient sie nun zwischen 50 und 70 Euro monatlich, ein ordentliches Gehalt für Gefängnisverhältnisse.

«Du solltest auch dort arbeiten, dann bist du wenigstens beschäftigt. Außerdem laufen da ein paar knackige Typen rum, die Waren anliefern und so», versucht meine Freundin mich zu überreden.

Aber ich schüttele nur genervt den Kopf, denn auf irgendwelche Typen oder Arbeit habe ich gerade überhaupt keine Lust.

«Du kannst dich doch nicht den ganzen Tag im Bett verkriechen», redet sie mir ins Gewissen.

«Überleg doch mal, für drei Tage Arbeit bekommst du einen Tag Hafterlass. Allein deshalb lohnt es sich, arbeiten zu gehen. Du kommst früher hier raus!», mischt sich nun auch Tina ein.

«Ich bin aber nicht so geschickt wie du», entgegne ich und werfe dabei einen Blick auf die vielen selbstgehäkelten Deckchen und eigenhändig geknüpften Teppiche, mit denen die Thailänderin in den vergangenen Monaten unsere von den Polizisten verwüstete Zelle wieder dekoriert hat.

Doch Tina lässt nicht locker. «Du musst ja nicht gerade als Näherin oder in der Schmuckwerkstatt arbeiten. Wie wär's denn mit der Wasseruhrfirma?»

«Ich habe wirklich zwei linke Hände», halte ich dagegen.

Daraufhin rollt sie theatralisch mit den Augen. «Irgendetwas musst du doch können.»

«Ich kann gut tanzen, aber dafür wird mich hier keiner bezahlen.» Inzwischen bin ich von Tinas Geduld und Hartnäckigkeit beinahe gerührt, ich an ihrer Stelle hätte nämlich spätestens jetzt das Gespräch beendet. Für sie dagegen scheint es gerade erst zu beginnen, denn nun macht sie es sich auf meiner Pritsche gemütlich. «Womit hast du denn sonst noch Geld verdient?»

«Willst du etwa sagen, ich sollte hier Drogen schmuggeln?», frage ich frech.

Sie lacht. «Nein, ich meine außer dem Tanzen oder der Schmuggelei.»

«Ich habe mal eine Ausbildung zur Friseurin begonnen», lasse ich sie wissen, ohne zu ahnen, was diese Information bei ihr auslöst.

«Das ist doch großartig!», jubelt sie. «Haare schneiden kann hier keiner so richtig.»

Ich horche auf. Hier Friseurin zu sein, könnte ich mir tatsächlich vorstellen, zumal mir das kreative Arbeiten großen Spaß macht. Wenn meine Mutter nicht gestorben wäre, hätte ich die Ausbildung ganz bestimmt nicht abgebrochen. Interessiert setze ich mich auf und sehe Tina an. «Ich war damals richtig gut», erwidere ich ungewohnt selbstbewusst. Schon nach einem Jahr durfte ich in unserem Salon sogar die schwierigen Kunden bedienen, und meine Chefin hatte mir mehrfach mein Talent bestätigt. Tatsächlich fiel es mir stets leicht, den Frauen einen Schnitt zu verpassen, der ihnen gut zu Gesicht stand. «Meinst du, ich kann damit etwas verdienen?», frage ich, als schon wieder Zweifel in mir aufkommen.

«Klar!», beruhigt mich Tina voller Überzeugung. «Du weißt doch, wie die hier drauf sind.»

Meine Zellenkollegin hat recht. Hinter Gittern ist die Körperpflege der meisten Frauen liebstes Hobby! Obwohl wir fast die ganze Zeit unter uns sind und kaum ein Mann in der Nähe ist, den wir beeindrucken könnten, richten sich nicht wenige meiner Mitgefangenen her, als hätten sie eine wichtige Verabredung. Die Mehrzahl der Insassinnen ist intensiv geschminkt, ihre Haare sind perfekt in Form gebracht, Fuß- und Fingernägel stets ordentlich lackiert.

Auch ich lege normalerweise, mal abgesehen von der ersten Woche im Gefängnis und den vergangenen drei Tagen seit Pedros endgültiger Absage, Wert darauf, mich hübsch zu stylen. Es ist vermutlich so etwas wie ein kleiner Widerstand gegen die Gefangenschaft: Ich bleibe Maren, eine attraktive junge Frau, und werde nicht Teil meiner heruntergekommenen Umgebung. Sie können mich zwar hinter diese verschimmelten, feuchten Wände sperren und mir die unvorteilhafte Gefängniskleidung aufzwängen, trotzdem bleibe ich die Herrin über meinen Körper und schmücke, pflege und verwöhne ihn, so gut es geht. So ähnlich fühlt es sich zumindest an.

Natürlich gibt es auch Ausnahmen, Frauen, die sich in Gefangenschaft extrem vernachlässigen, weil sie entweder depressiv, resigniert, verrückt oder cracksüchtig sind oder an ausmergelnden Krankheiten wie Aids oder Tbc leiden. Einige haben vermutlich auch vor ihrer Gefangenschaft schon keinen Wert auf ein gepflegtes Äußeres gelegt. Gaby zum Beispiel, Melanies ständig nach Schweiß riechende Zellengenossin, kann ich mir überhaupt nicht sauber und duftend vorstellen. Allerdings bilden die ungepflegten Frauen hier eher die Ausnahme, die meisten würden sich bestimmt über eine echte Friseurin in ihren Reihen freuen und gerne ihr Geld oder ihre Zigaretten für einen schicken Haarschnitt opfern. Für sie wäre ein Friseurtermin ein kleiner Luxus hinter Gittern.

«Okay, ich mache es. Ich glaube, das ist eine gute Idee», stimme ich schließlich zu.

Tina freut sich sehr über meine Entscheidung, und gemeinsam beratschlagen wir, wie viel ich fürs Frisieren nehmen könnte: eine Stange Zigaretten für einen neuen Haarschnitt, genauso viel fürs Haare glätten, fünf Schachteln für einmal Spitzen schneiden und drei fürs Färben, wobei meine Kundinnen die Farbe selbst mitbringen müssten. Jetzt fehlt mir nur noch eine Schere, die mir Tina beim nächsten monatlichen Einkauf bestellen will. Dann kann es losgehen.

Motiviert durch diese Perspektive, gelingt es mir tatsächlich, wieder regelmäßig aufzustehen. Wenn das Friseurgeschäft erst einmal läuft, kann ich mir endlich alles kaufen, was ich haben möchte, denke ich beschwingt. Am meisten freue ich mich darauf, endlich Schokolade essen zu können, wann immer ich darauf Lust habe, und nicht nur, wenn mir eine Mitgefangene von ihrer abgibt. Denn auch wenn ich weiterhin kein Geld auf dem Gefängniskonto besitzen werde, so kann ich doch mit der im Gefängnis üblichen Währung bezahlen: Zigaretten. Für fünf Schachteln Zigaretten gibt's eine Packung Kekse, für eine Stange bekommt man eine Tafel Schokolade.

Süßigkeiten sind hier teure Luxusgüter, manche Dinge des täglichen Bedarfs sind dagegen vergleichsweise preiswert. Für den Preis einer Packung Kekse bekommt man nämlich auch schon eine Flasche Shampoo, einen Slip oder ein Paar Socken. Ein Markenshampoo kostet allerdings eine ganze Stange Zigaretten. Ebenso teuer ist Haarfarbe oder Nagellack. Für BHs oder T-Shirts muss man sogar zweieinhalb Stangen Zigaretten hinlegen. Bisher konnte ich mir all das nicht leisten, aber ich bin zuversichtlich, dass sich das ändern wird, sobald ich die Schere habe.

Leider ist es nicht möglich, eine echte Haarschneideschere

zu bekommen, da sie zu spitz und damit zu gefährlich wäre. Also bestellt Tina für mich eine Kinderbastelschere. Ich kann es kaum erwarten, sie endlich in der Hand zu halten. Dementsprechend feierlich ist die Stimmung, als meine Zellengenossin sie mir überreicht. Die Schere ist knallrot und erinnert mich an das Exemplar, mit dem ich früher in der Grundschule gewerkelt habe. Ob man damit Haare schneiden kann? Melanie ist so nett, sich als Versuchskaninchen zur Verfügung zu stellen.

«Ich mache dir einen schönen Bob, das sieht bestimmt super aus», überrede ich meine Freundin, die für meine Idee deutlich weniger Begeisterung zeigt als ich, was ich vor allem auf den Umstand schiebe, dass sie sehr an ihrem schönen langen Haar hängt.

Anfangs bin ich ein bisschen aufgeregt, schließlich ist es eine Weile her, dass ich mir an einem Kopf zu schaffen gemacht habe, doch dann spüre ich, wie leicht mir das Schneiden von der Hand geht, obwohl es sich als echte Herausforderung entpuppt, mit einer Bastelschere akkurat zu arbeiten. Als ich fertig bin, bestaune ich stolz mein Werk. Melanie sieht großartig aus, die neue Frisur steht ihr ausgezeichnet.

Zu meiner Überraschung fängt sie jedoch an zu weinen. «Na ja, bis zur Entlassung sind sie bestimmt wieder lang», schnieft sie und erzeugt bei mir damit ein grenzenlos schlechtes Gewissen.

«Aber du siehst toll aus!», beteure ich, was meine Freundin allerdings nicht wirklich tröstet. Kleinlaut fege ich den Boden sauber.

Wenig später taucht eine Brasilianerin auf, die sich für drei Schachteln Zigaretten die Haare zu zwei dicken Bauernzöpfen flechten lassen möchte. Das macht nicht viel Arbeit, geht schnell, und ich werde sogar gut dafür bezahlt. Sensationell!

In den ersten Tagen frisiere ich vor allem die Gefangenen, die ich kenne. Doch bald spricht sich herum, dass eine gelernte Friseurin ihre Dienste anbietet, und nach einer Weile kann ich mich vor Aufträgen kaum mehr retten. Vor allem vor den Besuchstagen habe ich kaum die Gelegenheit, meine kleine Bastelschere aus der Hand zu legen, und wenn, dann höchstens, um Haarfarbe aufzutragen, Locken zu glätten oder Zöpfe zu flechten. Bald schwimme ich in Zigaretten – und in Schokolade. Zum ersten Mal kann ich wieder naschen, bis mir schlecht ist. Nach der langen Zeit der Genügsamkeit und Zurückhaltung ist das, auch wenn man es sich vielleicht nicht vorstellen kann, ein echter Genuss!

Außerdem bin ich froh, mich bei meinen Freundinnen nun endlich revanchieren zu können, und verwöhne sie mit riesigen Schokoladenbergen. Wer hätte gedacht, dass meine abgebrochene Berufsausbildung einmal zu etwas nütze sein würde. Nur leider wird die Schere schnell stumpf, sodass ich regelmäßig neue bestellen muss: Blaue, schwarze, grüne und rosafarbene Bastelscheren wirbeln von nun an über die Köpfe sämtlicher Gefangenen.

Als ich mir dabei einmal in den Finger schneide, werde ich sofort panisch. Natürlich sind auch einige meiner Kundinnen HIV-positiv, und obwohl ich weiß, dass man sich so theoretisch nicht anstecken kann, habe ich sofort Angst um mein ungeborenes Baby. Deshalb nehme ich mir vor, bei nächster Gelegenheit noch einmal einen Bluttest durchführen zu lassen.

Inzwischen kennen mich die Mitarbeiter der Krankenstation recht gut und begrüßen mich dementsprechend herzlich. Ich bin beinahe gerne bei ihnen, bei freien Menschen, die nicht von dieser Gefängnisaura umgeben sind wie meine Mithäftlinge. Für mich fühlen sich die Gänge zum Arzt immer ein bisschen nach Normalität an.

«Na, Ihr Bauch ist ja noch immer kaum zu erkennen», nimmt mich der Arzt bei meinem nächsten Besuch freundlich in Empfang.

Es stimmt, was er sagt. Obwohl ich mittlerweile im fünften Schwangerschaftsmonat bin, ist mein Bauch unter der Kleidung weiterhin kaum auszumachen.

«Demnächst wird ein Frauenarzt zu uns kommen und eine richtige Ultraschalluntersuchung durchführen. Das hat das deutsche Konsulat für Sie eingefädelt», erzählt mir der Arzt, und ich werde ganz aufgeregt, weil ich zum ersten Mal richtig untersucht werden soll. Was für eine nette Überraschung vom Konsulat. Meist schimpfe ich zwar auf die feinen Damen, aber diesmal bereiten sie mir wirklich eine besonders große Freude.

«Wann soll die Untersuchung denn stattfinden?», will ich wissen, aber diese Frage kann mir der Arzt leider nicht beantworten. Also werde ich mich mal wieder gedulden müssen.

Warten, das lernt man im Gefängnis, zählt zu den Hauptbeschäftigungen hinter Gittern. Eigentlich wartet man ständig auf irgendetwas: mal auf die Einkaufsliste, dann wieder auf Post, aufs Mittagessen, auf den Einschluss oder einfach darauf, dass die Zeit vergeht. Da ich grundsätzlich eher ungeduldig bin, geht mir diese ständige Warterei gehörig auf die Nerven.

Als ich nach der Untersuchung in den Hof zurückkehre, findet gerade wieder eine Schlägerei statt. Diesmal geht es um Eifersucht. Angeblich soll eine der Frauen, die gegen Geld Handys verstecken, am Telefon mit dem Gatten ihrer Zellengenossin geflirtet haben. Lächerlich. Und irgendwie immer das Gleiche.

Während ich zurück in meine Zelle laufe, frage ich mich, warum sich die Frauen diesem Stress überhaupt aussetzen. Für 50 Real, also gerade mal 20 Euro pro Monat, verstecken sie in Kondome gehüllt bis zu fünf (!) Handys in ihrer Vagina. Wenn sie damit erwischt werden, droht ihnen Einzelhaft oder eine mehrtägige Ausgangssperre. Obendrein laufen sie ständig Gefahr, dass eine ihrer Auftraggeberinnen ihnen vorwirft, den jeweiligen Gesprächspartner am Telefon bezirzt zu haben, was meist mit Prügeln bestraft wird.

Das wäre kein Job für mich, stelle ich fest, während in meiner Zelle bereits eine neue Kundin auf mich wartet, die sich für ihr Treffen mit ihrem Mann hübsch machen möchte. Aha, denke ich, dann ist morgen wohl wieder Samstag.

Da ich in keinem der gefängniseigenen Betriebe arbeite und dementsprechend auch nicht dem freien Wochenende entgegenfiebere, würde ich ohne die Besuchstage wahrscheinlich komplett vergessen, dass es so etwas wie Wochentage überhaupt gibt. Ich hätte sogar beinahe meinen Geburtstag verpasst, wenn Melanie mich nicht daran erinnert hätte.

Die Woche hat gerade wieder begonnen, da steht Melanie schon ungewöhnlich früh, nämlich noch vor dem Frühstück, neben meinem Bett, um mir festlich eine selbstgebastelte Geburtstagskarte und leckere Süßigkeiten zu überreichen. Wie lieb von ihr! Leider muss sich meine Freundin bald verabschieden, da die Wasseruhren rufen, um 8 Uhr beginnt ihr Dienst in der Werkstatt. Ich dagegen kuschele mich noch einmal ins Bett und schlafe bis ungefähr 11 Uhr. Früher stehe ich selten auf, da ich abends meist lange fernsehe und meine Freundinnen oder potenzielle Kundinnen ohnehin bei der Arbeit sind.

Komisch, dass ich meinen eigenen Geburtstag beinahe verpasst hätte, denke ich. Als Kind habe ich ihm immer ungeduldig entgegengefiebert. Meist habe ich schon Tage, wenn nicht gar Wochen zuvor meine Mutter mit der Frage geplagt, wie oft ich noch schlafen müsse, bis es so weit sei. Und in der letzten Nacht habe ich dann kaum ein Auge zugetan vor lauter Aufregung und Magenkitzel. Dabei waren Geburtstage bei uns gar nicht so besonders feierlich. Wie jeden Morgen musste ich beim Decken des Frühstückstisches helfen, erst dann gab es die Geschenke. Meine

Eltern haben sich jedes Jahr wirklich große Mühe gegeben, mir genau die Sachen zu besorgen, die ich mir von Herzen wünschte. Das Schönste an meinen Geburtstagen war jedoch die alljährliche Schokoladentorte meiner Mutter. Noch heute läuft mir das Wasser im Mund zusammen, wenn ich nur daran denke, denn sie hat sensationell schokoladig geschmeckt. Meine Mutter hat sie nur an unseren Geburtstagen gebacken, und mir tat es um jedes Stück leid, das ich an meine Geschwister oder meinen Vater abtreten musste. Wie lange das her ist und vor allem: Was seitdem alles passiert ist!

Mittlerweile bin ich 26. Meine Mutter ist verstorben, zum Rest der Familie halte ich keinerlei Kontakt. Die Berufsausbildung habe ich abgebrochen, anschließend im Nachtclub gearbeitet und Drogen geschmuggelt, weshalb ich nun im Gefängnis sitze, mit einem Baby im Bauch von einem Vater, der nichts von uns wissen möchte. Keine sehr ruhmreiche Bilanz. Niedergeschlagen setze ich mich mit angewinkelten Beinen auf meine Pritsche und lehne den Rücken an die Wand. Ich bin so traurig, dass es mir schwerfällt, die Tränen zurückzuhalten.

Wie gerne würde ich in einem sicheren Nest sitzen, behütet und geliebt von meiner Familie. Unweigerlich streichele ich über meinen runden Bauch und verspüre den starken Wunsch, meinem kleinen Baby ein gutes Zuhause zu bieten, in dem es sich beschützt und wohl fühlt. Ich will ihm ein geregeltes Leben bieten, voller Freude und Liebe. Es soll Spaß haben und glücklich sein. Hoffentlich schaffe ich das. Es gibt so viele Unsicherheiten in meinem Leben: Werde ich meinem Kind überhaupt ein unbeschwertes Dasein ermöglichen können? Wovon sollen wir leben? Und was noch viel schwerer wiegt: Wird es überhaupt ein «wir» geben?

Was, wenn die brasilianischen Behörden mir mein Kind

tatsächlich wegnehmen? In die schrulligen Damen vom Konsulat habe ich nur wenig Vertrauen, zumal sie sich bislang nicht gerade verausgabt haben in ihren Bemühungen, uns zu helfen. Ängstlich verkrieche ich mich unter die Decke, wo ich erneut in einen kurzen Schlaf falle, aus dem mich meine Zellenkameradinnen wecken, als sie aus der Mittagspause kommen.

Tina schüttelt den Kopf, als sie sieht, dass ich noch immer im Bett liege. Sie ist immerzu diszipliniert und würde sich eine solche Lethargie niemals zugestehen. Am liebsten würde ich ihr von meiner Schwangerschaft erzählen, vielleicht brächte sie dann mehr Verständnis auf. Doch ich besinne mich eines Besseren und beschließe, vorerst nichts zu verraten. Stattdessen unterhalten wir uns darüber, dass Jani, die junge Brasilianerin aus meiner Zelle, bald entlassen wird, und ich erfahre, dass sich bereits eine andere Brasilianerin darum bemüht, in unsere Zelle zu wechseln.

«Nein, Melanie soll zu uns kommen!», rufe ich sofort dazwischen.

Bei Tina ruft mein Wunsch nur ein genervtes Augenrollen hervor.

Meike dagegen blafft mich gleich an. «Was bildest du dir eigentlich ein? Glaubst du etwa, dass du bestimmen darfst, wer in die Zelle kommt?»

«Na und? Warum sollt ihr das festlegen?», brülle ich zurück.

Ein lautstarker Streit entbrennt, und zum ersten Mal, seit ich im Gefängnis sitze, habe ich das Gefühl, jeden Moment in eine Schlägerei verwickelt zu werden. Meike wird immer aggressiver und beginnt mich zu schubsen, weshalb ich vorsichtig zurückweiche. In meinem Zustand möchte ich es lieber nicht auf eine Prügelei ankommen lassen. Allerdings frage ich mich, was das soll. Was haben die anderen nur dagegen, dass Melanie zu uns in die Zelle kommt? Vermutlich handelt es sich um eine Art Machtkampf, in dem Meike sich mal wieder als Zellenchefin behaupten möchte.

Natürlich ziehe ich den Kürzeren, was zur Folge hat, dass wenige Tage später Jani aus- und die neue Brasilianerin einzieht. Zunächst bin ich total genervt und denke selbst darüber nach, mir eine neue Bleibe zu suchen, doch da löst sich mein Problem quasi von ganz allein: Glücklicherweise benimmt sich die neue Zelleninsassin andauernd daneben, hält sich weder an die Putzregeln noch an andere Absprachen und nimmt auch sonst keinerlei Rücksicht auf die anderen, sodass Meike sie nach nur einer Woche wieder aus unserer Zelle wirft. Da wir Gefangenen die Zellenaufteilung komplett unter uns regeln, findet meist eine bunte Durchmischung statt. Nicht nur weil ständig Gefangene entlassen werden und neue hinzukommen, sondern auch weil es die meisten Frauen nicht lange miteinander aushalten. In der Regel arrangieren sich die Gefangenen miteinander, nur selten muss die «Zellenchefin» ein Machtwort sprechen. Es funktioniert einfach. Die Wärter mischen sich in die Belegung der Zellen grundsätzlich nicht ein, sie wollen möglichst wenig Stress mit uns haben. Daher ist von ihnen auch keine Hilfe zu erwarten, als es nun darum geht, Melanie in meine Zelle zu holen. Doch ganz unerwartet stellt das alles plötzlich gar kein Problem mehr dar, und meine Freundin wird so herzlich und selbstverständlich in unserer Zelle aufgenommen, als hätte die erste Diskussion niemals stattgefunden.

TATUAPÉ IV Schwangerschaft hinter Gittern

Kaum ist Melanie bei uns eingezogen, findet erneut eine Kontrolle der Choque-Einsatztruppe statt. Die zweite während meiner Gefangenenzeit. Diesmal weiß ich sofort, was es bedeutet, als die Zellen am Morgen nicht aufgeschlossen werden. Mit Magenkrämpfen verfolge ich, wie die Militärpolizisten zunächst lautstark über den Hof und schließlich in unser Gebäude stürmen. Wie beim letzten Mal schieben sie uns ihre Gewehrläufe in den Mund und scheuchen uns anschließend unter martialischen Drohungen aus den Zellen, um bei ihrer Suche nach Drogen und Handys alles zu verwüsten. Im Rausgehen höre ich, wie sie den Brief von Werner von der Wand reißen, um zu prüfen, ob sich dahinter womöglich ein Versteck befindet.

Ich bin zutiefst entsetzt, weil mir dieses Schriftstück so viel bedeutet, noch dazu ist es der einzige warmherzige Brief, der mich bisher im Gefängnis erreicht hat, er ist sozusagen meine Brücke nach draußen. Trotzdem wage ich es natürlich nicht aufzubegehren, sondern trabe ängstlich meinen Mitgefangenen hinterher, die sich ebenfalls niemals gegen diese Behandlung wehren würden.

Beim Spießrutenlauf über den Gang höre ich, dass die Polizisten in einer der Nachbarzellen mehrere verbotene Telefone entdecken, woraufhin einige Frauen sofort in Isolationshaft gesperrt werden. Für zehn Tage müssen sie in einer heruntergekommenen Zelle ausharren, die sie auf keinen Fall verlassen dürfen. Ein Albtraum. Währenddessen erreichen meine Zellenkameradinnen und ich den Duschraum, wo wir uns wieder komplett entblößen müssen. Ohne die Gefängniskleidung ist mein kleiner Schwangerschaftsbauch nicht mehr zu übersehen, was mir jedoch keine schonendere Behandlung, sondern lediglich erniedrigende Beschimpfungen einbringt.

«Hast du Schlampe dich etwa von deinem Dealer schwängern lassen?», pöbelt mich einer der Wärter an, ermutigt durch die Anwesenheit der bewaffneten Polizisten, woraufhin ich mir noch ganz andere Sachen anhören muss. Es ist demütigend, verletzend.

Ich wünsche mir so sehr, mein ungeborenes Kind schützen zu können, aber in diesem Umfeld ist es nicht mal im Ansatz möglich. Tränen schießen mir in die Augen, während ich mir wie benommen die Unterwäsche wieder überstreife und hinter meinen Mitgefangenen die Treppe hinunterstolpere. Diesmal habe ich obendrein das Pech, im Innenhof als Letzte in der Reihe zu sitzen, sodass ich den Kopf eines riesigen Rottweilers direkt neben dem meinen spüre. Sein Speichel tropft mir auf die Schulter, und ich wage kaum zu atmen, aus Angst, der Hund könne mich beißen.

Bestimmt zwei Stunden muss ich so verharren, ehe uns die Polizisten anbrüllen, dass wir zurück in die Zellen gehen sollen. Ich zittere am ganzen Körper und frage mich, welche Auswirkungen diese schlimmen Erlebnisse wohl auf mein Baby haben werden. Irgendwo habe ich einmal gelesen, dass ungeborene Kinder alle Empfindungen der Mutter mitfühlen. Bei dem ganzen Stress und der Aufregung der letzten Monate mache ich mir große Sorgen, ob ich überhaupt ein gesundes, glückliches Kind zur Welt bringen werde. Was ist, wenn es sich in meinem Bauch nicht gut entwickelt? Wenn die Hormone im Essen ihm schaden?

Zu Hause in Deutschland hätte man eine Fehlentwicklung wahrscheinlich längst festgestellt, aber bei den oberflächlichen Untersuchungen, die hier stattfinden, ist das wohl unmöglich. Immerhin war das Ergebnis des aktuellen Aidstests negativ. Nun fiebere ich ungeduldig der Ultraschalluntersuchung entgegen, die mir der Gefängnisarzt bereits angekündigt hat, und nehme artig meine Vitaminpräparate.

Als mich kurze Zeit später ein Wärter zu sich ruft, rechne ich damit, dass nun endlich der Frauenarzt mit seinen modernen Geräten im Gefängnis eingetroffen ist, und laufe ihm in freudiger Erwartung entgegen.

«Ist der Arzt endlich da?», frage ich auf Portugiesisch.

Doch der «Agente» zerschlägt meine Hoffnung. «Du musst zum Richter, heute sollst du den Polizisten gegenübergestellt werden.»

Ich bin zutiefst enttäuscht und folge dem Mann widerwillig. Diesmal ist es mir beinahe egal, dass ich Flipflops trage und mich auf den Verhandlungstermin nicht vorbereitet habe. Das ganze System macht mit mir ohnehin, was es will.

Schleuse, Handschellen, die Fahrt im Hundekäfig – diese Prozedur kenne ich schon. Bei dem heutigen Gerichtstermin werde ich also die Polizisten wiedertreffen, die mich verhaftet haben. Mir wird ganz übel, als ich sie sehe. Vor allem der große Grobian, der mit seinen Händen über meinen Körper geglitten ist und mir Elektroschocks angedroht hat, lässt mich erstarren. Von ihm erfahre ich dann auch die Bestätigung dessen, was meine Mitgefangenen und ich ohnehin schon vermutet haben.

«Wir haben am Morgen einen anonymen Anruf erhalten, bei dem uns mitgeteilt wurde, dass eine Drogenkurierin mit schwarzen Haaren, einem schwarzen Hosenanzug und einer roten Bluse die Maschine nach Lissabon nehmen würde. So konnten wir sie festnehmen.» Anschließend werden die Polizisten gefragt, ob sie mich wiedererkennen würden, was sie alle bejahen. Dabei sehen sie mich kaum an, ich unterstelle ihnen mal, da könnte jetzt jede Frau auf der Anklagebank sitzen. Wenige Minuten später ist die Verhandlung und damit mein vorerst letzter Ausflug in die «Freiheit» beendet.

«Das Urteil wird Ihnen in den nächsten Monaten in die Haftanstalt geschickt», erklärt mir die Anwältin später. Mir wäre es lieber gewesen, der Richter hätte es sofort verkündet, da ich nun endlich wissen möchte, wie lange ich noch hinter Gittern aushalten muss.

Mittlerweile bin ich im siebten Schwangerschaftsmonat. Nachdem man mir diesen Umstand lange Zeit nur nackt angesehen hat, ist mein Bauch nun schlagartig dermaßen rund geworden, dass ich ihn nicht mehr unter meiner weiten Gefängniskleidung verstecken kann. Gut, dass die Hose wenigstens einen Gummizug hat und nicht drückt oder kneift.

Haben bislang nur meine Zellenkameradinnen und die Frauen, die mich beim Duschen gesehen haben, von meiner Schwangerschaft gewusst, bekommen es nun alle mit. Viele meiner Mitgefangenen sind sehr erstaunt, als sie meinen Bauch bemerken. «Warum bist du denn auf einmal schwanger? Letzte Woche sahst du doch noch ganz normal aus», fragen sie mich. Insgeheim wundere ich mich selbst über dieses explosionsartige Wachstum. Hoffentlich ist alles in Ordnung!

Seit meine Schwangerschaft für jeden sichtbar ist, bestürmen mich sämtliche Häftlinge, ein merkwürdiges Ritual durchzuführen: Ich soll erst dreimal mit der Hand über meinen Bauch kreisen und anschließend den Frauen über das Haar streichen, weil das angeblich das Haarwachstum fördert. Da die Brasilianerinnen tendenziell abergläubisch sind und obendrein außerordentlich viel Wert auf ihr Aussehen legen, streichele ich von nun an täglich mindestens 40 Frauen über die Köpfe. Melanie lacht jedes Mal, wenn ich genervt diesen eigenartigen Wunderglauben meiner Mitgefangenen bediene.

Oft amüsieren wir uns allerdings auch gemeinsam über den manchmal recht absurden Aberglauben unserer brasilianischen Mitgefangenen. Besonders eine Frau erheitert uns regelmäßig. Wann immer sie Streit hat, pirscht sie sich von hinten leise an ihre jeweilige Widersacherin heran, um ihr hinterrücks ein paar Haare auszureißen, mit denen sie dann blitzschnell verschwindet. Angeblich benötigt sie die «Beute», um ihre Gegnerin mit einem Fluch zu belegen. Aber auch Voodoo-Puppen sind hier weit verbreitet, ebenso wie der Glaube an verschiedene Götter und Wunderheilungen, für die Melanie und ich jedoch nicht zu begeistern sind. Wir sind eher bodenständig.

Seit wir in derselben Zelle leben, ist unser Verhältnis noch enger geworden. Häufig schlafen wir sogar gemeinsam in einem Bett, wobei mir meine Freundin beim Einschlafen liebevoll den Bauch streichelt. Melanie entpuppt sich als der beste Vaterersatz, den ich mir nur vorstellen kann. Begeistert verfolgt sie jeden Fußtritt meines kleinen Babys, zeigt sich höchst besorgt, wenn es mir einmal nicht gutgeht, und grübelt intensiv über einen möglichen Namen für «unseren» Nachwuchs.

Sollte es ein Mädchen werden, wollen wir es Aaliyah nennen. Auf einen Jungennamen können wir uns nicht einigen, meine Favoriten sind Tyrice, Tyron, Jamiroquai und Xavier, wobei Melanie Xavier am schönsten findet. Als wir wieder einmal die möglichen Vor- und Nachteile der diversen Varianten besprechen, gesellt sich Tina zu uns.

«Na, wie geht es dir?», eröffnet sie das Gespräch, um dann

ziemlich schnell auf den Punkt zu kommen. «Sag mal, ist es nicht zu anstrengend für dich, weiterhin die Zelle zu schrubben? Meike und ich haben uns überlegt, dass du stattdessen vielleicht den Abwasch übernehmen könntest.»

Die fürsorglichen Überlegungen meiner Mitgefangenen überraschen mich, und ich muss einen kurzen Moment über das Angebot nachdenken. Es stimmt, bei meinem letzten Putzdienst bin ich ganz schön aus der Puste geraten, sodass Melanie mir helfen musste. Deshalb ist es wahrscheinlich keine schlechte Idee, vorerst nur noch für den Abwasch zuständig zu sein. «Okay», sage ich also, «lasst uns das so machen.»

Sauberkeit spielt im Gefängnis eine wichtige Rolle, allein um den Ratten und anderem Ungeziefer keinen Anreiz zu bieten, in unsere Zelle einzuziehen. Vor allem Tina wacht gewissenhaft über die Einhaltung sämtlicher Putzregeln. Dementsprechend wütend reagiert sie, als ich meiner Abwaschpflicht einmal nicht sofort nachkomme. Eines Abends nach dem Essen fühle ich mich beim besten Willen zu schlapp, um unser Plastikgeschirr im nahegelegenen Waschraum zu spülen. Daher stelle ich es lediglich an die Tür und nehme mir vor, den Abwasch gleich am nächsten Morgen zu erledigen.

Doch die keifende Tina reißt mich, kaum dass sie aufgestanden ist, aus meinen Träumen. «Sag mal, spinnst du? Warum steht der Dreck hier rum?»

Natürlich weiß ich sofort, wovon sie spricht, und bin mir meiner Schuld auch voll und ganz bewusst, trotzdem schalte ich in diesem Moment erst mal auf stur. Ohnehin habe ich Schwierigkeiten, begangene Fehler einzugestehen, noch dazu kann ich es überhaupt nicht leiden, derart angeschrien zu werden. Daher halte ich schon aus Prinzip dagegen. «Na und? Dann mach deinen Kram doch alleine!» Wütend funkeln wir uns an.

«Du machst jetzt sofort den Abwasch!», brüllt Tina weiter.
«Ich denke überhaupt nicht daran!», schreie ich zurück.

Schon meine Eltern sind in meiner Kindheit häufig gescheitert, wenn sie versuchten, mit mir zu schimpfen oder mich unter Druck zu setzen, denn dann rührte ich mich einfach überhaupt nicht mehr. Im Zweifelsfall habe ich in solchen Situationen nicht einmal mehr gesprochen. Kein Wort. Meine Mutter konnte laut fluchen oder liebevoll auf mich einreden, ich reagierte nicht.

Dieselbe Taktik fahre ich noch heute, wenn mir etwas zu sehr gegen den Strich geht. Demonstrativ kuschele ich mich daher in mein Kissen und ignoriere die kreischende Tina, bis sie irgendwann aufgibt und fluchend unsere Zelle verlässt. Eine Weile bleibe ich so liegen, um vor den anderen nicht den Eindruck zu erwecken, dieser Streit hätte irgendetwas bewirkt, obwohl ich mich dabei zugegebenermaßen unwohl fühle. Erst nach einer Weile krieche ich aus dem Bett, um schnell und ordentlich den Abwasch zu erledigen.

Die Stimmung zwischen Tina und mir ist in den ersten Tagen nach unserem Streit noch ein wenig eisig, aber auch das legt sich irgendwann, da wir uns grundsätzlich gerne mögen. Außerdem sind wir beide froh, in einer Zelle zu leben, in der die Gemeinschaft überdurchschnittlich gut funktioniert, was wir nicht aufs Spiel setzen wollen. Anders als in anderen Gefängniszellen herrscht bei uns eine geringe Fluktuation. Wenn es mal zu einer Veränderung der Belegschaft kommt, dann vor allem deshalb, weil ein Häftling entlassen wird und nicht wegen ständiger Reibereien. Dabei ist es sicher von Vorteil, dass keine von uns drogenabhängig oder schwer krank ist. Zumindest glauben wir das. Aber dieser Irrtum wird sich erst Monate später offenbaren.

Um erneuten Ärger mit meiner Zellenkameradin zu vermeiden, erfülle ich den Abwaschdienst in den nächsten Tagen vorbildlich – bis auf ein einziges Mal, doch da habe ich eine Ausrede, für die sogar die strenge Tina Verständnis hat: Meine Ultraschalluntersuchung steht an. Aufgeregt laufe ich hinunter in die Krankenstation, wo mich die Krankenschwester bereits lachend empfängt.

«Das ging aber schnell. Wir haben Ihnen doch gerade erst Bescheid sagen lassen!», ruft sie mir entgegen. Dann führt sie mich, ohne dass ich mich zuvor in die lange Schlange der Wartenden einreihen muss, in ein kleines Behandlungszimmer. Darin steht ein modernes Gerät, das so gar nicht in seine Umgebung passt. Normalerweise ist die Krankenstation eher spärlich eingerichtet, es gibt kein Instrument, das moderner ist als die mechanische Waage oder das Fieberthermometer. Wahrscheinlich hat dieses Arztzimmer vor fünfzig Jahren schon genau so ausgesehen wie heute und seitdem jeder technischen Weiterentwicklung getrotzt.

Unruhig rutsche ich auf dem Stuhl hin und her und kann es kaum erwarten, dass die Untersuchung endlich beginnt. Neben der Bestätigung, dass mit meinem ungeborenen Kind tatsächlich alles in Ordnung ist, hoffe ich zu erfahren, ob es sich ein kleiner Junge oder ein Mädchen in meinem Bauch gemütlich gemacht hat, damit ich mich endlich auf einen Namen festlegen kann. Es würde sich gut anfühlen, nicht mehr nur «mein Baby» zu sagen, sondern das Kind bei seinem Vornamen zu nennen. In dieser Situation fällt mir Pedro wieder ein. Ob unser Kind ihm wohl ähnlich sehen wird? Ich wünschte, er wäre jetzt bei mir, würde mir selbstverständlich zur Seite stehen.

Mitten in diese Gedanken platzt die Erinnerung daran, wie ich mir das Mutterwerden als Kind immer vorgestellt habe. Damals glaubte ich, dass ich mir den Mann, mit dem ich ein Kind zeugen würde, natürlich sehr genau aussuchen würde. Selbstverständlich würden wir heiraten, ehe wir uns gemeinsam und vor allem bewusst für ein Baby entschieden. Die Vorfreude auf den Familienzuwachs wäre riesengroß, wir gingen regelmäßig gemeinsam zum Arzt, um das ordnungsgemäße Wachstum unseres Kleinen zu kontrollieren. Und später schöben wir bei gemütlichen Sonntagsspaziergängen stolz unser lachendes Baby durch den Park. So weit meine kindliche Wunschvorstellung.

Wie anders sieht dagegen die Wirklichkeit aus! Ich sitze in einem kargen und schlecht ausgestatteten Gefängnis-Behandlungszimmer, das nun endlich der Arzt betritt, auf den ich schon seit Wochen sehnsüchtig warte.

«Entschuldigen Sie bitte, dass ich so spät komme», begrüßt er mich, und ich stelle erstaunt fest, dass ich einen solch respektvollen Umgang gar nicht mehr gewohnt bin. Der Frauenarzt, der eigens für meine Untersuchung in die Haftanstalt gekommen ist, bittet mich, auf einer schmalen Krankenliege Platz zu nehmen und den Bauch freizumachen. Ich bin so aufgeregt, dass ich schon deshalb weinen könnte. Gleich sehe ich zum ersten Mal mein Baby! Hoffentlich ist es gesund!

Zuerst verteilt der Arzt ein kaltes, glitschiges Zeug auf meinem Bauch und fährt anschließend mit dem Schallknopf einer Art Computermaus darüber, wodurch auf dem Monitor ein unscharfes Schwarzweißbild entsteht. Mein Kind! Der Arzt erklärt mir, welche Stellung mein Baby im Bauch eingenommen hat, und zeigt mir die einzelnen Körperpartien. Ich sehe das winzige Herz schlagen und erfahre erleichtert, dass mein Kind gesund und normal entwickelt ist. Während der ganzen Untersuchung kullern mir ununterbrochen die Tränen über die Wange, sodass sich auf der Liege bereits eine kleine Pfütze gebildet hat. Ich bin überwältigt, glücklich, aufgewühlt, aber gleichzeitig auch ganz ruhig. Meinem Baby geht es gut, es kuschelt sich gemütlich in meinen schützenden Bauch.

«Sehen Sie denn, was es wird?», wage ich schließlich zu fragen.

Daraufhin fährt mir der Arzt mit seinem Sensor noch einige Male über den Bauch, wobei er die Stirn in Falten legt. «Nein, tut mir leid! Ihr Kind streckt uns leider den Po entgegen, sodass ich das Geschlecht nicht erkennen kann.»

«Schade», erwidere ich. Dabei spielt es in diesem Moment eigentlich überhaupt keine Rolle, ob es ein Mädchen oder ein Junge wird. Trotz der äußerst widrigen Schwangerschaftsbedingungen ist mein Baby gesund, und das ist das Wichtigste!

Ich bin wie entrückt. Erst als der Arzt die Untersuchung beendet und über den Drucker seines Ultraschallgeräts flucht, kehre ich in meine Welt und auf die schmale Krankenliege zurück. «Was ist denn mit dem Drucker?», frage ich beunruhigt, und zu meiner Enttäuschung bestätigt sich mein Verdacht.

Während der Arzt weiter an dem Gerät herumhantiert, schimpft er: «Dieses Mistding geht nicht.»

Bis zuletzt hoffe ich, dass der Kasten doch noch ein Ultraschallbild ausspuckt, und wische mir den Bauch mit einem Tuch ab, das mir der Doktor geistesabwesend entgegenstreckt. Währenddessen lasse ich das Gerät nicht für eine Sekunde aus den Augen, aber es tut sich nichts.

Irgendwann gibt der Arzt resigniert auf: «Ich bedaure es sehr, aber ich kann gerade nichts machen.»

Ich versuche, meine Unzufriedenheit hinunterzuschlucken und mich mit der Aussicht auf einen Folgetermin zu trösten. «Vielleicht klappt es ja beim nächsten Mal», sage ich nur.

Aber der Arzt schüttelt den Kopf. «Dies ist leider ihre einzige

Ultraschalluntersuchung, eine weitere müssten Sie privat bezahlen.»

Da ich die Arztrechnung natürlich nicht mit Zigaretten begleichen kann und noch immer kein Bargeld zur Verfügung habe, entgegne ich ihm, dass mir das leider nicht möglich sei.

Daraufhin nickt er verständnisvoll und rüttelt noch einmal hilflos an seiner Druckereinrichtung. Natürlich ohne Erfolg. «Ich wünsche Ihnen von Herzen alles Gute», verabschiedet er mich wenig später.

Obwohl ich spüre, wie leid es ihm tut, mir keinen Ausdruck mitgeben zu können, bin ich maßlos enttäuscht. Wie gerne hätte ich ein kleines Schwarzweißbild von meinem Baby gehabt! Das hätte ich dann neben den mühsam zusammengesetzten Brief von Werner an meine Wand heften und jederzeit betrachten können. Zumindest bis zur nächsten Kontrolle, schießt es mir dann bitter durch den Kopf. Die brutale Choque-Truppe wäre mit meinem Foto sicher genauso rücksichtslos umgegangen wie mit Werners Brief.

Mit aufsteigender Wut male ich mir aus, wie die rabiaten Militärpolizisten mein erstes Babybild achtlos von der Wand reißen, und allein die Vorstellung fühlt sich schlimm an. Beim Betreten der Zelle betrachte ich missmutig Werners Brief neben meinem Kopfkissen. Es ist wirklich schrecklich, sich so behandeln lassen zu müssen. Am liebsten würde ich auf der Stelle bei meinem lieben Freund anrufen und ihm von dem Arzttermin erzählen und davon, dass es meinem Baby gutgeht. Aber leider fällt mir niemand ein, dessen Telefon ich benutzen könnte. Vielleicht sollte ich mir mal ein eigenes Gerät anschaffen?, überlege ich. Seit ich als Friseurin arbeite, habe ich zumindest so viele Zigaretten zur Verfügung, dass ich es mir leisten könnte, eine Frau dafür zu bezahlen, mein Telefon zu verstecken. Selbst mag ich dieses Risiko lieber nicht eingehen. Noch einmal halte ich eine zehntägige Isolation, wie ich sie am Anfang meines Aufenthalts in Tatuapé erlebt habe, nämlich nicht aus.

Wenig später hat sich meine schlechte Stimmung gelegt, und ich sitze glücklich auf der Pritsche in meiner Zelle. Am schönsten sind die Momente, in denen ich spüre, wie sich mein Baby im Bauch bewegt. Es ist ausgesprochen agil und scheint wild herumzuturnen, sodass mein dicker Bauch manchmal richtig verbeult aussieht. Da ich keinen Arzt habe, der mir genau erklärt, wie mein Kind liegt und was es gerade macht, erschließe ich mir meist selbst, welches Körperteil wohl gerade aus dem Bauch herausdrückt. Manchmal beteiligt sich Melanie an diesem Ratespiel.

Überhaupt geht meine Freundin weiterhin liebevoll in ihrer «Vaterrolle» auf. Oft schlafen wir in Löffelchenstellung zusammen im Bett ein, wobei Melanie so lange meinen runden Bauch hält, bis ich mich irgendwann aus ihrer Umarmung befreie. Viele Gefangene munkeln schon, wir seien ein Liebespaar, aber das ist uns egal. Schließlich wissen wir, dass es anders ist.

Für mich ist es wirklich ein großes Glück, Melanie getroffen zu haben, eine innige Freundin, mit der ich jeden Gedanken und jede Sorge teilen kann. Es ist schön, auch mal in den Arm genommen zu werden oder über das Haar gestreichelt zu bekommen. In dieser Zeit lerne ich, wie wichtig Zärtlichkeit ist, wenigstens ein Minimum an herzlichem Körperkontakt. Das hat nichts mit Sex zu tun, allenfalls mit Liebe, Wärme und Geborgenheit, die ich zu brauchen glaube wie Nahrung oder Schlaf.

Die folgenden Wochen vergehen eintönig und ohne besondere Vorkommnisse. Die Choque-Truppe lässt sich erfreulicherweise nicht blicken, auch gibt es keine Ausbruchsversuche, Entlassungen oder spannende Verlegungen von Gefangenen. Die einzige permanente Veränderung in meinem Leben ist mein

Bauch, der inzwischen beinahe gigantische Ausmaße angenommen hat. Kein Wunder, immerhin ist es Anfang Dezember, und ich stehe kurz vor der Entbindung.

Glücklicherweise hat sich inzwischen das deutsche Sozialamt gemeldet und mitgeteilt, dass man mir ab sofort monatlich die vom Konsulat angekündigten 60 Euro überweisen wird. Außerdem bekomme ich für die letzten Monate eine Nachzahlung, von der das Konsulat lediglich das Geld für die getätigten Einkäufe abzieht, der Rest bleibt mir zur freien Verfügung. Damit bin ich für Knastverhältnisse eine reiche Frau! Gut gelaunt bestelle ich mir beim nächsten Einkauf riesige Mengen Milch, Kakao und Grießpulver, das mit kalter Milch angerührt einen unglaublich leckeren Brei ergibt. Zumindest mein Frühstück ist gerettet! Mittags und abends würge ich weiterhin die unappetitlichen Bohnenmahlzeiten hinunter, für die ich noch keine sättigende Alternative gefunden habe.

Da trotz des großzügigen Einkaufs noch einiges an Geld übrig bleibt, überlege ich kurz, ob ich davon eine weitere Ultraschalluntersuchung bezahlen soll, um endlich mein Baby zu sehen. Allerdings verwerfe ich den Gedanken schnell wieder, schließlich sind andere Dinge nun wichtiger. Beim Konsulat bestelle ich eine kleine Babywanne, zwei Strampelanzüge und dazu Feuchttücher, Badeöl und Wundschutzcreme.

Je näher der Geburtstermin rückt, desto aufgeregter werde ich. Zumal mir der Arzt offenbart hat, dass ich in einem normalen Krankenhaus entbinden soll. Was ist, wenn ich es nicht bis dort schaffe? Was ist, wenn sie mir das Kind unmittelbar nach der Entbindung abnehmen? Hier kenne ich inzwischen die Abläufe, die Umgebung, die Wärter, das macht mich einigermaßen sicher. Die Vorstellung, unter fremden Menschen in einer unbekannten Umgebung zu entbinden, beunruhigt mich. Außerdem habe ich gehofft, Melanie könnte bei der Geburt dabei sein, doch das ist in einem externen Krankenhaus natürlich nicht möglich. Andererseits wird mein Kind dadurch in Freiheit geboren. Und sollte es Komplikationen geben, so sind sie dort sicher besser vorbereitet als auf unserer Krankenstation.

Als Melanie eines Abends nach der Arbeit in unsere Zelle kommt und vorschlägt, dass ich sie zu der Geburtstagsparty ihrer Arbeitskollegin Claudia begleiten soll, nehme ich das als willkommene Abwechslung. Da nur wenige Gefangene ihren Geburtstag richtig feiern, freuen wir uns besonders über die Einladung. Außerdem kenne und mag ich Claudia, sie ist die aktuelle Freundin der ehemals ständig weinenden Bolivianerin, mit der Melanie und ich unsere erste Zelle in Tatuapé geteilt haben. So klein ist die Gefängniswelt! Die Party soll im Pavillon 1 stattfinden, also zwei Höfe von unserem entfernt.

Es ist jedes Mal ein wenig befremdlich, einen anderen Teil des Gefängnisgebäudes zu betreten, dementsprechend eilig huschen wir die Treppen nach oben in den Flur, in dem Claudias Zelle liegt. Ich bin völlig außer Puste, als ich mich mit meinem kugelrunden Bauch auf eine der Pritschen fallen lasse. Unsere Gastgeberin hat sich wirklich Mühe gegeben. Sogar ein leckerer Kuchen mit Schokoladenguss steht auf einem kleinen, geschmückten Tisch. Außerdem gibt es Süßigkeiten, Kekse und andere Knabbereien in solchen Riesenmengen, dass wir sie zu fünft kaum vertilgen können.

Natürlich werde ich wieder genötigt, nach brasilianischem Brauch über meinen Bauch und die Haare der anderen Frauen zu streichen, was mir in dieser Runde aber nicht viel ausmacht. Wir lachen viel, und ich staune darüber, wie fröhlich und witzig die Bolivianerin, die mich einst so sehr genervt hat, sein kann. Am Ende der Party ist uns allen von dem vielen Kuchen und den

Süßigkeiten schlecht, trotzdem sind wir aufgeregt und glücklich, mal wieder einen Geburtstag so richtig schön gefeiert zu haben.

Als ich in dieser Nacht wach werde, spüre ich ein starkes Ziehen im Bauch. Zunächst schiebe ich die Schmerzen auf die vielen Süßigkeiten vom Vorabend und versuche, wieder in den Schlaf zu finden. Erfreulicherweise lassen die Krämpfe schnell nach, wenn auch nur für kurze Zeit. Dann schießen sie mit zunehmender Vehemenz durch meinen Körper. Diesmal ziehen die Schmerzen bis in den Rücken hinein, sodass mir ganz heiß wird und ich beinahe das Gefühl habe, mir würde die Luft wegbleiben. Das kommt nicht vom Kuchen, denke ich bestürzt und versuche mich aufzuraffen, während ich panisch nach Melanie rufe.

«Melle, ich glaube es geht los!»

Meine Freundin ist schlagartig hellwach. «Bist du dir sicher?», fragt sie aufgeregt. «Soll ich den Wärter rufen?»

«Nein, lass uns noch kurz warten. Womöglich ist es nur falscher Alarm», gebe ich zu bedenken, wobei ich eigentlich nur Zeit schinden möchte. Ich habe Angst vor dem, was jetzt kommt, und möchte den Zeitpunkt am liebsten so weit wie möglich nach hinten verschieben.

Das macht mein Baby natürlich nicht mit, sondern es zeigt mir mit heftigen Wehen an, dass es nun endlich in die Welt möchte. Ich atme tief ein und aus, und plötzlich stehen auch meine anderen Zellengenossinnen aufgeregt neben mir. Ein regelrechter Tumult entsteht, alle Frauen laufen angespannt von mir, um mich zu beruhigen, zur Zellentür, um mit viel Geschrei dagegenzuschlagen. Sie wollen die Wärterin alarmieren, die auf unserem Gang den Nachtdienst verrichtet, aber nichts passiert. Die Stimmung wird immer aufgeregter, die Schreie nach der Wärterin entsprechend lauter, und inzwischen schlagen meine Mitgefangenen nicht nur mit den Fäusten gegen die Tür, sondern mit allem, was sie finden können und was Lärm macht. Sie treten und schreien, doch niemand kommt.

«Diese verfluchten Wärter!», schimpft Melanie lautstark und schickt noch ein paar wenig damenhafte Flüche hinterher.

Mittlerweile kommen die Schmerzen in immer kürzer werdenden Abständen, sodass ich allmählich befürchte, mein Baby könnte in der Zelle zur Welt kommen. Ein Gedanke, der auch meinen Mitgefangenen, die allesamt noch keine Kinder und damit auch keine Entbindungserfahrung haben, den Angstschweiß ins Gesicht treibt. Melanie flucht und brüllt und dann, endlich!, hören wir Schritte auf dem Gang. Die Wärterin! Erst öffnet sie nur das kleine Sichtfenster, erfasst aber schnell die Situation und entriegelt die Tür, während Melanie mir bereits vom Bett hilft, mich ein letztes Mal drückt und umarmt und mir alles Gute wünscht.

Ungeduldig zerrt die Aufpasserin an meinem Arm. «Los jetzt!», drängelt sie mich.

Aber mir fällt die Trennung von meiner besten Freundin unglaublich schwer. Wie gerne hätte ich sie jetzt bei mir.

«Viel Glück! Alles Gute! Wir denken an dich!», rufen mir meine aufgeregten Mitgefangenen hinterher, bis ich über die Treppe in den Hof verschwinde.

Die Wärterin bringt mich zunächst zur Krankenstation. Nanu? Ich sollte doch im Krankenhaus entbinden. Dort, wo normalerweise die nette Arzthelferin sitzt, erwartet mich zu meiner Überraschung eine weitere Wärterin, die mir erzählt, dass sie ausgebildete Krankenschwester sei und erst mal untersuchen wolle, wie dringend es ist.

Na wunderbar!, denke ich. Wenn ich schon nicht bei Melanie bleiben darf, möchte ich wenigstens ins Krankenhaus, wo ich zumindest medizinisch gut versorgt bin.

«Du musst laufen, in Bewegung bleiben», feuert mich die Wärterin an.

Als ich mich während einer kurzen Gehpause erschöpft gegen die Wand lehnen möchte, sacken mir bei einem heftigen Wehenschub die Beine weg. Was für unangenehme Schmerzen!

Inzwischen ist es 3 Uhr in der Nacht. Seit zwei Stunden wanke ich bereits durch die Krankenstation, während die Wärterin die Abstände meiner Wehen kontrolliert. Erst nach einer halben Ewigkeit teilt sie ihrer Kollegin mit: «Ich glaube, sie sollte jetzt ins Krankenhaus.»

Die Wärterin, der die ganze Situation ein wenig unheimlich zu sein scheint und die wahrscheinlich ebenfalls nicht erleben möchte, dass ich hier, in ihrem Beisein, entbinde, springt sofort auf und öffnet die Tür. Die frische Luft tut mir gut, aber das Gehen fällt mir sehr schwer. Vor allem weil meine strenge Aufpasserin mich immerzu antreibt.

«Schneller, schneller! Nun komm schon!», scheucht sie mich durch die Schleuse.

Dabei würde ich am liebsten nur ganz kleine Tippelschritte machen aus Angst, das Kind könne mir gleich aus dem Bauch auf den Boden fallen. Es ist schrecklich! Vor Schmerz vornübergebeugt, schleiche ich der herrischen Aufpasserin hinterher, die es sich nicht nehmen lässt, mir trotz meines Zustands Handschellen anzulegen. Als ob ich in dieser Verfassung zur Flucht fähig wäre!

Aber es kommt noch schlimmer: Genau wie bei allen anderen Transporten öffnet mir diese herzlose Frau doch tatsächlich die Hundeklappe im Heck des Fahrzeugs. Ich schaffe es kaum, ins Fahrzeuginnere zu klettern, da schlägt sie auch schon hastig die Tür zu. Ich habe mich noch nicht hingesetzt, als sie bereits Gas gibt. Wie bei den anderen Fahrten werde ich kreuz und quer durch den Laderaum geschleudert, sodass ich für einen kurzen

Moment sogar die heftigen Wehen vergesse. Ich stoße mit dem Kopf gegen die Wagentür und knalle mit der Schulter gegen die Seitenfläche. Die Fahrt ist ein Horror, und ich befürchte, mich und mein Kind schwer zu verletzen. Doch glücklicherweise dauert es nicht lange, und nach etwa fünf Minuten klettere ich unversehrt, wenn auch mit wackeligen Beinen aus dem Wageninneren und stehe vor einem öffentlichen Krankenhaus. Nun nimmt mir die Wärterin auch endlich die Handschellen ab, allerdings kann man mich schon aufgrund der typischen Häftlingskleidung weiterhin als Gefangene erkennen.

Fast zeitgleich mit mir erreicht eine weitere Schwangere die Entbindungsstation, wird aber sofort in eines der Zimmer gebracht, während man mir eine schmale Pritsche auf dem Gang zuweist. Die starken Schmerzen machen mir Angst, deshalb frage ich eine vorbeieilende Schwester nach einer Periduralanästhesie, denn ich hoffe, dass die Betäubung mir die Schmerzen nimmt.

«Eine PDA? Für Sie?» Die Krankenschwester lacht und geht einfach weiter.

Auch meine uniformierte Begleiterin hebt nur missbilligend die Augenbrauen. Meine Wehen kommen jetzt immer häufiger. Ich schaffe es kaum mehr, in den Pausen Luft zu holen, was die Krankenschwester immerhin dazu veranlasst, mich in den Kreißsaal zu schieben, wo umgehend meine Fruchtblase geöffnet wird. Die Wärterin weicht währenddessen nicht von meiner Seite. Von nun an kommen in regelmäßigen Abständen Schwestern, Pfleger und Ärzte herein, um zu kontrollieren, ob sich mein Muttermund inzwischen weiter geöffnet hat. Mir scheint, dass jeder, der an mir vorüberläuft, einfach in meine Scheide greifen darf, was mir mal wieder das Gefühl vermittelt, als Gefangene nicht mehr als vollwertiger Mensch geachtet und respektiert zu werden. Trotz meiner Schmerzen, der Angst und Aufregung schäme ich mich.

Um 7.15 Uhr wird die Schwester bei der Muttermundkontrolle ganz aufgeregt und ruft nach dem Arzt. Nur fünf Minuten später, um 7.20 Uhr, ist mein Sohn auch schon geboren. Er wird mir kurz gezeigt, wobei ich versuche, mir sein Gesicht ganz genau einzuprägen, weil ich Angst habe, man könnte ihn vertauschen. Er hat langes dunkles Haar, das man fast schon zu einem kleinen Pferdeschwanz zusammenbinden könnte. Seine Haut ist etwas heller als die seines Vaters, dafür sind seine Augen genauso schwarz, nur sein Mund ähnelt meinem. Der kleine Mann sieht unglaublich schön aus. Am liebsten würde ich ihn sofort in die Arme schließen, aber das lässt die Krankenschwester nicht zu. Ich müsse erst getestet werden, teilt sie mir mit und läuft dann mit meinem Baby davon.

Ich werde in einen Warteraum geschoben, in dem bereits zwei andere Frauen liegen, die ebenfalls auf ihr Testergebnis warten, das darüber entscheidet, ob die Mütter ihre Kinder stillen dürfen oder nicht. Ich frage mich, ob außer Aids noch etwas anderes getestet wird, wage jedoch nicht, irgendjemanden danach zu fragen. Neidvoll beobachte ich, wie die Ehemänner und Familienangehörigen sich um die jungen Mütter kümmern. Mich begleitet nur die grimmige Wärterin, die kein einziges Wort mit mir wechselt. Noch etwas unterscheidet mich sehr von den anderen Frauen: Um mein rechtes Bein ist eine Handschelle gelegt, mit der ich an das Bett gekettet bin. Wieder muss ich mich wundern. Ich habe gerade erst entbunden, musste sogar genäht werden, eine Wärterin steht genau neben mir, und gleich werde ich zum ersten Mal mein Baby in den Arm nehmen dürfen. Wie wahrscheinlich ist es da, dass ich aufspringe und davonlaufe?

Wenig später erscheint eine Krankenschwester mit meinem Sohn. «Ihr Test ist in Ordnung, Sie dürfen ihn stillen.»

Selig nehme ich den Kleinen entgegen, meinen runden

Wonneproppen. «Wissen Sie, wie schwer er ist?», frage ich die Krankenschwester, die mich als Einzige in diesem Raum freundlich anlächelt.

«Er wiegt 3895 Gramm und ist 51 Zentimeter groß», teilt sie mir mit und setzt dann leise hinzu: «Herzlichen Glückwunsch.»

Von ihr offenbar motiviert, ringt sich sogar meine Bewacherin zu einer Gratulation durch. Dankbar strahle ich erst die Krankenschwester und anschließend meinen süßen kleinen Sohn an. Bis auf den Mund ist er seinem Vater wie aus dem Gesicht geschnitten. Ganz ruhig liegt er in meinem Arm und schläft. Ich bin so glücklich, dass ich weinen muss. Und zum ersten Mal bin ich nicht traurig, dass Pedro gegangen ist, sondern empfinde beinahe Mitleid mit ihm. Immerhin verpasst er diesen einmalig schönen Moment, dieses tiefe Glück, unser kleines Baby, das ihm so ähnlich sieht, im Arm zu halten und im Schlaf zu betrachten. Es ist das schönste, tiefste, intensivste Gefühl, das ich jemals erlebt habe.

Ganz lange liege ich einfach nur da und betrachte mein Baby, als mich die Wärterin plötzlich anspricht.

«Wie soll er denn heißen?», erkundigt sie sich.

Ich bin erstaunt, dass sie überhaupt mit mir redet. Vielleicht hat meine Aufpasserin gerade gemerkt, dass ich nicht nur eine verabscheuungswürdige Gefangene, sondern auch ein Mensch bin. Hier in diesem Zimmer, weit weg von unserer sonstigen Umgebung und unbeobachtet von meinen Mitgefangenen, die mir sofort Verrat vorwerfen würden, wenn sie sehen würden, dass ich mit der Wärterin spreche, verspüre auch ich ihr gegenüber weniger Abneigung. «Ich weiß es noch nicht. Es gibt mehrere Namen, die mir gut gefallen», antworte ich, während ich den Blick zurück zu meinem Kind lenke. Eine Weile mustere ich ihn intensiv, dann sage ich: «Xavier. Er sieht wie Xavier aus.»

Wenig später werde ich in ein Zimmer gebracht, in dem ebenfalls bereits zwei andere Frauen liegen. Mir ist es ein wenig unangenehm, dass ich mit meiner Fessel am Fuß und der Uniformierten neben dem Bett sofort als Strafgefangene zu erkennen bin. Dementsprechend zurückhaltend geben sich auch meine Bettnachbarinnen, die ganz offensichtlich wenig mit mir zu tun haben wollen, zumal sie nicht wissen, weshalb ich festgenommen wurde. Womöglich malen sie sich aus, dass sie eine brutale Mörderin neben sich haben. Ich versuche, das Gefühl der Ablehnung abzuschütteln.

Vom Krankenhaus bekomme ich Nachtwäsche zum Anziehen, ein einfaches, verwaschenes Teil, in dem ich mich richtig hübsch fühle. Zum ersten Mal seit Monaten bin ich nicht einfach weiß-gelb oder weiß-beige gekleidet, sondern bunt geblümt. Wie schön! Als sich dann auch noch meine Bewacherin aus dem Krankenzimmer wagt, überwältigt mich für einen kurzen Moment ein Freiheitsgefühl. Allerdings nur so lange, bis ich meine Liegeposition verändern möchte, denn dann zwickt sofort die Fußfessel.

«Können wir die nicht abmachen?», bitte ich später meine Bewacherin.

Sofort schüttelt sie vehement den Kopf. «Die muss dranbleiben.»

«Aber ich schaffe es kaum zur Toilette», beteuere ich.

Meine Aufpasserin bleibt hart. Nur wenn ich Xavier wickeln oder baden möchte, wird sie mir für wenige Minuten abgenommen.

Als wenig später das Mittagessen kommt, kann ich mein Glück kaum fassen: Es gibt keine Bohnen, sondern Kartoffelpüree. Ich habe seit Ewigkeiten nicht so lecker gegessen. Zum Nachtisch bekomme ich sogar noch einen Fruchtjoghurt, den ich beinahe mit geschlossenen Augen genieße. Was für ein Geschenk!

Vor meiner Haft hätte ich das Krankenhausessen sicher nur mäßig lecker gefunden, doch seit ich ständig Bohnen vorgesetzt bekomme, empfinde ich ganz normale Mahlzeiten als Fünf-Sterne-Sensation.

Außerdem ist es toll, sich endlich mal wieder in einem ganz normalen Umfeld zu befinden, unter Menschen, die übers Wetter sprechen oder darüber, wo man schöne Bademäntel kaufen kann oder was ihre Freundinnen bei den Geburten erlebt haben. Es ist schon herzerwärmend, nur zu lauschen, wie sie Pläne für die nächsten Wochen schmieden. Niemals hätte ich für möglich gehalten, dass Normalität so wundervoll sein kann. Selig kuschele ich mich an meinen kleinen Sohn und verdränge jeden beängstigenden Gedanken daran, was in naher Zukunft auf uns zukommen wird. Diesen unbeschwerten, glücklichen Moment möchte ich mir auf keinen Fall vermiesen lassen, ich möchte ihn intensiv auskosten.

BUTANTA Abschied von Xavier

Meine Bewacher wechseln sich im Zwölf-Stunden-Takt ab. Einige ignorieren mein Baby und mich, andere mustern uns scheu, aber interessiert, und nur ganz wenige zeigen aufrichtige Begeisterung für meinen bildhübschen Sohn. In dieser Atmosphäre fällt es mir leichter, den mir sonst so verhassten Wärtern etwas aufgeschlossener zu begegnen, manchmal vergesse ich sogar beinahe, dass ich eine Gefangene bin. Umgeben von freien Menschen, genieße ich die abwechslungsreichen Mahlzeiten, die mir die freundlichen Schwestern servieren.

Es macht mich glücklich, dass ich meinem kleinen Xavier wenigstens in seinen ersten Lebenstagen ein Stückchen heile Welt bieten kann, auch wenn diese Zeit sehr begrenzt ist. Da meine Naht bestens verheilt und Xavier sich als unkompliziertes, vor Gesundheit und Kraft strotzendes Baby entpuppt, erkennen die Ärzte bald keine Notwendigkeit mehr, uns länger im Krankenhaus zu behalten. Nach drei Tagen Entspannung und Wohlgefühl tausche ich mein verwaschenes Krankenhaus-Nachthemd traurig gegen die verhasste Gefängniskleidung. Wie gerne würde ich bleiben! Nicht einmal der Gedanke, Melanie zu sehen und ihr den kleinen Xavier präsentieren zu können, heitert mich auf.

Schweren Herzens verabschiede ich mich von den Schwestern und folge dem Wärter zu dem kleinen Gefängnistransporter auf dem Parkplatz. Wie selbstverständlich steuere ich die Hundeklappe an, meinen schlafenden Sohn fest im Arm.

«Magst du ihn mir geben?», bietet mir der Wärter an. Er ist mir schon während seiner Schicht aufgefallen, da er besonders kinderfreundlich und mitfühlend war. Zunächst drücke ich Xavier reflexartig an mich, doch dann denke ich besorgt an die bevorstehende wilde Fahrt zum Gefängnis. Was, wenn dem Kleinen etwas passiert? Was, wenn ich auf ihn stürze? Also überreiche ich mein Baby dem Wärter, der es vorsichtig in seinen Arm legt.

Der Fahrer, der diesen Vorgang mit einem abfälligen Schnauben beobachtet, fängt an zu drängeln, dass ich nun endlich einsteigen solle. Daraufhin klettere ich eilig in das Wageninnere, um zu dem vergitterten Fenster zu rutschen, durch das man in den Fahrgastraum sehen kann. Ich versuche, einen Blick auf Xavier zu erhaschen, aber da der Fahrer wie gewohnt keine Rücksicht darauf nimmt, dass man sich auf der Ladefläche nicht festhalten kann, werde ich schon auf den ersten Metern quer durch das Fahrzeug geschleudert. Ich gebe mich also damit zufrieden, meinen Sohn auf dem Beifahrersitz und in Sicherheit zu wissen.

Zurück im Gefängnis, bringen sie Xavier und mich sofort zur Krankenstation, wo sie uns eine vergitterte Zelle zuweisen. Mein kleines unschuldiges Kind ist nun zum ersten Mal eingesperrt. Ich fühle mich grenzenlos schlecht, dass ihm das angetan wird, und mache mir erneut heftige Vorwürfe. Warum habe ich das nur getan? Statt hier im Gefängnis zu sein, könnten wir jetzt in Venezuela leben, liebevoll umsorgt von unserer Familie. Ich male mir aus, wie Pedros Mutter Nora mir Unmengen Nudeln mit Sahnesoße kocht, damit ich wieder zu Kräften komme, und wie stolz Pedro allen Freunden seinen Sohn vorstellt, während sein Vater die ganze Aufregung lächelnd beobachtet, ohne sich von ihr mitreißen zu lassen. Ich seufze. Wahrscheinlich wissen

Pedros Eltern nicht einmal, dass sie Großeltern geworden sind. Ob ich Pedro schreiben soll, dass es seinem Sohn gutgeht? Nein, das werde ich nicht tun, verbiete ich mir schließlich selbst. Pedro wollte uns nicht, nun muss er damit leben.

Mein Blick fällt auf die Uhr, die neben unserer ungastlichen Minizelle hängt. Gleich haben die arbeitenden Frauen Feierabend, hoffentlich weiß Melanie schon, dass wir da sind, und kommt uns bald besuchen.

Doch zunächst erscheint nicht meine Freundin, sondern eine Wärterin, die mir ein großes Paket überreicht.

«Für mich?», frage ich erstaunt.

Sie nickt. «Das ist ein Geschenk vom Gefängnis. Herzlichen Glückwunsch.» Dann verschwindet sie wieder.

Neugierig packe ich das Paket aus. Eine bunte Decke, drei Strampelanzüge, drei Hemdchen, ein Paar Handschuhe, ein Mützchen und ein Badehandtuch kommen zum Vorschein. Alles ist hübsch und wirkt liebevoll ausgesucht. Wie nett! Zudem kann ich die Sachen wirklich gut gebrauchen, da ich zwar vom Krankenhaus eine Wechselgarnitur erhalten und selbst schon zwei Strampler gekauft habe, damit aber kaum über die Runden komme. Wie ich schon feststellen durfte, spucken sich Babys offenbar viel häufiger voll, als ich es für möglich gehalten hätte.

Um genau 17.35 Uhr höre ich plötzlich aufgeregtes Stimmengewirr auf der Krankenstation. Das ist Melanie! Zusammen mit ein paar Frauen aus unserer Zelle kommt sie den schmalen Gang entlang. Sofort springe ich auf und stelle mich ganz nah ans Gitter.

«Können Sie nicht aufschließen?», bitte ich die Krankenschwester, die uns leider eine Absage erteilt. Später erklärt sie mir, dass es viele schwerkranke Frauen im Gefängnis gibt, vor denen man das Baby, so gut es geht, schützen möchte. Das verstehe ich natürlich, trotzdem ist es schade, dass Melanie meinen Kleinen nicht einmal in den Arm nehmen kann.

«Ist der süß», posaunt sie stolz in die Runde, was die anderen mit heftigem Nicken und quietschend bestätigen. Alle haben Geschenke mitgebracht, die sie nun vor meiner Zelle ablegen. In diesem Moment habe ich sie richtig gern, meine Mädels.

Nachdem ich von meiner Entbindung und dem leckeren Essen im Krankenhaus erzählt habe, frage ich, ob es drinnen etwas Neues gibt.

«Meike ist entlassen worden, sonst ist nichts passiert», erklärt Melanie mit ihrer tiefen Stimme, ohne den Blick von Xavier abzuwenden.

Nachdem die anderen gegangen sind, bleibt sie noch lange bei uns und versucht, Xaviers Fingerchen durch das Gitter hindurch zu streicheln.

«Wenn wir hier raus sind, wirst du Xaviers Patentante», verspreche ich ihr, woraufhin sie mich stolz anlacht. Es tut gut, gemeinsam an die Zeit «danach» zu denken, auch wenn wir beide noch nicht wissen, wann das sein wird, da mein Urteil noch immer aussteht.

«Wann bringen sie dich nach Butanta?», fragt mich Melanie.

Zur Antwort zucke ich mit den Schultern, denn ich habe keine Ahnung, wann ich in das Gefängnis mit der Mutter-Kind-Abteilung verlegt werden soll. Hoffentlich bald, diese Minizelle hier ist unerträglich.

Als mich am nächsten Tag ein Wärter abholt, nehme ich an, dass es nun so weit ist. «Bringen Sie mich jetzt ins Butanta?», will ich wissen, erfahre aber, dass wir Besuch vom Konsulat haben. Bedeutet «wir» Xavier und ich?, frage ich mich. Aber da kommt mir auch schon Melanie entgegen, zusammen mit fünf anderen deutschen Gefangenen, von denen ich zwei nicht kenne. Sie müssen gerade erst in Tatuapé angekommen sein. Wir begrüßen uns kurz, doch dann bin ich auch schon mit Melanie ins Gespräch vertieft. Ohne trennende Gitterstäbe kann sie meinen Sohn endlich auf den Arm nehmen und liebevoll mit ihm schmusen. Wir lachen und trödeln, weil Melanie Schwierigkeiten hat, eine bequeme Haltung für sich und das Baby zu finden.

Der Wärter lässt uns gewähren. So kurz vor Weihnachten herrscht überall eine besondere Stimmung, sogar im Gefängnis.

«Ihr habt ja schon einen Weihnachtsbaum», staune ich, als ich die geschmückte Tanne im Gefängnishof entdecke.

«Du solltest mal die Zellen sehen. Wir haben alles ganz festlich geschmückt», erzählt Melanie.

Ich wundere mich, wie schnell das ging. Schließlich war ich gerade mal drei Tage weg.

Als wir das Büro betreten, in dem wir die arroganten Damen vom Konsulat vermuten, stutzen wir: Statt der vornehm zurechtgemachten Frauen empfängt uns ein herzlicher Mann, der sich als Pfarrer Waldmann vorstellt. Er ist ein kleiner älterer Herr mit Brille und buschigen Brauen, die seine fröhlich blitzenden Augen beinahe verdecken. In seinem Gefolge befindet sich eine junge Frau vom Konsulat, die sich allerdings schüchtern im Hintergrund hält.

Wilhelm Waldmann erzählt uns, er lebe seit etwa 20 Jahren in Brasilien und sei zunächst als Seelsorger tätig gewesen. Als seine Rente anstand, habe er sich entschieden, in São Paulo zu bleiben, um sich hier um deutsche Strafgefangene zu kümmern. Derzeit seien es 23, von denen sieben in Tatuapé einsäßen. Sie alle hätten gegen das Drogengesetz verstoßen, wobei ich als Einzige zugegeben hätte, bewusst geschmuggelt zu haben. Die anderen Frauen behaupteten, nichts von ihrer unerlaubten Fracht gewusst zu haben, was mir bei den meisten jedoch unglaubwürdig vorkommt. Neben Melanie habe ich nur mit einer von ihnen wirklich Mitleid: mit Katja.

Die junge Frau aus Osnabrück hat mit ihrem Freund in Brasilien Urlaub gemacht, nicht ahnend, dass der Trip für ihn wohl eher eine Dienstreise war. Als die Polizisten am Flughafen Katjas Koffer öffneten, purzelten ihnen mehrere Kilo Kokain entgegen, die ihr Freund offenbar dort deponiert hatte. Katja fiel aus allen Wolken, was allerdings niemanden beeindruckte. Stattdessen hielt man sie für die Drahtzieherin dieses Verbrechens, obwohl ihr Freund die Tat sogar zugab. Während er zu einer vergleichsweise kurzen Haftstrafe verurteilt wurde, bekam die verständnislose Katja ganze sieben Jahre. Diese Ungerechtigkeit hat die Anfang 20-Jährige völlig aus der Bahn geworfen, denn die meiste Zeit redet sie wirres Zeug oder starrt teilnahmslos vor sich hin. Manchmal packt Katja ihre Sachen zusammen und läuft vor zur Schleuse, wo sie den verblüfften Wärtern erklärt, dass sie jetzt lange genug eingesperrt gewesen sei und nun endlich nach Hause wolle. Meist bringt Melanie unsere verrückte Landsmännin dann zurück in ihre Zelle. Während ich Katja betrachte, fällt mir ein, dass ich anfangs Angst hatte, hier im Knast durchzudrehen.

Gerade stellt Herr Waldmann uns eine große Kiste voller selbstgebackener Kekse und Stollen auf den Tisch. Was für ein herzensguter Mensch! Er gibt sich wirklich Mühe, uns Gefangenen einen schönen Adventsnachmittag zu bereiten, und überreicht mir die Babywanne und die Pflegeartikel, die ich vor einigen Wochen beim Konsulat bestellt habe. Zum Abschluss schreibt er uns noch seinen Namen, seine Adresse und die Telefonnummer auf, ehe er uns mit den Worten «Wenn Sie noch etwas brauchen, lassen Sie es mich wissen. Ich kümmere mich darum» verabschiedet.

«Das war aber mal ein schöner Konsulatstermin», sage ich zu Melanie.

Sie kümmert sich noch immer liebevoll um ihr zukünftiges Patenkind, während ich mir genussvoll die leckeren Kekse in den Mund schiebe. Auch diesmal fällt uns der Abschied voneinander schwer, da wir nie wissen, wie viel Zeit uns miteinander bleibt und wann und für wie lange ich in die Mutter-Kind-Station von Butanta verlegt werde.

Schon am nächsten Tag ist es wohl so weit. Zusammen mit einer blassen, kränklich wirkenden Frau führt mich ein Gefängnisangestellter durch die Schleuse zum Transporter, wo ich mein Baby beinahe dankbar einer Wärterin überreichen kann, die es mit auf den Beifahrersitz nimmt. Die andere Gefangene sieht wirklich nicht gesund aus, da möchte ich mein Neugeborenes lieber fernhalten. Zum Glück gibt der Fahrer diesmal nicht ganz so viel Gas, bevor er um die Kurven biegt, sodass die Mitgefangene und ich einigermaßen ruhig sitzen und uns sogar unterhalten können.

«Warum wechselst du die Haftanstalt?», will ich von ihr wissen.

«Ich bin HIV-positiv und muss für längere Zeit im Gefängniskrankenhaus behandelt werden.»

«Aha», gebe ich tonlos von mir und denke: Gut, dass Xavier vorne sitzt. Natürlich weiß ich, dass man sich nicht mit HIV infizieren kann, nur weil man dieselbe Luft einatmet, dennoch reagiere ich in Bezug auf Aids leicht hysterisch, seit ich im Gefängnis bin. Aber es ist auch wirklich erschütternd, mit ansehen zu müssen, wie die Frauen, die hier an dieser Krankheit leiden, förmlich dahinsiechen.

Als wir durch das Tor von Butanta einfahren, steigen zunächst die beiden Wärter aus. Sorgenvoll versuche ich zu verfolgen, wohin die Beifahrerin mit meinem Sohn verschwindet. Da ich den Gefängnisangestellten nicht vertraue und ihnen durchaus eine gewisse Gehässigkeit unterstelle, werde ich unruhig. Was passiert hier? Warum werden wir nicht aus dem Wagen geholt? Was machen die mit Xavier?

Es dauert mehrere Minuten, bis die Uniformierten endlich zurückkehren. Wortlos steigen sie wieder ein und steuern den Wagen aus dem Gefängnis heraus.

«Weißt du, was hier los ist?», fragt mich die andere Gefangene.

«Woher soll ich das wissen?», zische ich sie an.

In mir steigt die Angst hoch, man könnte mir schon jetzt meinen Sohn entreißen. Immerhin weiß ich von Abigail, dass die Kleinen auf keinen Fall bei ihrer Mutter im Gefängnis bleiben dürfen. Doch dann stelle ich erstaunt fest, dass wir wieder nach Tatuapé fahren.

«Sie bringen uns zurück», erkläre ich meiner Mitfahrerin, sobald ich die Gefängnismauern erkenne, weil es mir leidtut, sie gerade so angefahren zu haben.

Sobald die Wärterin unsere Heckklappe öffnet, nehme ich ihr meinen Sohn aus dem Arm. Endlich habe ich ihn wieder!

«Was war denn los?», frage ich beim Aussteigen.

«Die Direktorin war nicht im Büro, daher konnten keine neuen Häftlinge aufgenommen werden.»

So ein Schwachsinn!, denke ich und ärgere mich über die Planlosigkeit der Brasilianer.

Nur einen Tag später starten die Wärter einen weiteren Versuch, uns nach Butanta zu bringen. Diesmal klappt es. Ich bin ziemlich aufgeregt, als sie mich zu dem Haus führen, in dem die Mutter-Kind-Station untergebracht ist. Obwohl die Fenster vergittert sind, erinnert mich das Gebäude eher an ein kleines Bürohaus als an ein Gefängnis. Es ist heller und auch weniger heruntergekommen. Wahrscheinlich ist es noch nicht so alt wie die anderen Haftanstalten.

Auch im Inneren wirkt es untypisch. Im Erdgeschoss laufen wir zunächst an einer kleinen Küche vorbei, die den Müttern zur Verfügung steht, wie mir die Wärterin erklärt. In den benachbarten Räumen befinden sich die Behandlungszimmer der verschiedenen Ärzte: Es gibt Gynäkologen, Allgemeinmediziner und sogar Kinderärzte, an die wir uns jederzeit wenden dürfen. Durch ein Treppenhaus gelangen wir in den ersten Stock, wo sich hinter einer dicken Stahltür die Krankenstation befindet, auf der meine Mitgefangene sofort in Empfang genommen wird.

Nun trennen mich nur noch wenige Schritte von meiner neuen Unterkunft. Ein spannender Moment. Wie werden die anderen Gefangenen auf mich reagieren? Hoffentlich sind sie freundlich! Die Wärterin, die wie ihre Kollegen in Tatuapé ein graues Poloshirt mit dem Aufdruck «Agente» trägt, führt mich zu einem Zimmer, dessen Holztür weit offen steht.

«Innerhalb dieses Gangs könnt ihr euch frei bewegen», erklärt sie mir dann. «Es gibt zwei Duschen, die ihr jederzeit benutzen dürft, eine kleine Kochnische und einen Fernsehraum. Wenn du weitere Fragen hast, wende dich an Gisela, mit der wirst du dir ein Zimmer teilen.» Mit diesen Worten geht sie.

Etwas hilflos stehe ich mit Xavier, der Babywanne und einer schwarzen Plastiktüte in meinem neuen Zuhause. Vor einem der zwei Gitterbettchen entdecke ich eine junge Frau, die liebevoll ihren Säugling auf dem Arm hält und mich schüchtern begrüßt.

«Ich bin Gisela, ich komme aus Bolivien. Und du?»

Wegen meiner dunklen Haare und der dunklen Haut erkennt mich nie jemand als Deutsche, die meisten halten mich für eine Südamerikanerin.

Auch Gisela staunt, als sie hört, woher ich stamme. Die junge Bolivianerin ist – wie ich – beim Drogenschmuggeln erwischt worden, hält sich aber offenbar schon länger in Brasilien auf, denn sie spricht perfekt Portugiesisch. Mit bewundernden Blicken beobachtet Gisela, wie ich die Badewanne, das Babydeckchen, die Kosmetika und die Strampler auf meinem Bett verteile.

«Du hast aber viele Babysachen», staunt sie, während sie einen von Xaviers Strampelanzügen in die Luft hält. «Der ist aber niedlich.»

Dank der Sozialhilfe aus Deutschland und meines Jobs als Friseurin geht es mir für eine Gefängnisinsassin finanziell tatsächlich ganz gut. Zumindest scheint Gisela deutlich weniger Geld zur Verfügung zu haben, womit ich ihrem Vorurteil entspreche, dass alle Europäer reich seien. Deutschen Müttern würde meine spärliche Grundausstattung wahrscheinlich Tränen in die Augen treiben – hier dagegen wirken sie wie Luxus.

«Babyshampoo!» Gisela kommt aus dem Staunen gar nicht mehr heraus.

Ich nehme mir vor, am Abend einen Brief ans Konsulat zu schreiben, in dem ich um einige Kosmetikartikel für Giselas Baby bitten werde.

Da ich, auch wenn das meine neue Mitgefangene gerade anders beurteilen würde, nicht wirklich viel besitze, sind meine Habseligkeiten flugs verstaut. Wie schon in meiner alten Zelle hefte ich auch hier Werners Briefe an die Wand neben meinem Bett. Inzwischen sind es richtig viele. Mein lieber Freund versucht mir so oft wie möglich zu schreiben, wofür ich ihm unendlich dankbar bin. Ich muss ihm unbedingt bald meine neue Adresse mitteilen, damit seine Post nicht noch länger unterwegs ist. Schließlich dauert es schon jetzt meist mehrere Wochen, bis die Briefe bei mir eintreffen.

Da ich mich noch nicht aus dem Zimmer traue, lege ich

mich zunächst mit Xavier aufs Bett, streichele und küsse ihn und warte darauf, ihn stillen oder wickeln zu dürfen. Es dauert nicht lange, da stecken die ersten Frauen neugierig die Köpfe durch die Tür, um sich ein Bild von der Neuen in ihrer Abteilung zu machen.

Offenbar sind Gisela und ich die einzigen Ausländerinnen hier, alle anderen Gefangenen stammen aus Brasilien. Auf den ersten Blick ist keine Frau dabei, die ich näher kennenlernen möchte. Die meisten wirken derb und ungepflegt, sodass ich froh bin, mir mit keiner von ihnen ein Zimmer teilen zu müssen, und voller Sehnsucht an meine Zellengenossinnen in Tatuapé denke. Wie gut es mir dort ging. Wenigstens macht meine Mitbewohnerin Gisela einen sympathischen Eindruck.

Als es Zeit für das Mittagessen wird, erklärt sie mir: «Das Essen hier ist ganz okay. In Butanta kochen die Gefangenen selbst, deshalb geben sie sich in der Regel Mühe.»

Diese geschmackliche Verbesserung freut sie genauso sehr wie mich. Nur stehen leider auch hier, wie offenbar in allen Gefängnissen des Landes, täglich Bohnen auf dem Speiseplan. Dabei hatte ich gehofft, dass sie zumindest den stillenden Müttern Hülsenfrüchte ersparen würden – wegen der Blähungen. Aber so weit denkt hier wohl niemand.

Ich muss mir unbedingt wieder Grieß bestellen, nehme ich mir vor, fürchte jedoch, dass ich auf das Konsulatspaket einige Wochen warten werde, da Weihnachten unmittelbar vor der Tür steht. Draußen ist es sonnig und warm, etwa um die 30 Grad Celsius. Anders als in Tatuapé gibt es hier weder einen Weihnachtsbaum, noch sind die Wände und Fenster weihnachtlich geschmückt. Lediglich eine liebevolle Karte von Werner und die aufgeregten Essensvorbereitungen meiner Mitgefangenen erinnern mich an diesen Termin.

Am Heiligen Abend herrscht ein aufgeregtes Durcheinander in unserer Küche. Die Frauen kochen Fleisch mit Rosinensoße, dazu Reis mit Erbsen und Möhren, der hier «griechischer Reis» heißt. Zum Nachtisch gibt es Fruchtsalat und Kuchen. Geschenke werden keine verteilt, aber ich empfinde allein unser Festmenü als Geschenk: meine erste Gefängnismahlzeit ohne Bohnen. Dafür, dass ich den Frauen hier normalerweise am liebsten aus dem Weg gehe, ist die Stimmung am Tisch sogar ganz nett. Trotzdem ziehe ich mich sofort nach dem leckeren Essen mit Xavier in unser Zimmer zurück, das ich tatsächlich eher als Wohnraum denn als Zelle empfinde. Allerdings stellen die Räumlichkeiten die einzige Verbesserung im Vergleich zu Tatuapé dar – ansonsten wäre ich jetzt viel lieber bei meinen Freundinnen in meinem alten Gefängnis. Mit ihnen wäre mir vielleicht wenigstens ein bisschen feierlicher zumute. Ich denke daran, wie es früher an Weihnachten war.

Damals hat meine Mutter immer Ente mit Soße, Rotkohl, Kartoffeln und Klößen zubereitet, während meine Geschwister, mein Vater und ich zusammen den Weihnachtsbaum geschmückt haben. Meist wurde er kunterbunt, weil wir uns nicht darauf einigen konnten, ihn komplett Gold-Rot oder Silber-Blau zu behängen. Kurz vor dem Essen kamen meine Großeltern zu Besuch, die riesige Taschen und Tüten voller Geschenke mitbrachten, die wir ungeduldig beäugten, sodass wir das leckere Festmahl verschlangen und gar nicht richtig genießen konnten. Anschließend wurden wir zum Spielen ins Kinderzimmer geschickt, wobei wir viel zu aufgeregt waren, als dass wir uns wirklich hätten in irgendein Spiel vertiefen können.

Außerdem mussten wir leise sein: Jedes Jahr begann die Bescherung mit dem Abspielen derselben Schallplatte, auf der ein Glockengeläut zu hören war, unser Zeichen, dass wir hereinkommen durften. Sobald wir den ersten Ton vernahmen, sausten wir blitzschnell ins Wohnzimmer, wo unter dem Tannenbaum die Geschenke lagen.

Zärtlich streichele ich Xaviers winzige Nase. Ich stelle mir vor, dass wir in ein paar Jahren gemeinsam unseren Weihnachtsbaum schmücken werden – in einer gemütlichen Wohnung irgendwo in Deutschland. Rot-Gold soll der Baum werden, zumindest solange mein Sohn keine eigenen Wünsche anmeldet. Ich beuge mich tiefer zu ihm hinunter und sauge seinen herzerwärmend wohligen Duft ein. Am liebsten würde ich mein süßes Baby nie wieder loslassen. Der Gedanke, dass man ihn mir irgendwann entreißen wird, bereitet mir unerträgliche Schmerzen. Die Frauen hier sagen, dass er mit spätestens vier Monaten wegkommt. Eine Horrorvorstellung. Er gehört doch zu mir!

Bei dem Gedanken an die bevorstehende Trennung kullern mir schon jetzt die Tränen über die Wangen. Das Schlimmste an unserer Situation ist, dass es keine Lösung gibt, keinen Ausweg, keine Möglichkeit, irgendetwas zu ändern. In ein paar Wochen wird ein herzloser Wärter kommen und Xavier ungerührt davontragen, um ihn in ein brasilianisches Kinderheim zu bringen. Dort wird mein Sohn bleiben, bis ich entlassen werde. Oder auch nicht. Was ist, wenn sie ihn vorher weggeben, etwa an eine andere Familie? An ein reiches Ehepaar zum Beispiel, das bereit ist, für sein Kinderglück viel Geld auf den Tisch zu legen. Was ist, wenn die Betreuerinnen genauso bestechlich sind wie Polizisten, Wärter und Anwältinnen?

Noch nie habe ich mir so sehr wie in diesem Moment gewünscht, den Auftrag nicht angenommen zu haben. Schließlich möchte ich dabei sein, wenn Xavier laufen und sprechen lernt. Womöglich erfährt er in dem Heim nicht einmal, dass es mich überhaupt gibt, während ich sehnsüchtig die Tage bis zu meiner Entlassung zähle.

Um meine miese Stimmung ein bisschen aufzufangen, denke ich an die Zeit nach meiner Haft und schmiede Pläne für unsere gemeinsame Zukunft. Werden wir zurück nach Braunschweig ziehen? Oder in eine andere Stadt? Oder gar aufs Land? Fest steht nur, dass ich nie wieder tanzen werde – vom Drogenschmuggeln ganz zu schweigen. Einen solchen Fehler begehe ich ganz bestimmt kein zweites Mal. Stattdessen werde ich mir einen normalen Job suchen, uns ein kuscheliges, gemütliches Zuhause einrichten und Xavier eine gute, verantwortungsvolle Mutter sein. Ich werde alles dafür tun, um diese Zeit wiedergutzumachen, sofern ich dazu die Gelegenheit bekomme. Es tut mir unendlich leid, mein unschuldiges Baby in diese elende Situation gebracht zu haben. Eine unerträgliche Schuld.

Der nächste Tag, der 25. Dezember, begrüßt uns mit strahlendem Sonnenschein und einem wunderschön blauen Himmel. Während ich Xaviers Windel wechsele, spähe ich durch das vergitterte Fenster in den Wald, der direkt vor der Haftanstalt beginnt. Was würde ich dafür geben, dort mit dem Kinderwagen einen Spaziergang machen zu dürfen. Stattdessen schiebe ich den Gefängniskinderwagen wie jeden Morgen lediglich bis zur Dusche, um ihn direkt davor abzustellen. Ich lasse meinen kleinen Sohn keinen Moment unbeobachtet, da ich weder den Wärtern noch den anderen Frauen traue. Einige von ihnen verhalten sich ziemlich merkwürdig, ihnen steht der Wahnsinn ins Gesicht geschrieben, und ich möchte gar nicht wissen, wegen welcher Vergehen sie hier einsitzen. Die meisten wirken aggressiv und streitlustig. Erst neulich trat eine der Brasilianerinnen ganz nah auf mich zu, um mir irgendwelche Wörter entgegenzuzischen, die ich nicht verstand, obwohl ich mich inzwischen fließend unterhalten kann. Erst wollte ich einfach weitergehen, doch die Brasilianerin verstellte mir den Weg. Daraufhin brüllte ich sie an und stieß sie zur Seite. Entsprechend dem obersten Gebot im Gefängnis: Zeige bloß niemals Schwäche, sonst trampeln die anderen auf dir herum.

Diese Daueranspannung und der ständige Stress strengen mich an. Nur bei Melanie komme ich zur Ruhe, und allein deshalb fehlt mir ihre Anwesenheit sehr. Wie schön wäre es, jemanden an meiner Seite zu wissen, auf den ich mich verlassen kann. Stattdessen muss ich mich allein gegen die aggressive Brasilianerin behaupten. Nachdem ich sie geschubst hatte, wurde sie noch lauter und fing an mich zu beschimpfen. Ich fürchtete, mich nun zum ersten Mal seit meiner Kindheit richtig prügeln zu müssen, als glücklicherweise einige Wärter herbeikamen, um uns zu trennen. Was die Frau von mir wollte, weiß ich bis heute nicht.

Im Gefängnis ist man ein ganz anderer Mensch als «draußen». Man muss sein weiches Innerstes hinter einer dicken Fassade verbarrikadieren, um es zu schützen. Wem das nicht gelingt, der dreht entweder durch, oder er wird von den anderen fertiggemacht – auf beide Ausprägungen trifft man hinter Gittern häufig. Außerdem leiden viele Frauen unter Depressionen, und auch ich habe regelmäßig damit zu kämpfen, seit ich hier eingesperrt bin.

Als ich gerade aus der Dusche trete und mich abtrockne, tönt ein schriller Schrei über den Flur. «Aranha, Aranha!», kreischt eine meiner Mitgefangenen aufgeregt. Sie klingt geradezu panisch. Eine Spinne? Die muss aber ziemlich groß sein, wenn sie für solche Aufregung sorgt, denke ich. Da die meisten Frauen durch ihre Aufenthalte in den verschiedenen Haftanstalten inzwischen Krabbel- und Nagetiere aller Art gewohnt sind, bin ich wirklich neugierig, was für ein imposantes Tier meine Mitgefangene entdeckt hat. Also beeile ich mich, meine Kleider anzuziehen und in ihr Zimmer zu laufen. Direkt an dem Fenster neben ihrem Wickeltisch hängt tatsächlich eine handtellergroße behaarte Vogelspinne.

Mir schaudert. Ich habe gar nicht gewusst, dass es die hier gibt. Wie gruselig! Aufgeregt diskutieren wir durcheinander, was passiert wäre, wenn die Spinne eines unserer Babys gebissen hätte. Die Frauen behaupten zwar, ein Erwachsener könne auf keinen Fall durch den Biss einer solchen Spinne sterben, aber was mit einem Säugling geschehen würde, wissen sie nicht. Deshalb sind alle Mütter in heller Aufregung und suchen seitdem regelmäßig ihre Zimmer nach Vogelspinnen ab.

Wenige Tage später feiern wir Silvester. Auf dem Bildschirm im Fernsehraum beobachten wir, wie in allen Ländern der Erde der Jahreswechsel begangen wird, und ich habe auf einmal das Gefühl, einen Spielfilm zu sehen. Das Leben in Freiheit scheint so weit entfernt, dass es mir beinahe unwirklich vorkommt. Es wird noch eine Weile dauern, bis ich wieder daran teilnehmen kann. Ob ich wohl eines Tages zusammen mit Melanie und Xavier Silvester feiern werde? Vielleicht stehen wir ja auch mal am Brandenburger Tor wie die vielen Menschen auf dem Fernsehbildschirm?

Da Melanie aus Berlin stammt, ist das gar nicht so unwahrscheinlich. Ich bin überzeugt, dass Melle und ich Freundinnen bleiben. Es gibt keine andere Frau, der ich bisher so viel von mir erzählt habe, ich vertraue ihr blind und kann außerdem mit niemandem so viel lachen wie mit ihr. Mit den Frauen, mit denen ich jetzt gerade vor dem Fernseher sitze, rede ich nur das Nötigste. Gerade habe ich festgestellt, dass sie glauben, Deutschland liege in Nordamerika.

In Brasilien sitzen wirklich nur die ganz armen Kreaturen

im Gefängnis. Wer Geld hat, kauft sich frei. Ich habe von einer Frau gehört, die wegen Mordes verhaftet und trotzdem nach wenigen Wochen entlassen wurde – sie gehörte zu einer reichen Familie. Die Frauen hier stammen aus den Favelas, den Armenvierteln São Paulos. Für sie stehe ich auf der anderen Seite, gehöre zur verhassten, beneidenswerten Oberschicht. In Freiheit hätten sie mich wahrscheinlich überfallen und ausgeraubt. Hier sitzen wir nun zusammen vor dem Fernseher und können nichts miteinander anfangen. Zwei Welten. Einzig meine Zimmergenossin Gisela ist mir ein wenig näher.

Als zu Beginn des neuen Jahres endlich das Paket vom Konsulat eintrifft, freue ich mich. Strahlend überreiche ich Gisela die Sachen, die ich für sie mitbestellt habe. Meiner Mitgefangenen ist die Freude über die Geschenke deutlich anzumerken, sie platziert ihr eigenes Babyshampoo, -öl und die -creme direkt neben ihrem Bett. Anschließend gehen wir zusammen in den Hof, wo Gisela mich fragt, ob ich ihr nicht auch einen schönen Strampelanzug besorgen könne, so einen, wie Xavier ihn trägt. Da ich verstehen kann, dass sie ihrem Kind gerne etwas Eigenes und nicht immer nur die verwaschenen Gefängnisstrampler anziehen möchte, verspreche ich ihr, bei der nächsten Bestellung daran zu denken.

Es ist allerdings ein bisschen so wie im Märchen vom Fischer und seiner Frau: Sobald Gisela den gewünschten Strampler in den Händen hält, wünscht sie sich einen zweiten und obendrein eine Babydecke. Ich bekomme zwar nach wie vor regelmäßige Zahlungen vom Sozialamt aus Deutschland, aber so üppig sind die leider auch nicht. Zumindest reicht das Geld definitiv nicht, um zwei Frauen und zwei Babys auszustatten. Das sage ich Gisela auch irgendwann. «Tut mir leid», beginne ich vorsichtig, «ich kann gerne ab und zu mal das eine oder andere für dich mitbestellen, aber alles kann ich dir leider nicht kaufen.»

Damit endet dann unsere «Freundschaft». Als die Bolivianerin feststellt, dass bei mir nicht mehr viel zu holen ist, schließt sie sich wieder den anderen Frauen an. Ich bin ein wenig enttäuscht und ärgere mich über meine Blauäugigkeit. Um mich künftig vor solchen Reinfällen zu schützen, nehme ich mir vor, noch vorsichtiger auf fremde Menschen zuzugehen. Dabei stecke ich ohnehin schon voller Misstrauen und Argwohn, seit ich das Leben in Haft kennengelernt habe, und zwar so sehr, dass ich mich einmal sogar trotz extremer Schmerzen weigere, zum Zahnarzt zu gehen.

Anscheinend neige ich dazu, nachts mit den Zähnen zu knirschen, anders kann ich mir nicht erklären, warum mir mitten im Schlaf ein Backenzahn auseinanderbricht. Ich werde wach, weil plötzlich etwas Hartes, Kantiges auf meiner Zunge liegt und mein gesamter Unterkiefer höllisch schmerzt.

Dementsprechend erleichtert bin ich, als mir der Wärter am nächsten Morgen verspricht, sich sofort um einen Termin beim Zahnarzt zu kümmern. Meine Backe ist dick angeschwollen, und der ganze Kopf tut mir weh.

«Du wirst gleich abgeholt, ich habe sofort einen Termin für dich bekommen», teilt mir der Mann wenig später erfreut mit. Er ist der Einzige, der an dem Schicksal der Häftlinge zumindest ein bisschen Anteil nimmt und echtes Mitgefühl zeigt.

«Prima, dann ziehe ich jetzt Xavier an», entgegne ich erlöst.

«Warum willst du den Jungen anziehen?», fragt er mich. «Der bleibt hier.»

Entsetzt blicke ich auf, zögere kurz und sage: «Okay, dann gehe ich auch nicht.»

«Du hast einen Termin», ermahnt mich der Wärter empört.

«Das ist mir egal. Ohne Xavier gehe ich nicht.»

Entgeistert starrt mich der Mann an. «Du kannst den Jungen bei mir lassen. Du bist gleich wieder zurück.»

Obwohl ich diesen Aufpasser eigentlich für einigermaßen nett und anständig halte, lasse ich mich nicht überzeugen. Ich habe Angst, dass man meine Abwesenheit nutzen könnte, um meinen Sohn von hier wegzubringen, ganz abgesehen davon, dass ein «gleich» im Gefängnis durchaus mehrere Stunden bedeuten kann. Da ich meinen Sohn bislang voll stille und er beharrlich die Flasche verweigert, kommt eine längere Abwesenheit für mich überhaupt nicht in Frage. Da ertrage ich lieber die Schmerzen.

Kopfschüttelnd lässt der Wärter mich stehen.

Mir geht es hundeelend. Zahnweh gehört für mich zu den unerträglichsten Schmerzen überhaupt, und die Aussicht, sie noch mehrere Wochen oder Monate erdulden zu müssen, nervt mich unendlich. Deshalb bin ich froh, als der Wärter wenige Stunden später mit einer Cremetube auftaucht.

«Hier, die kannst du dir auf den Zahn schmieren, solange du hier bist. Die Creme betäubt», erklärt er mir.

Dankbar lächele ich ihn an.

Dieser Mann ist wirklich menschenfreundlich, er behandelt sogar uns Gefangene mit Respekt, ganz im Gegensatz zu den meisten seiner Kollegen. Eine Wärterin ist besonders bösartig. Sobald sich eine von uns Müttern tagsüber ins Bett legt, um den Schlafmangel durch das nächtliche Stillen auszugleichen, tritt sie mit Wucht die angelehnten Türen auf, stürzt in den Raum und scheucht uns hoch. «Los, aufstehen, tagsüber wird nicht geschlafen.» Dabei schüttelt sie uns grob an den Schultern. Selbst wenn es uns vor Müdigkeit kaum gelingt, die Augen offen zu halten, hat sie kein Mitleid. Dabei gibt es nicht den geringsten Grund, uns das Schlafen zu verbieten. Vielmehr ist es Willkür, nichts als gemeine, bösartige Willkür.

Bei dieser Frau erfrischt einen der Gedanke an eine Rebellion, bei der die Gefangenen die Macht ergreifen und die Wärter als Geiseln nehmen. Das würde ihr recht geschehen!

In den vergangenen Jahren kam es bereits mehrfach zu solchen Gefangenenaufständen, die jeweils von den inhaftierten Mafiabossen angezettelt wurden. Und obwohl ich solche Geschichten schon tausendfach gehört habe, begreife ich zunächst gar nicht, was los ist, als eines Tages direkt im Nachbargebäude eine Rebellion startet. Zunächst zieht ein unangenehmer Qualm durch unsere Räume, und es riecht verbrannt. Da die Küche im Erdgeschoss liegt, verwerfe ich den Gedanken an verbranntes Essen und frage mich, was es sonst sein könnte. Da höre ich aufgeregtes Geschrei aus dem Nachbarzimmer. «Im Haupthaus brennt es!», ruft jemand.

Vorsichtig nehme ich meinen Sohn auf den Arm, um selbst aus dem Fenster zu sehen. Tatsächlich: Über dem Hauptgebäude der Haftanstalt von Butanta steigt Rauch auf. Sofort laufe ich mit den anderen Gefangenen und einer unserer Wärterinnen aufgeregt von einem Raum in den nächsten, in der Hoffnung, irgendwo einen Hinweis darauf zu entdecken, was gerade passiert. Zeitgleich rasen unzählige Polizeiautos durch das Haupttor und halten direkt vor unserem Gebäude. Mehrere vermummte und bewaffnete Militärpolizisten springen mit lautem Geschrei und bellenden Hunden aus den Fahrzeugen. Die Choque-Truppe! Schon ihr Anblick löst in mir Panik aus, und mit meinem Baby im Arm will ich denen auf keinen Fall begegnen.

Nach einer Stunde voller Anspannung und Ungewissheit kommt eine meiner Mitgefangenen auf die Idee, den Fernseher einzuschalten, und dort erfahren wir endlich, was los ist: Eine Rebellion ist ausgebrochen. In den Nachrichten des brasilianischen Fernsehens taucht plötzlich unser brennendes Haupthaus auf. Grölende Häftlinge zerren an verängstigten Wärtern, die sie offenbar als Geiseln genommen haben. Die aufgebrachten Häftlinge fordern bessere Haftbedingungen, mehr Essen und Arbeit. Und um ihren Forderungen Nachdruck zu verleihen, haben die Frauen einige Wärter überfallen, gefangen genommen und ihnen die Schlüssel geraubt, mit denen sie nun sämtliche Türen und Tore öffnen.

O nein!, denke ich. Hoffentlich kommen die nicht auch zu uns rüber. Obwohl wir alle uns schon oft ausgemalt haben, wie wir es gerade den gemeinen Wärtern eines Tages heimzuzahlen, sind wir nun erschreckt: Wenn die Gefangenen aus dem Haupthaus sich bis zu uns durchkämpfen und unsere Türen öffnen, dann müssen wir mitmachen – so viel ist klar. Andernfalls würden wir als Verräterinnen gelten, und das wäre für uns und unsere Babys möglicherweise gefährlicher, als an der Revolte teilzunehmen.

Währenddessen treffen draußen ständig neue Militäreinheiten ein, was wir aus dem Geschrei und wütendem Hundegebell schließen. Stundenlang bangen wir und laufen angespannt von den Fenstern zum Fernseher, um die aktuellen Geschehnisse zu verfolgen. Dann gibt endlich einer der Fernsehsprecher Entwarnung. Obwohl sie nichts erreicht haben, wedeln die Gefangenen offenbar mit einer weißen Fahne, da sie aufgeben wollen.

Einerseits bin ich zutiefst erleichtert, zumindest dieses Mal von der Revolte verschont geblieben zu sein, andererseits tun mir nun die Häftlinge leid. Denn während wir auf der Mutter-Kind-Station entspannt zu unserem Alltag zurückkehren können, marschiert im Hauptgebäude die brutale Choque-Truppe ein. Sie legen dort sicher wieder mal alles in Trümmer, während sich die Gefangenen halb nackt in den Hof knien müssen, so wie ich es auch schon zweimal erlebt habe. Immerhin bleibt uns das diesmal erspart.

Einige Tage später platze ich mitten in ein Gespräch zwischen meiner Zimmergenossin und einem der Wärter. Da ihr Baby nun vier Monate alt ist, soll es in Kürze abgeholt werden, damit Gisela in ihre normale Haftanstalt zurückkehren kann. Sie weint bitterlich, und ich empfinde unendlich großes Mitleid mit ihr. Zum ersten Mal seit Wochen sprechen wir wieder miteinander.

Gisela schluchzt: «Meine Familie soll mein Baby holen.»

Ich spüre ihren Schmerz und kann ihn gut nachempfinden. Andererseits beneide ich sie um das große Glück, wenigstens eine Familie zu haben, die bereit ist, sich um das Baby zu kümmern. Bei mir gibt es niemanden. Mein Vater oder meine Geschwister würden Xavier niemals bei sich aufnehmen. Meine letzte Hoffnung war Pedro, aber auch das hat sich ja nun erledigt. Xavier ist wahrscheinlich das einzige Kind der ganzen Station, das nicht bei seiner Familie, sondern im Kinderheim aufwachsen wird.

Da das Urteil in meinem Fall immer noch nicht gesprochen ist, weiß ich nach wie vor nicht, wie lange wir getrennt sein werden.

«Du wirst ihn zwischendurch besuchen dürfen», tröstet mich der freundliche Wärter, als wir einmal über meine Angst sprechen.

Darauf hoffe ich sehr, denn so wird mein Sohn mich wenigstens nicht vergessen. Wie oft ich ihn wohl sehen werde? Einmal in der Woche? Im Monat? Im Jahr? Gisela wird ihr Baby bestimmt häufiger sehen – an jedem Besuchssonntag.

Trotzdem weint sie jetzt bitterlich und ist verzweifelt. Auch mir schießen die Tränen in die Augen, als sie beginnt, die Babysachen in eine Tüte zu packen. Darunter auch das Shampoo, das Öl und die Creme, die sie von mir bekommen hat – jede Flasche ein kleiner Schatz, ein Geschenk für ihr Baby. Ein solcher Abschied ist der einzige Moment, in dem alle Gefangenen der Station sich verbunden fühlen. Jede weiß, dass auch ihr diese Trennung unvermeidbar bevorsteht, dementsprechend leidet man intensiv mit den Frauen, bei denen es so weit ist.

Auch für mich sind die Tage gezählt, die vier Monate sind beinahe um. Inzwischen habe ich Xavier mühsam abgestillt. Anfangs hat er sich energisch gegen die Flasche gewehrt und mich damit regelrecht zur Verzweiflung gebracht. Doch dann habe ich begonnen, ihm süße Kekse in die Milch zu bröseln. Natürlich war mir bewusst, dass das ernährungswissenschaftlich höchst fragwürdig war, aber ich hatte einfach Panik, sie würden mir Xavier entreißen, ehe er sich an die Flasche gewöhnt hatte. Vier Monate sind keine endlose Zeit, gerade fühlen sie sich an wie ein Wimpernschlag.

Das erzähle ich auch dem brasilianischen Fernsehteam, das kurz vor meiner Trennung von Xavier eine Reportage auf unserer Mutter-Kind-Station dreht. Die Moderatorin kenne ich sogar aus dem Fernsehen. Sie ist warmherzig und nett und lenkt mich kurzzeitig ein wenig von meiner täglich größer werdenden Sorge um Xavier und seine Zukunft ab. Denn ich weiß, es kann nun nicht mehr lange dauern. Quasi jeden Augenblick muss ich damit rechnen, dass man ihn abholt. Umso intensiver ziehe ich seinen wohligen Duft in die Nase. Am liebsten würde ich ihn für immer konservieren und habe Angst, diesen Geruch jemals zu vergessen. Ich präge mir jede Mimik ein, jedes Geräusch, denn ich werde lange von meinen Erinnerungen zehren müssen. Gerade hat er angefangen, mich bewusst anzulächeln. Er erkennt mich. Wie soll Xavier verstehen, warum ich ihn auf einmal weggebe?

Als mein Sohn exakt vier Monate und zwei Wochen alt ist, tritt eine Wärterin in den Hof, wo ich Xavier gerade eine Blume zeige, und ruft mich zu sich. «Dein Kind wird jetzt abgeholt, geh bitte hoch und packe seine Sachen.»

Obwohl ich diesen Tag erwartet und ständig damit gerechnet habe, dass er eintritt, bin ich am Boden zerstört und glaube, den Boden unter den Füßen zu verlieren. Ich will meinen Sohn nicht hergeben!

«Nun geh schon!», drängelt die Wärterin, woraufhin ich mich langsam auf den Weg in unser Zimmer mache. Atemlos. Verzweifelt.

Während Xavier brabbelnd und quietschend in seinem Bettchen liegt, packe ich seine Sachen in die schwarze Plastiktüte. Die ganze Zeit über rinnen mir Tränen übers Gesicht, ich schluchze ohne Unterlass, mein ganzer Körper bebt. Als eine Mitgefangene den Raum betritt und mich anspricht, bin ich nicht in der Lage, ihr zu antworten. Noch nie habe ich einen solchen Schmerz verspürt. Nachdem alles verstaut ist, nehme ich meinen kleinen Sohn in den Arm, drücke ihn fest an mich und kann nicht aufhören zu weinen.

«Kommst du?» Die Wärterin steht bereits im Türrahmen.

«Moment noch», stammele ich und krame hektisch einen kleinen Strampler, ein Paar Söckchen, einen Schlabberlatz und das Babyhandtuch aus der Tüte. Die Sachen möchte ich behalten – als Erinnerung an meinen Sohn.

«Jetzt müssen wir aber los», drängelt die Frau und greift ungeduldig nach der Tüte.

Gemeinsam gehen wir nach unten bis zum ersten Tor. Dort nimmt sie den Kleinen – wort- und teilnahmslos – auf den Arm und lässt mich allein zurück. Durch den feinen Maschendrahtzaun verfolge ich ihren Weg bis zum Haupttor, ehe sie aus meinem Blickfeld verschwindet. Mit meinem Sohn im Arm. Ich könnte schreien vor Ohnmacht, Wut und Verzweiflung, fühle mich wie betäubt. Gequält, verlassen, zerstört. Nun ist er weg, mein kleiner Xavier. Mein Baby. Die Trennung kam nicht überraschend und trotzdem völlig unvermittelt. Ich ertrage sie nicht.

Als einzige Frau ohne Kind bleibe ich in Butanta zurück. Ich lege mich weinend auf mein Bett und verharre dort, bis es dunkel wird. Dann fallen mir Xaviers Babysachen ein. Ich hole sie hervor und sauge ihren Duft tief in die Nase. Hoffentlich hält sich sein Geruch! Die Sehnsucht schmerzt so sehr, dass ich in dieser Nacht keine einzige Minute schlafe. Immer wieder drücke ich mein Gesicht in Xaviers Sachen, um seinen wohligen Geruch einzuatmen.

Erst nach dem Frühstück, von dem ich keinen einzigen Bissen hinunterbekomme, erscheint der nette Wärter, um mich zurück ins Tatuapé-Gefängnis zu bringen. Als mir sein Kollege Handschellen anlegen möchte, winkt er ab. Statt des sonst üblichen Polizeiautos erwartet mich ein Krankenwagen, in dessen Innenraum ich auf einer Liege Platz nehmen darf. Übernächtigt und mit verweinten Augen sinke ich darauf.

«Ist alles in Ordnung?», fragt mich der Wärter, woraufhin ich nur den Kopf schüttele. «Es ist nicht für immer. Irgendwann wirst du deinen kleinen Mann abholen», versucht er mich zu trösten.

Ich würde ihm am liebsten zulächeln, aber ich kann nicht. Schon wieder rinnen mir die Tränen über die Wangen, während wir uns in ruhiger Fahrt der Haftanstalt Tatuapé nähern, wo Melanie und die anderen Frauen bereits auf mich warten und wo ich ohne mein Baby den Rest meiner Strafe absitzen muss.

TATUAPÉ V Brasilianischer Gefängnisalltag

Als ich den Gefängnishof von Tatuapé wieder betrete, liegt meine Verhaftung am Flughafen von São Paulo ein knappes Jahr zurück. Unglaublich, wie viel seitdem passiert ist! Obwohl ich mich noch gut daran erinnern kann, wie schlecht ich mich nach der Festnahme gefühlt habe, glaube ich, dass es mir heute um ein Vielfaches schlechter geht als damals. Ich fühle mich so elend wie noch nie zuvor in meinem Leben: einsam, leer, kalt und kraftlos. Es ist, als wäre Xavier meine wärmende Batterie gewesen, und nun, von der Energiequelle getrennt, fühle ich mich zu nichts mehr in der Lage.

«Welche Zelle?», will die diensthabende Wärterin forsch von mir wissen.

«Zu Melanie, der Deutschen», antworte ich.

«Das ist Flur A, Zelle 3. Dort wärst du allerdings die Sechste.»

Ich wundere mich zwar, warum Melle inzwischen woanders lebt, zucke aber gleichgültig mit den Schultern ob der Tatsache, dass ich dort wohl oder übel auf dem Boden schlafen werde. Ich verzichte gerne auf eine eigene Pritsche, wenn ich dafür in Melanies Nähe sein kann.

Sobald ich meinen zukünftigen Flur betrete, läuft mir meine Freundin auch schon entgegen. «Da bist du ja!», ruft sie freudig. «Ich wusste, dass du heute kommst, aber ich wusste nicht, wann.» Liebevoll drückt sie mich an sich.

Ich bringe nur noch ein «Ich habe mich in deine Zelle einweisen lassen» heraus, ehe ich erneut in Tränen ausbreche. «Es tut so weh!», stöhne ich weinend.

Und ich werde das Bild nicht los, wie die Wärterin mit meinem Baby auf dem Arm aus meinem Blickfeld verschwindet. Sonst sage ich nicht viel. Ich schluchze, und mein ganzer Körper zittert, während Melanie mich festhält. Das tut gut. Mal abgesehen von meinem kleinen Sohn ist Melle mein erster liebevoller Körperkontakt seit vier Monaten.

Nachdem ich mich einigermaßen gesammelt habe, frage ich meine Freundin, was sich in der Zwischenzeit alles ereignet habe. Wahrscheinlich ist sie froh, mich auf andere Gedanken bringen zu können, und legt sofort los. Unter anderem erzählt sie mir, dass kurz nach Meikes Entlassung unsere ehemalige Zellengemeinschaft auseinandergebrochen sei. Es gab bloß noch Streit und Chaos, weshalb sie irgendwann ausgezogen sei. Nur mit Tina habe sie noch Kontakt und mit einigen Deutschen. Katja gehe es immer schlechter. Inzwischen sei sie manchmal kaum mehr ansprechbar und ziehe sich immer weiter in ihre eigene Welt zurück.

«Das ist echt unheimlich», betont Melle immer wieder. «Und das alles nur, weil ihr dämlicher Typ ihr Drogen in den Koffer gesteckt hat. Warum hat er das Zeug nicht in seinem Gepäck transportiert?»

«Meinst du, dann hätten sie Katja nicht festgenommen?», frage ich und denke dabei an meinen ersten Drogentransport von Costa Rica, bei dem ich ebenfalls nur die Begleitung war.

Doch Melanie antwortet nicht, denn ihr ist schon wieder etwas Neues eingefallen. «Kannst du dich noch an den schönen Gabriel erinnern?», fragt sie.

Klar weiß ich noch, wer er ist. «Das ist einer unserer drei attraktiven Wärter», erwidere ich.

Melanie nickt. «Den hat die Mafia kaltgemacht.»

Angeblich ist Gabriel in seinem eigenen Haus ermordet worden, nachdem er sich mit der Mafia angelegt hatte. Dabei fällt mir wieder der braune Fluss ein, der mir an meinem ersten Tag in São Paulo aufgefallen war. Die Mafia scheint hier ziemlich umtriebig zu sein.

Auch eine Gefangene, mit der ich mich einige Male im Hof unterhalten hatte, wäre während meiner Abwesenheit fast gestorben: Fatima ist mitten im Gefängnis mit 27 Messerstichen niedergestochen worden, weil sie angeblich jemanden verpfiffen hat. Erstaunlicherweise hat die junge Frau die Attacke überlebt, obwohl die Wärter sie erst zwei Tage später aus der Zelle geholt haben.

«Vorher haben die sich natürlich nicht zu ihr getraut», schimpft Melanie.

Ich staune, wie viel Macht die Mafia selbst hinter Gittern hat. Fatima ist schnellstmöglich nach Tremembé verlegt worden, und seitdem hat keiner mehr etwas von ihr gehört. Ich nicke. Geistesabwesend. «Du, ich mag mich jetzt ein bisschen hinlegen», verabschiede ich mich schließlich schnell.

Auch in den folgenden Tagen verspüre ich häufig das Bedürfnis nach Ruhe und Einsamkeit, weshalb ich mich verstärkt zurückziehe. Beinahe den ganzen Tag verbringe ich weinend auf meinem Schlaflager am Boden, verweigere das Essen und zünde mir stattdessen eine Zigarette nach der anderen an. Erfreulicherweise hat sich das Konsulat wenigstens um einen Anwalt gekümmert, dessen Honorar das Sozialamt übernimmt, was noch erfreulicher ist. Ich schreibe meinem Rechtsvertreter Michael Paul beinahe wöchentlich verzweifelte Briefe und bitte ihn, sich dafür einzusetzen, dass ich meinen Sohn bald sehen darf. Doch das scheint schwieriger zu sein, als ich gehofft habe, da der zuständige Richter angeblich die entsprechende Genehmigung verweigert.

«Ich tue, was ich kann», verspricht der für meinen Geschmack eher mäßig engagierte Anwalt, ansonsten höre ich nichts von ihm.

Es ist zum Verrücktwerden und trägt nicht gerade zur Verbesserung meines Stimmungstiefs bei. Auch Melanie schlittert gerade in einen mittelschweren Lagerkoller, der beinahe jede der Insassinnen irgendwann erfasst. Das führt unweigerlich dazu, dass wir in dieser Zeit mehrfach aneinandergeraten, woraufhin wir beschließen, dass ich besser in eine andere Zelle ziehen sollte, um unsere Freundschaft nicht weiter zu belasten.

Etwa sechs Wochen nach meiner Ankunft in Tatuapé tausche ich daher mit einer anderen Deutschen den Schlafplatz. In Zelle 6 bekomme ich sogar ein Bett mit einem Vorhang, hinter den ich mich jederzeit verkriechen kann. Der Raum ist zwar unverputzt und eher grau in grau, aber zumindest sauber. Außerdem machen meine Mitgefangenen einen netten Eindruck. Ich teile mir die Zelle mit zwei Brasilianerinnen, einer Bolivianerin und Tuca, einer jungen Frau von den Kapverdischen Inseln. Sie alle sitzen wegen Drogenschmuggels – denke ich zumindest. Doch schnell fällt mir auf, dass eine von ihnen oft Hunderte Stangen Zigaretten in der Zelle hortet. Außerdem verfügt sie über enorme Geldsummen, so wie ich es noch nie bei einer Gefangenen erlebt habe.

«Irgendetwas stimmt nicht mit Cida», spekuliere ich, als ich mal wieder mit Melanie im Gefängnishof sitze. «So viel Geld kann doch keiner legal verdienen.»

Wenig später erfahren wir, aus welcher Quelle meine Zellengenossin ihr Einkommen bezieht: Sie ist eine «Cousine» der Mafia und die Hauptdealerin unseres Pavillons. Nur eine «Schwester» steht noch höher in der Mafia-Hierarchie als sie. Cida ist also ein ziemlich «hohes Tier» in der PCC, die in São Paulo sowohl den Drogen- als auch den Waffenhandel beherrscht.

Ein Glück, dass ich mich so gut mit Cida verstehe, denke ich. Mit einer Mafia-Cousine hat man besser keinen Streit.

Deshalb sage ich auch nichts, wenn sich Cida mit einer ihrer zahlreichen Freundinnen hinter ihren Vorhang zurückzieht. Es ist mir zwar unangenehm, den Frauen beim Sex zuzuhören, aber darauf nehmen die Liebenden keine Rücksicht, und Zuhörer scheinen sie nicht zu stören. Damit Cida mit ihren Affären gelegentlich auch ganze Nächte verbringen kann, tauschen wir mit den betreffenden Frauen regelmäßig den Schlafplatz, damit die Anzahl der Gefangenen pro Zelle stimmt, wenn die Wärter ihren Kontrollgang machen. Meist tausche ich gerne, da ich andernfalls ohnehin nicht zum Schlafen komme. Allerdings vergnügt sich Cida auch tagsüber hemmungslos hinter ihrem Vorhang, während ich deprimiert, unmotiviert und genervt auf der Nachbarpritsche liege.

Meist schaffe ich es erst am Nachmittag, mich aufzuraffen, um meinen Mitgefangenen die Haare zu schneiden. Wenn ich keine Aufträge habe, setze ich mich in den Handwerksraum, in dem für die Gefangenen Mal- und Nähsachen bereitliegen. Obwohl ich mich handwerklich für unbegabt halte, versuche ich, aus Xaviers Badehandtuch eine Kissenhülle zu fertigen, damit ich im Schlaf immer etwas von ihm bei mir habe.

Leider habe ich nach wie vor keine Zusage, meinen Sohn sehen zu dürfen; umso größer ist deshalb die Freude, als Pfarrer Waldmann mir bei einem unserer Treffen plötzlich ein Foto von Xavier auf den Tisch legt.

«Es geht ihm gut», versichert mir der herzliche Geistliche mit den buschigen Augenbrauen, der so viel für uns Gefangene tut. Offenbar ist er eigens zu dem Kinderheim gefahren, um Xavier zu sehen und ihn für mich zu fotografieren. Er ist ein Engel!

Dankbar drücke ich das Foto an mich und zeige es stolz meiner Freundin Melanie, die sich ebenfalls freut. Voller Hoffnung, dass er vielleicht mehr erreichen kann als mein Anwalt, bitte ich Pfarrer Waldmann, sich um einen Besuchstermin mit Xavier zu kümmern.

Zu meiner Enttäuschung lehnt er jedoch ab. «Da werden Sie keine Chance haben.»

«Warum nicht?», frage ich hartnäckig. «Man hat mir doch gesagt, dass es geht.»

Er erläutert, dass ich als Kriminelle vor den brasilianischen Behörden nicht viel zähle und dementsprechend nicht auf meine Rechte pochen könne.

Was für ein Tiefschlag! Zu allem Übel wächst mit dieser Äußerung auch sofort meine Sorge hinsichtlich aller meiner Rechte: Werde ich Xavier überhaupt zurückbekommen, wenn die Haftzeit beendet ist? Oder steht einer Gefangenen auch dieses Recht nicht zu?

Pfarrer Waldmann gibt sich auch diesbezüglich erschreckend zurückhaltend, und ich fühle mich hundeelend. Mit einem Mal ist mir alles zu viel. Dazu kommt, dass auch meine Zahnschmerzen wieder heftiger werden und durch den gesamten Kopf ziehen, sodass ich das Gefühl habe, kaum mehr geradeaus sehen zu können. Meine gesundheitliche Verfassung passt perfekt zu meiner Gemütslage.

Immerhin taucht auf Geheiß des Konsulats wenige Tage später eine Zahnärztin im Gefängnis auf, was bei mir gleichermaßen Freude und Angst hervorruft. Anders als die Ärzte in Freiheit muss sich diese Dame keinerlei Mühe geben – ihre Kunden haben schließlich keine andere Wahl. Erfreulicherweise geht sie trotzdem behutsam mit mir, meiner Angst und den Schmerzen um. Ich bekomme eine Betäubungsspritze, und dann zieht sie die lästige Zahnruine. Die folgenden Tage werden noch einmal schmerzhaft, doch dann kehrt endlich Frieden in meinem Mund ein.

Seit es gesundheitlich bergauf geht, meldet sich auch meine Energie zurück.

«Ich werde mir einen Job in einem der Gefängnisbetriebe besorgen», verkünde ich Melanie, die mich erleichtert anstrahlt. Wenn ich meinen Sohn schon nicht zwischendurch sehen kann, möchte ich wenigstens die Haftzeit verkürzen und so bald wie möglich entlassen werden.

Leider lande ich zunächst ausgerechnet in der Näherei, nicht gerade meine favorisierte Arbeitsstelle. Auf die Idee, den Job abzulehnen oder gar zu schwänzen, komme ich trotzdem nicht. Drei Arbeitstage bedeuten einen Tag Hafterlass, das halte ich mir ständig vor Augen.

Durch meinen offiziellen Job in der Näherei, meine Nebenbeschäftigung als Friseurin und die Sozialhilfe aus Deutschland kann ich mir nun endlich ein Telefon leisten. Für fünf Stangen Zigaretten pro Monat übernimmt es eine meiner Mitgefangenen, das Handy für mich über Nacht zu verstecken. Damit bin ich auf der sicheren Seite, da die Kontrollen nie am Tage, sondern immer kurz vor dem Aufschließen stattfinden – mittlerweile mit zunehmender Häufigkeit. Etwa einmal monatlich fällt die brutale Choque-Truppe in unser Gefängnis ein. Jedes Mal reißen sie mein Foto von Xavier von der Wand und trampeln bei ihrer anschließenden Kontrolle achtlos darauf herum. Immerhin ist es bislang nicht kaputtgegangen.

Nach einem Monat in der Näherei finde ich glücklicherweise eine Anstellung in der Schlösserfabrik, wo ich jeden Tag acht Stunden lang Schlösser zusammenschraube. Kein Traumjob, aber besser als die Arbeit in der Näherei, finde ich. Auch für die Zeit nach meiner Entlassung nehme ich mir fest vor, sofort einen Job zu suchen, mit dem ich Xavier und mich finanzieren kann. Und zwar ganz legal. Schließlich soll es uns gutgehen! Endlich stecke ich wieder voller Energie, Mut und Optimismus – ich werde es schaffen!

Dieses Hochgefühl wird seltsamerweise begleitet von dem wachsenden Bedürfnis, mich mal wieder auf einen Flirt einzulassen. Da das im Frauengefängnis schwierig bis unmöglich ist, haben sich die Insassinnen in Tatuapé eine besondere Form der Kontaktaufnahme einfallen lassen: Sie schreiben, mailen oder telefonieren mit männlichen Gefangenen aus anderen Haftanstalten. Das Kennenlernen läuft meist über die Ehemänner der inhaftierten verheirateten Frauen.

Zunächst schickt man sich harmlose SMS aufs Handy, irgendwann dann längere Briefe mit Fotos, und ganz selten wagt man, miteinander zu telefonieren. Das macht Spaß, lenkt ab und erinnert einen daran, dass man eine junge Frau ist und es Männer gibt, die das erkennen und zu schätzen wissen. Wie Teenager kichern Melanie und ich, wenn wir uns gegenseitig die heftigeren SMS zeigen, und manchmal fiebern wir beinahe aufgeregt den Antworten unserer jeweiligen Favoriten entgegen. Wir haben meist drei oder vier Bekanntschaften gleichzeitig, vorzugsweise in verschiedenen Haftanstalten, damit sie nichts von unserer Doppelgleisigkeit erfahren. Das würde die brasilianischen Männer nämlich zutiefst in ihrer Ehre kränken. Wobei ich mir sicher bin, dass die meisten von ihnen ähnlich verfahren.

Einer meiner «Brieffreunde» ist wegen eines Raubüberfalls inhaftiert, die anderen haben in irgendeiner Form gegen das Betäubungsmittelgesetz verstoßen. Mein aktueller Favorit heißt Matheus, er ist – zumindest dem Foto nach – ein gutaussehender Mann, der optisch genau meinen Vorstellungen entspricht. Deshalb beginne ich schon nach kurzer Zeit eine Mitgefangene auszufragen, von der ich weiß, dass ihr Mann im selben Gefängnis sitzt.

«Du bändelst mit Matheus an?», fragt sie lachend. «Das ist aber mutig.»

«Wieso mutig?», frage ich und stutze. Dann erfahre ich, dass mein SMS-Lover angeblich ein aggressiver Typ sei, der nicht wegen eines Drogendelikts, sondern wegen Mordes einsitze. Auweia!, denke ich nur und antworte daraufhin immer seltener auf seine Nachrichten, bis der Kontakt schließlich ganz abbricht.

Melanie lacht über meine Ängstlichkeit, da wir immerhin durch dicke Gefängnismauern geschützt sind. Trotzdem: Mir ist es lieber, mit solchen Typen nichts zu tun zu haben. Vielleicht hätte mich das vor Xaviers Geburt weniger gestört, aber jetzt bin ich Mutter, und damit hat sich mein Verantwortungsgefühl verändert.

Beim Gedanken an meinen kleinen Sohn wird mein Herz jedes Mal ganz schwer. Inzwischen ist er ein Dreivierteljahr alt, womöglich fängt er bald an zu laufen oder zu sprechen. Leider werde ich dann nicht dabei sein. In solchen Momenten sackt meine Selbstbeherrschung zusammen, und ich verkrieche mich wieder deprimiert und kleinlaut hinter meinen Vorhang ins Bett. Trotzdem raffe ich mich am nächsten Morgen erneut auf, um zur Arbeit zu gehen. Ich will keinen einzigen Tag verpassen, umso schneller komme ich hier schließlich raus!

In dieser Zeit veranstaltet die «Disziplin», also die Stelle, die für sämtliche Beschäftigungsmöglichkeiten der Gefangenen zuständig ist, eine Misswahl im Gefängnis Tatuapé.

Melanie ist sofort Feuer und Flamme. «Lass uns mitmachen», versucht sie euphorisch, mich zu überreden.

«Nee, lieber nur zugucken», murre ich wenig begeistert.

«Das ist doch lustig, komm, wir machen da mit.» Melanie lässt nicht locker. Sie drängelt so lange, bis ich mich irgendwann geschlagen gebe.

«Also gut, wenn du unbedingt willst ...», lenke ich ein.

In den Wochen vor dem großen Ereignis ist die Misswahl *das* Thema in Tatuapé. Etwa 15 Gefangene haben sich bereit erklärt, an diesem Event teilzunehmen. Er soll im Pavillon 1 stattfinden, wo in einem überdachten Innenhof lange Reihen von Betontischen stehen, an denen die Häftlinge mit ihren Besuchern zu Mittag essen können.

Am Tag der Wahl wird die lange Tafel zu unserem Laufsteg. Aufgeregt schwirren die Frauen durcheinander, als die Damen von der Disziplin mit einem beachtlichen Fundus an Abendkleidern auftauchen.

«Wow!», staunen Melanie und ich. So schöne Kleider haben wir seit Ewigkeiten nicht in den Händen gehalten. Den anderen Frauen geht es nicht anders. In allerbester Stimmung werden Kleider anprobiert und wieder beiseitegelegt, es wird in den Spiegel geschaut, gezupft und begeistert gequietscht, wenn einer Frau eines der Kleider besonders gut steht. Das heitere Treiben erinnert mich daran, wie wir früher als Kinder aus bunten Tüchern Kleider geknotet haben. Anschließend haben wir sie uns gegenseitig stolz vorgeführt und uns märchenhaft schön gefühlt. Eine ähnliche Stimmung herrscht auch jetzt unter uns erwachsenen Frauen.

Das Kleid, das ich mir für meinen Laufstegauftritt aussuche, ist grün. Eine Wucht – und zwar nicht nur für Knastverhältnisse, denn es hätte mir auch in Freiheit gut gefallen. Sobald die schwierige Kleiderfrage geklärt ist, ziehen wir uns zurück, um uns hübsch zu machen. Dabei sind Melanie und ich eindeutig im Vorteil: Als gelernte Friseurin beherrsche ich einige besonders aufwendige Hochsteckfrisuren, die perfekt zu unserer schicken Abendgarderobe passen. Obwohl diese Wahl im Grunde nichts bedeutet, werden wir immer aufgeregter, je näher unser Auftritt rückt.

«Du siehst aus wie die junge Brigitte Bardot», sage ich bewundernd zu Melanie, als sie fertig gestylt ist.

Meine Freundin lacht nur.

Ich weiß schon jetzt, dass sie die Misswahl gewinnen wird. Mit ihrem hübschen Gesicht und ihrer Körpergröße von 1,80 Meter könnte Melle gut als Model arbeiten. Gegen sie sieht die gesamte Konkurrenz eher unscheinbar aus. Die meisten Frauen sind pummelig bis dick und haben Durchschnittsgesichter. Brasilianerinnen sind bei weitem nicht so attraktiv, wie man es ihnen nachsagt. In Wahrheit gibt es eher wenige Schönheiten, und die werden wahrscheinlich sofort als Tänzerinnen für die knallbunten Karnevalszüge oder als Bikinimädchen für die Copacabana gecastet. Hier habe ich bislang jedenfalls nur wenige hübsche Frauen entdeckt.

«Gleich geht's los», raunt Melanie mir aufgeregt zu. Dabei ist diese Nervosität eigentlich albern. Schließlich stehen vor der Bühne ausschließlich Frauen, die wir kennen, und sogar die Jury ist uns vertraut. Sie besteht aus vier Wärtern, was das Ereignis doch ein bisschen zwiespältig macht. Schließlich ist das Verhältnis zwischen Wärtern und Gefangenen eher angespannt. Aber das versuchen wir an diesem Abend auszublenden, schließlich laufen wir normalerweise auch nicht mit Make-up und Abendkleidern über die Betontische.

Nachdem ich mich erst einmal auf die ungewohnte Situation eingelassen habe, kann ich sie auch richtig genießen. Es wird ein lustiger Abend mit einem begeistert johlenden Publikum. Die Wärter machen den Spaß mit und lachen und feixen genauso sehr wie wir. Am Ende gewinnt, wie erwartet, Melanie die Schärpe, die sie als schönste Gefangene von Tatuapé auszeichnet. Ich lande immerhin auf dem zweiten Platz.

Als Ende November die Wahl zur «Miss Penitenciaria» ansteht, fährt Melanie sogar ins Gefängnis Butanta, wo die schönste Gefangene von ganz São Paulo gekürt werden soll. Dass sie diese Wahl nicht gewinnt, hindert einige deutsche Zeitungen allerdings nicht daran, von Melanie als «Miss Knast» zu schreiben.

Nach diesem Stimmungshoch folgt allerdings ein schlimmes Tief: Mittlerweile ist Dezember, und Xavier feiert seinen ersten Geburtstag – ohne mich. Es ist mir nicht einmal erlaubt, ihm ein kleines Geschenk zu schicken, da die Heimleitung nicht möchte, dass die anderen Kinder, die keine Eltern haben, neidisch werden. An einen Besuch ist ebenfalls nicht zu denken, und so bin ich todunglücklich. Wie gerne würde ich meinen Sohn wiedersehen! Zudem habe ich Angst, dass er mich vergessen könnte. Obwohl das in seinem Alter zu erwarten ist, möchte ich es mir nicht eingestehen. Wieder einmal nagt die Angst an mir, dass mein Sohn gar nicht mehr im Heim, sondern bereits bei einer gutsituierten Familie untergekommen sein könnte. Wer weiß? Das würde zumindest erklären, warum ich ihn nicht sehen darf.

Dementsprechend mies ist meine Stimmung an Weihnachten. Zwar geht es in Tatuapé deutlich feierlicher zu als in Butanta, es gibt einen Weihnachtsbaum, und die meisten Zellen werden sogar liebevoll geschmückt, trotzdem kann ich mich nicht freuen. Ich denke an das vergangene Weihnachtsfest, das ich mit Xavier verbracht habe. Es war zwar nicht sehr stimmungsvoll, aber immerhin war ich mit meinem Kleinen zusammen. Ich frage mich, wie viele traurige Weihnachtsfeste ich noch erleben werde, bis ich wieder zusammen mit meinem Sohn feiern kann.

Mittlerweile ist es richtig heiß in Brasilien, sodass Melanie und ich die meiste freie Zeit draußen verbringen. Oft gesellt sich Tina zu uns, unsere ehemalige Zellenkameradin, mit der wir noch immer oft und gerne zusammen sind.

«Tina, du wirst immer dünner», stelle ich besorgt fest, als sich die ohnehin eher schlanke Thailänderin neben uns auf den Betonboden setzt.

«Dafür nimmst du ja zu», kontert sie und lacht mich frech an.

Tina hat recht: In den vergangenen Monaten habe ich tatsächlich ordentlich zugelegt, inzwischen zeichnen sich an meinem Bauch sogar dicke Falten ab, wenn ich mich setze, was früher nie der Fall war.

«Das liegt bestimmt an den Hormonen, die sie uns ins Essen kippen», mutmaße ich.

Melanie nickt bestätigend, kann es sich aber nicht verkneifen, auch auf meinen beachtlichen Schokoladen- und Kekskonsum hinzuweisen.

Tina zuckt gleichgültig mit den Schultern, etwas anderes bewegt sie gerade mehr. «Mein Ex hat wahrscheinlich Aids», erzählt sie uns und fängt an zu schimpfen. «Das hat er sich bestimmt bei irgendeiner Prostituierten eingefangen, nachdem sie mich eingelocht haben.» Allerdings ist Tina nur kurze Zeit vor ihm festgenommen worden, und inzwischen sitzt er ebenfalls in Brasilien im Knast.

«Hoffentlich hatte er es nicht schon vor eurer Verhaftung», werfe ich ein.

Aber Tina tut meine Sorge als unberechtigt ab. «Ach was! Wir haben uns seit über drei Jahren nicht gesehen, und mir geht es prima.»

Besorgt mustere ich die Thailänderin. Hoffentlich behält sie recht! Ich mag meine ehemalige Zellenkameradin sehr gerne. Wir haben uns zwar oft gestritten, aber grundsätzlich ist sie in Ordnung und lange nicht so einfältig, verwahrlost oder wahnsinnig wie die meisten Frauen hier. Gerade kürzlich hat eine besonders Verrückte, die obendrein HIV-positiv ist und ständig damit gedroht hat, andere zu infizieren, ihrer Freundin einen Topf mit kochendem Wasser ins Gesicht gekippt, woraufhin man sie umgehend ins Horrorgefängnis Tremembé verlegt hat.

Tinas HIV-positiver Exfreund ist für die anderen schnell vergessen, nur mich lässt die Geschichte nicht mehr los. Ich verstehe gar nicht, warum die Thailänderin sich nicht vorsichtshalber testen lässt – nur um sicherzugehen. Ehe ich sie jedoch darauf ansprechen kann, gesellen sich einige Brasilianerinnen zu uns.

«Was für Slips tragt ihr denn in der Silvesternacht?», wollen sie wissen.

«Wie bitte?», frage ich überrascht.

«Weiß bringt Ruhe und Harmonie, Rot eine neue Liebe ...», fängt meine Sitznachbarin an aufzuzählen.

Aha, mal wieder ein brasilianischer Aberglaube. Ich habe schon gehört, dass die einheimischen Gefangenen sich in der Silvesternacht ganz in Weiß kleiden wollen, weil das angeblich ein glückliches und friedvolles Jahr beschert. Dass die Farbe der Unterwäsche dabei ebenfalls eine Rolle spielt, ist mir neu.

«Ich werde darüber nachdenken», antworte ich meiner Mitgefangenen, die dieses Thema ernsthaft zu bewegen scheint.

Zwar bin ich froh, diesmal mit netteren Menschen das neue Jahr zu begehen, noch lieber wäre ich allerdings mit Xavier zusammen. Hoffentlich machen ihm die Silvesterknaller keine Angst! Noch immer vergeht kein einziger Tag, an dem ich mich nicht nach ihm sehne, und es verstreicht keine Woche, in der ich nicht bei meinem Anwalt nachfrage, ob es nicht doch eine Möglichkeit gibt, meinen Sohn zu sehen, was er stets verneint.

Erst Anfang 2005 ereignet sich etwas, das meinen Sohn betrifft. Eine Psychologin kommt im Gefängnis vorbei, um mit mir darüber zu sprechen, ob ich Xavier überhaupt behalten möchte oder ob ich mich dazu womöglich gar nicht in der Lage sehe.

Entsetzt starre ich sie an. «Natürlich möchte ich ihn behalten, und selbstverständlich traue ich mir das auch zu», erwidere ich.

Angeblich interessiert sich eine wohlhabende Familie für mein Kind, bei der er es sehr gut hätte. Das Ehepaar hat meinen Kleinen sogar schon einige Male im Kinderheim besucht und bemüht sich nun offenbar darum, Xavier zu adoptieren. Ich habe das Gefühl, als würde sich mir der Magen umdrehen. Ein Ehepaar? Bei meinem Sohn? Und ich darf nicht zu ihm. Wie kann das Kinderheim das nur zulassen? Xavier ist *mein* Kind!

Aufgebracht und voller Angst erkläre ich der Psychologin, dass ich mich ebenfalls liebevoll um meinen Sohn kümmern könne, sobald ich entlassen würde, und hoffe inständig, dass sie mir in ihrem Gutachten später nichts Gegensätzliches bescheinigt. Den korrupten Brasilianern ist in der Hinsicht nämlich einiges zuzutrauen.

Aus Sorge kann ich in den folgenden Tagen wieder mal kaum schlafen oder essen. Während ich hier eingesperrt und abgeschirmt von der Außenwelt in meiner Zelle hocke, wird Xavier womöglich gerade verschleppt, ohne dass ich davon etwas mitbekomme. Mein Anwalt beteuert zwar, dass nichts dergleichen geschehen werde, aber viel Vertrauen habe ich nicht – weder in ihn noch in irgendjemand anderen. Diese Hilflosigkeit ist schrecklich! Ich möchte etwas tun und bin dazu verdonnert, still abzuwarten und auf mein Glück zu hoffen.

In dieser Situation kommt mir ausgerechnet das brasilianische Fernsehen zu Hilfe: Das Team will, genau ein Jahr nachdem es mich auf der Mutter-Kind-Station in Butanta mit Xavier gefilmt und interviewt hat, eine zweite Reportage drehen. Als sie mich fragen, wie es mir heute geht, sprudelt es nur so aus mir heraus.

«Ich habe Angst, dass man mir mein Kind wegnimmt.» Detailliert schildere ich ihnen meine Lage und bin froh, dass diese Informationen das Kamerateam genauso sehr schockieren wie mich. Endlich kann ich auf dieses möglicherweise drohende Verbrechen aufmerksam machen.

Kurz nach der Ausstrahlung des Interviews steht eines frühen Morgens noch vor Arbeitsbeginn ein Wärter vor der Zelle und will mich zum Gericht mitnehmen. Da die noch immer ausstehende Urteilsverkündung einem normalerweise per Post zugesandt wird, bin ich verwundert.

«Ich habe auch keine Ahnung, ich soll dich einfach nur holen», entgegnet der Wärter unwirsch, als ich ihn ausfrage.

Mürrisch stapfe ich hinter ihm her, da es mir gegen den Strich geht, wegen eines unsinnigen Gerichtstermins in der Fabrik zu fehlen. Missmutig durchquere ich die Schleuse, die ich zuletzt bei meiner Rückkehr nach Tatuapé passiert habe, und mir fällt mal wieder auf, wie schnell und gleichzeitig langsam die Zeit hinter Gittern vergeht.

Als ich wenig später vor den Richter trete, liegt vor ihm eine dicke Mappe aufgeschlagen auf dem Tisch. Ich erkenne Kinderfotos. Xavier? Geht es in dieser Anhörung etwa um meinen Sohn? Neugierig trete ich näher und erkenne einen Jungen mit dunklen Locken auf den Bildern.

«Wir möchten heute feststellen, ob Sie Ihren Sohn zur Adoption freigeben oder sich selbst um ihn kümmern wollen», eröffnet der Richter seine Sitzung.

«Natürlich möchte ich mich selbst um ihn kümmern», entgegne ich wie aus der Pistole geschossen. Vor Aufregung rutscht es mir viel lauter heraus, als ich wollte. Wie kommen die bloß darauf, dass ich meinen Sohn zur Adoption freigeben wolle?

«Na schön, damit wäre die Angelegenheit geklärt.»

Ich kann es noch gar nicht fassen, dass dies das Ende meiner schlimmen Befürchtungen bedeutet. «Das heißt, niemand wird mir meinen Sohn wegnehmen?», frage ich daher nochmal nach.

«Wenn Sie ihn nicht zur Adoption freigeben, dann nicht.»

«Das mache ich ganz bestimmt nicht», sage ich. Wie gerne würde ich jetzt noch erwirken, meinen Sohn besuchen zu dürfen, aber dafür fühlt sich der Richter nicht zuständig. Kurz entschlossen frage ich ihn, ob er mir nicht wenigstens die Fotos überlassen könne.

«Gerne», antwortet er und reicht mir zwei Bilder über den Tisch, bevor er aufsteht und verschwindet.

Auf einem Foto liegt Xavier im Kinderwagen, auf dem anderen sitzt er lachend vor einer Wand. Beim Betrachten wird mir ganz warm ums Herz. Mein kleiner Sohn sieht fröhlich aus. Und unendlich schön! Er wirkt gepflegt, und eigentlich erinnern diese Bilder eher an einen Kindergarten als an ein Heim. Ich bin beruhigt und zufrieden, vor allem weil mein Wunsch, Xavier nach meiner Entlassung zu mir zu holen, nun amtlich festgehalten ist. Damit wird wohl nichts mehr dazwischenkommen, hoffe ich.

Aufgewühlt kehre ich nach Tatuapé zurück, wo ich stolz Xaviers Bilder herumzeige, ehe ich sie neben meinen Schlafplatz an die Wand klebe. Mein Sohn sieht seinem Vater unglaublich ähnlich. Ob er ihn wohl jemals sehen wird? Verliebt streichele ich über das Foto meines Kleinen. Irgendwann sind wir wieder vereint, denke ich.

Zur Feier des Tages köpfen wir eine Flasche unseres selbstgebrauten Alkohols. Vor meiner Zeit im Knast hätte ich niemals für möglich gehalten, wie leicht es ist, Alkohol selbst herzustellen.

Man schnippelt einfach einen Apfel, eine Mandarine und eine Orange in eine verschließbare Zweiliterflasche, kippt ein gutes Pfund Zucker darauf, dazu einige Brotkrümel und wartet dann etwa sieben bis zehn Tage, bis das Gebräu gegoren ist. Wenn man echte Hefe zur Verfügung hat, geht es sogar schneller, dann ist unser «Selbstgebrauter» sogar schon nach vier Tagen trinkbar. Auch wenn das vielleicht nicht sehr appetitlich klingt – es schmeckt einfach großartig! Noch dazu sind unsere alkoholschwangeren Sit-ins stets lustig und urgemütlich. Nur der Zigarettenqualm meiner Mitgefangenen geht mir zunehmend auf die Nerven. Beinahe jede Frau hinter Gittern raucht wie ein Schlot, ständig hängt blauer Dunst in der Zelle, meine Bettwäsche stinkt, meine Kleidung und sogar Xaviers Strampler in der Tüte. Obwohl ich selbst seit meinem zwölften Lebensjahr von den Zigaretten nicht loskomme, kann ich diese Dauerbedampfung nicht mehr ertragen. Zu meiner Überraschung gelingt mir, was ich während meiner Schwangerschaft erfolglos versucht habe: Ich höre auf zu rauchen. Ganz spontan, von einem Tag auf den anderen.

Melanie ist völlig baff, als ich ihr meine angebrochene Zigarettenschachtel schenke. «Du fängst bestimmt bald wieder an», prophezeit sie mir.

Sie behält aber unrecht. Es meldet sich nicht das geringste Verlangen nach einer Kippe, stattdessen bringe ich fortan meine Mitgefangenen auf die Palme mit der Bitte, sie mögen doch ein bisschen weniger qualmen – mir zuliebe.

Inzwischen, nach über zwei Jahren Gefangenschaft, habe ich mich an den Alltag im Gefängnis beinahe gewöhnt. Sogar die Tatsache, dass ich mein Gerichtsurteil noch nicht kenne und dementsprechend keine Ahnung habe, wie lange ich wohl hierbleiben werde, nervt mich nur noch selten. Schließlich habe ich mittlerweile mehrfach miterlebt, dass trotz allen Chaos und aller Unorganisiertheit die meisten Gefangenen nach ungefähr vier Jahren entlassen werden. Was das angeht, bin ich also guter Hoffnung. Das Einzige, was mich weiterhin jedes Mal massiv in Panik versetzt, sind die Kontrollen der Choque-Truppe. Dementsprechend angespannt reagiere ich, als am Morgen mal wieder das obligatorische Aufschließen der Zellen ausfällt. Konzentriert lausche ich nach draußen, warte auf das Brüllen der Polizisten und das Gebell ihrer Hunde – doch nichts geschieht. Auch meine Mitgefangenen reagieren irritiert, als es verräterisch ruhig bleibt.

«Da stimmt was nicht», murmele ich.

Wir rufen nach dem Wärter, um ihn zu fragen, warum wir nicht aus der Zelle gelassen werden.

«Das darf ich nicht sagen», lautet seine knappe Antwort, die uns ziemlich ratlos zurücklässt.

Wir werden allmählich unruhig und können uns dieses ungewöhnliche Verhalten absolut nicht erklären. Auch in den Nachbarzellen steigt der Unmut über die Situation, dort brüllen die Gefangenen ebenfalls nach dem Wärter, und irgendwann ist es heraus: Im Hof ist eine Tote gefunden worden. Solange die Spurensuche und Beweisaufnahme der Polizei nicht abgeschlossen sind, dürfen wir die Zellen nicht verlassen. Bis zum Mittag bleiben alle Frauen eingesperrt und rätseln aufgeregt, wer wohl ermordet worden sein könnte.

Als die Türen endlich geöffnet werden, laufen wir neugierig im Hof zusammen. Offenbar haben die Schwestern, also die hochrangigsten Mafiamitglieder im Knast, eine Verräterin erwürgt. Um die Leiche möglichst unauffällig zu entsorgen, haben sie der Frau den extrem stabilen Hüftknochen gebrochen, um die Leiche klein zusammenfalten und in einen der schwarzen Müllsäcke pressen zu können. Diesen haben sie dann einfach zu dem anderen Müll in den Hof gelegt. Allerdings hat jemand die Täterinnen verraten, sodass die Leiche entdeckt und der Mord aufgeklärt werden konnte. Die schuldigen Schwestern werden daraufhin umgehend in ein Hochsicherheitsgefängnis verlegt. Zu diesem Zeitpunkt ahne ich allerdings noch nicht, dass ihre Verlegung auch für mich schlimme Folgen haben wird.

Und das, obwohl ich mich eigentlich brav aus allem heraushalte, was mit Mafia zu tun hat, damit es mir bloß nicht so geht wie dem armen Opfer. Die Frau hat nämlich offenbar gegen eine der wichtigsten Gefängnisregeln verstoßen: Lege dich niemals mit einer Schwester an. Bei allen anderen muss man sich dagegen unbedingt heftig zur Wehr setzen. Daher gebe ich mich stets hart und unerschrocken, wobei mich diese «Fassade» mitunter zu merkwürdigen Handlungen zwingt. Einmal lässt sich eine brasilianische Gefangene von mir die Haare schneiden und föhnen, wofür ich mit ihr den Preis von anderthalb Stangen Zigaretten vereinbare. Da sie derzeit pleite ist, bittet sie mich, mir den Betrag erst im kommenden Monat zahlen zu dürfen. Natürlich gehe ich darauf ein, schließlich gibt es viele Kundinnen, die anschreiben lassen. Wird der geschuldete Betrag nach einem Monat nicht bezahlt, verdoppelt er sich automatisch – das ist in Tatuapé so üblich. Als die Brasilianerin allerdings auch nach zwei Monaten ihre Rechnung noch nicht beglichen hat, spreche ich sie an.

«Du schuldest mir noch Geld. Wenn die Zigaretten bis zum Monatsende nicht da sind, sind es sogar schon sechs Stangen. Ist das klar?»

Die Brasilianerin verspricht, mir meinen Lohn bald vorbeizubringen, lässt sich aber weiterhin nicht blicken und wimmelt mich jedes Mal dreist ab, sobald ich sie auf ihre Schulden anspreche.

«Das darfst du dir nicht gefallen lassen», stellt Melanie nüchtern fest, als ich ihr davon erzähle.

Und auch die anderen Gefangenen, denen ich freundschaftlich verbunden bin, raten mir, mich auf jeden Fall durchzusetzen, da sonst bald keiner mehr für seine Frisur zahlen werde. Meine Zellenkameradin Vanessa, die dafür bekannt ist, Streit eher zu suchen, als ihm aus dem Weg zu gehen, wird sogar besonders deutlich.

«Die gehört nicht zur PCC», sagt sie. «Du kannst sie also ruhig verprügeln.» Offenbar wird hier genau unterschieden: Wer unter dem Schutz der Mafia steht, wird in Ruhe gelassen, alle anderen sind Freiwild.

«Ich weiß nicht», entgegne ich, worüber Vanessa nur verächtlich lacht.

Körperlich traue ich mir eine Schlägerei durchaus zu. Ich bin grundsätzlich sportlich, durchaus kräftig und meiner brasilianischen Gegenspielerin auch von der Größe her überlegen. Aber möchte ich mich tatsächlich prügeln? Als Kind hatte ich mich mit meinen Geschwistern ständig in den Haaren, und auch von anderen Kindern habe ich mir nie etwas gefallen lassen – allerdings ist das gut 20 Jahre her. Die Vorstellung, mich als Erwachsene auf eine Schlägerei einzulassen, fällt mir doch etwas schwer. Missmutig kaue ich einige Tage auf dieser Idee herum und überlege, wie ich es am besten anstellen soll, mir Respekt zu verschaffen. Die betreffende Frau weigert sich unterdessen weiterhin beharrlich, mich für meine Arbeit zu bezahlen. «Du hast keine andere Wahl!», sagt jede, die ich frage. Sogar Melanie, die selbst ganz bestimmt nicht zu Gewaltakten neigt, meint: «Hier gelten nun mal andere Regeln», und damit hat sie zweifellos recht.

Also überwinde ich meinen Widerwillen und schmiede einen Plan, wie ich meiner Schuldnerin eine Abreibung verpassen kann. Natürlich wäre mir dieser Auftritt ohne Zuschauer lieber, eine größere Wirkung erziele ich aber definitiv, wenn die anderen Frauen Zeuginnen meiner Ich-lasse-mir-nichts-gefallen-Aktion werden. So laure ich der Brasilianerin eines Tages, als ich nicht arbeiten muss, im Hof auf. Wütend steuere ich auf sie zu, versetze ihr einen heftigen Schubs und brülle sie an. «Pass auf: Wenn ich nicht bis morgen die Zigaretten habe, bekommst du riesigen Ärger!»

Glücklicherweise reicht dieses Theater, um meine ehemalige Kundin einzuschüchtern, und sie zahlt endlich ihre Schulden.

Viel lieber ist es mir allerdings, wenn sich andere für mich einsetzen. Glücklicherweise ist meine Zellenkameradin Vanessa dazu jederzeit und von Herzen gerne bereit. Als ich einmal Ärger mit einer massigen Spanierin habe, komme ich auf ihr Angebot zurück, solche Dinge «für mich zu regeln», wie sie es nennt.

Unser Streit beginnt, als ich bei ihr rote Haarfarbe bestelle, die ich mit Zigaretten bezahlen will. Die Fenster der Ausgabestelle haben gerade geöffnet, ich liege noch in meiner Zelle auf der Pritsche, als jemand mit einem lauten Krachen unsere angelehnte Zellentür auftritt. Die Spanierin steht zornig im Türrahmen. «Wo sind meine Zigaretten?», poltert sie los, woraufhin ich mich eilig auf den Weg mache, um meine Bestellung abzuholen und meine Schulden zu begleichen. Als ich allerdings kurz darauf von ihr Zigaretten für einen Haarschnitt bekommen soll, vertröstet sie mich immer wieder mit hanebüchenen Ausreden, die deutlich zeigen, dass sie nicht die geringste Absicht hat, mich zu bezahlen. Da ich genau weiß, dass ich gegen die Frau, die mich um gut einen Kopf überragt, nichts ausrichten kann, bitte ich Vanessa, mir zu helfen.

«Du kannst die Zigaretten gerne behalten», versuche ich sie zu bestechen. Aber Vanessa ist auch ohne Bezahlung Feuer und Flamme für diesen Auftrag, denn meine bildhübsche Zellenkameradin prügelt sich nach wie vor leidenschaftlich gern. Nur wenige Minuten nachdem sie zu der Spanierin aufgebrochen ist, kommt sie lachend und mit zwei Stangen Zigaretten im Arm zurück.

«Erledigt», lässt sie mich wissen, und ich merke, wie gut es ist, im Knast solche Freundinnen zu haben. Hier gelten tatsächlich andere Regeln, und in einem Umfeld, in dem sich alle daran halten, gewöhnt man sich schnell an diese Form der Problemlösung – mit unschönen Folgen: Man verroht.

Umso irritierender ist es, wenn sich auf einmal Leute von außen in unsere kaputte Welt begeben, diesmal ein deutsches Fernsehteam. Ursprünglich ist die Crew wegen Melanies erfolgreicher Misswahl nach São Paulo gekommen, doch nun möchte sie auch mit mir drehen. Die Tatsache, dass mein Interview diesmal im deutschen Fernsehen ausgestrahlt werden soll, macht mich nervös. Immerhin könnten mich dann mein Vater und meine Geschwister sehen und erfahren, wo ich gerade stecke. Dieser Gedanke lässt mich zaudern.

Unsicher betrete ich daher eine abgelegene Zelle im Keller, in der das Interview stattfinden soll. Die Redakteurin will wissen, wie der Alltag hinter Gittern aussieht, und interessiert sich dabei besonders für die Geschichte meines Sohnes. Bei unserem nächsten Treffen zeigt sie mir Bilder von Xavier, die sie mit einer kleinen Kamera im Kinderheim gedreht hat. Der Anblick meines Sohnes, seine Stimme zu hören, ihn zu erleben raubt mir die Fassung. Ich bin überwältigt und erleichtert, dass es ihm gutgeht, und zugleich traurig, dass eine wildfremde Frau meinen Sohn besuchen darf, während ich hier eingesperrt bin. Die Tränen laufen mir über die Wangen, ich schluchze und bin so ergriffen, dass ich es nicht kontrollieren kann. Anfangs schäme ich mich, die Fernsehkamera dabei direkt vor meiner Nase zu spüren, doch irgendwann vergesse ich die Beobachter und bin einfach nur dankbar, Xavier sehen zu können, zu wissen, dass es ihm gutgeht.

Aufgewühlt kehre ich nach dem Treffen in meine Zelle zurück und habe erneut das Gefühl, den Schmerz über die Trennung von meinem Sohn nicht ertragen zu können. Ich bin doch seine Mutter! Ich will bei ihm sein! Immer wieder rufe ich mir Xaviers Bilder ins Gedächtnis, aus Angst, sie wieder zu verlieren. Es quält mich. Ich habe das Gefühl, der Schmerz sei zu groß für meinen Körper, er drückt und kneift, und wüsste ich es nicht besser, würde ich glauben, dass er mich bald zerreißt. In den vergangenen Wochen war es mir ganz gut gelungen, meinen Alltag in den Griff zu bekommen und zu funktionieren, nun würde ich mir am liebsten wieder die Decke über den Kopf ziehen und einfach im Bett liegen bleiben. Wie früher.

Zeitgleich überrollt mich die nächste dramatische Entwicklung: Da meine ehemalige Zellenkameradin Tina weiterhin kontinuierlich an Gewicht verliert, entschließt sie sich irgendwann doch dazu, einen Bluttest durchführen zu lassen. Aufgeregt und ungeduldig warten wir auf das Ergebnis und schimpfen auf die Zustände im Gefängnis, die es zulassen, dass die Patienten mehrere Wochen auf einen einfachen Laborbefund warten müssen.

Irgendwann tritt Tina auf uns zu. «Ich bin positiv», sagt sie mit leiser Stimme, zu schockiert, um weinen zu können. Mindestens drei Jahre lang hat sie das Virus in sich getragen, ohne es zu bemerken. Ausgerechnet jetzt, fünf Monate vor ihrer Entlassung, bricht die Krankheit aus. Das ist unvorstellbar! Die agile Tina, die immer fleißig gearbeitet und die hübschen Deckchen für unsere erste Zelle gehäkelt hat, ist HIV-positiv. Auch ich bin zu entsetzt, um etwas sagen zu können.

Seit Tina ihre Diagnose kennt, baut sie noch schneller ab.

Sie verliert jeglichen Elan und kränkelt so sehr, dass sie irgendwann in ein anderes Gefängnis mit Krankenstation verlegt wird. Trotz meiner ständigen und zugegebenerweise leicht übertriebenen Panik vor einer HIV-Infektion umarme ich Tina innig, als wir uns verabschieden. Sie schenkt mir einen wunderschönen schweren selbstgeknüpften Teppich. «Zur Erinnerung», sagt sie. Es fällt mir schwer, Tina ziehen zu lassen, schließlich war sie von Anfang an in Tatuapé und für mich eine feste Bezugsperson. Wir versprechen, uns regelmäßig zu schreiben.

Tatsächlich flattern seitdem nicht nur Briefe von Werner in meine Zelle, auch mit Tina halte ich regen Briefkontakt. Und nicht nur mit ihr. Neuerdings stecken in meinem Postfach unzählige Briefe von Menschen, die ich gar nicht kenne. Offenbar ist mein Interview inzwischen in Deutschland ausgestrahlt und sogar in einer Zeitung abgedruckt worden, woraufhin mir unzählige Menschen geschrieben haben. Ermunternde Briefe, tröstende Postkarten, manche Männer wollen mich kennenlernen, andere fragen, ob sie mir Pakete schicken dürfen – welch unerwartete Ablenkung. Vor allem mit einem der Unbekannten, Stefan, entsteht ein intensiver Briefkontakt, da uns ein ähnliches Schicksal verbindet: Auch ihn haben sie beim Drogenschmuggel erwischt. Allerdings in Norwegen, wo anscheinend deutlich bessere Haftbedingungen herrschen. Stefan schreibt, sogar das Essen sei in Ordnung und es gebe niemals Bohnen. Beneidenswert!

Während dieser Zeit arbeite ich noch immer in der Schlösserfabrik, eine Aufgabe, die mich zunehmend nervt.

«Ach, komm schon, so schlimm ist es doch auch nicht», versucht Melanie mich zu motivieren. «Die Kollegen sind nett, außerdem laufen da ein paar echt hammergeile Typen herum.»

Diese «hammergeilen» Typen kenne ich. Es sind die Chefs

und Angestellten der Schlösserfertigung. «Soweit ich weiß, sind sie allesamt vergeben und fest mit anderen Gefangenen liiert», nörgele ich, nicht bereit, meine schlechte Laune so schnell aufzugeben.

Tatsächlich sind die einzigen drei Männer der Firma, die einigermaßen passabel aussehen, heiß begehrt. Da sie keine Wärter sind, droht den Gefangenen kein Ärger, wenn sie sich auf eine Affäre mit ihnen einlassen. Das steigert die Anziehungskraft der drei natürlich enorm. Deshalb hatten sie auch beinahe freie Auswahl, als sie sich für drei besonders hübsche Gefangene entschieden, mit denen sie nun fest zusammen sind. Zumindest während ihrer Arbeitszeit. In ihrem Privatleben sind sie mutmaßlich verheiratet, aber was ändert das schon? Solange die Frauen einsitzen, besteht ohnehin keine Hoffnung auf ein gemeinsames Leben. So verliebt die Männer mit ihren inhaftierten Freundinnen auch tun, Zukunftspläne schmieden sie keine. Das tun nicht einmal die Frauen, obwohl sie tendenziell eher zu derart romantischen Ausbrüchen neigen.

Ich sitze gerade an meinem Platz und schraube missmutig ein Schloss zusammen, als ein stattlicher Kerl mit kurzgeschorenem Haar und einer coolen Sonnenbrille die Werkstatt betritt. Lässig, denke ich mir. Bepackt mit einer riesigen Kiste neuer Ware, läuft er an mir vorbei, wobei ich seine muskulösen Oberarme bewundere und den Duft eines wohlriechenden Männerparfüms einatme.

«Wer ist denn das?», raune ich Melanie zu.

Mit einem breiten Lachen antwortet sie: «Das scheint der neue Lieferant zu sein, der die Einzelteile für die Schlösser bringt.»

Dieser Mann hätte mir definitiv auch in Freiheit gut gefallen: breite Schultern, durchtrainiert, dazu ein knackiger Hintern und ein jungenhaftes Gesicht. Genau mein Typ. Ich habe noch kein Wort mit ihm gewechselt, da weiß ich schon, dass ich ihn haben will. Unbedingt. Frauen in Gefangenschaft ticken in der Hinsicht offenbar genauso, wie es Männern in Freiheit oft nachgesagt wird. Als er wieder an mir vorübergeht, setze ich mich in Pose und versuche, seinen Blick auf mich zu lenken. Mir fällt auf, dass sich außer mir noch mindestens zwei andere Frauen bemühen, von ihm wahrgenommen zu werden. Kein Wunder, er ist hier derzeit der einzige gutaussehende Mann, der nicht vergeben ist.

Am nächsten Morgen verbringe ich deutlich mehr Zeit vor dem Spiegel als sonst. Ich bringe meine Haare in Form und schminke mich, nur die Kleiderwahl fällt mir zwangsläufig leicht: Es gibt ohnehin lediglich weiße T-Shirts zu beigefarbenen Hosen. Außerdem borge ich mir von einer Mitgefangenen ein Kondom – sicher ist sicher!

Als Demetrio gegen Mittag mit neuer Ware erscheint, stelle ich zufrieden fest, dass er ebenfalls nach mir Ausschau hält. Da können sich die anderen Frauen verrenken, wie sie wollen, freue ich mich. Obendrein scheint er einen der Chefs nach mir zu fragen, da beide in meine Richtung blicken, während sie miteinander reden. Ist das aufregend!

Am dritten Tag – kurz vor der Mittagspause – spricht er mich zum ersten Mal an. Einen wirklich pfiffigen Eindruck macht er dabei nicht, aber zumindest sieht er auch von nahem sensationell gut aus, mit warmherzigen dunklen Augen, kräftigen Händen und liebenswerten Falten um den Mund, wenn er lacht. Seine Zähne sind strahlend weiß, und er duftet, dass ich auf der Stelle zerfließen könnte.

Wenige Minuten später haben wir zum ersten Mal Sex. Wild und ausgehungert fallen wir auf einem der Produktionstische übereinander her, während die anderen Gefangenen in ihren Zellen die eklige Bohnenpampe essen müssen. Eine Stunde lang wälzen wir uns hemmungslos über den Boden und die Tische, dann hören wir, wie die ersten Kolleginnen nach der Mittagspause zurück an ihren Arbeitsplatz kommen. Hastig lassen wir voneinander ab und springen schnell in unsere Kleider. Die anderen merken natürlich sofort, was los ist, und zumindest zwei der Frauen funkeln mich ziemlich zornig an. Melanie dagegen lacht wissend. Und Demetrio verschwindet nach draußen.

Auch in den nächsten Tagen verzichte ich auf das Mittagessen, um meine einstündigen Pausen mit dem hübschen Demetrio zu verbringen. Wir reden zwar kaum miteinander, aber da er weder besonders schlau noch witzig zu sein scheint, fehlt mir das auch nicht. Der Sex dagegen ist wunderbar! Nur das Besorgen der Kondome bereitet mir bald Stress. Schließlich kann ich schlecht Pfarrer Waldmann darum bitten, mir welche mitzubringen, und auf der Einkaufsliste stehen sie auch nicht. Meine einzige Chance ist, die verheirateten Frauen danach zu fragen, die welche von der Gefängnisleitung für ihre samstäglichen Gattenbesuche gestellt bekommen. So weiß zwar bald jede hier, dass ich entweder Sex habe oder neuerdings Handys verstecke, aber was soll's. Das ist immer noch besser, als erneut schwanger zu werden oder mir irgendeine Krankheit einzufangen.

In dieser Zeit verlieren die SMS-Flirts für mich deutlich an Reiz. Ein Mann aus Fleisch und Blut fühlt sich nun mal wesentlich besser an als irgendwelche Hirngespinste. Vor allem Demetrio fühlt sich großartig an, was mich dazu bringt, nicht nur die Mittagsmahlzeit konsequent ausfallen zu lassen, sondern auch ein wenig Sport zu treiben. Manchmal spiele ich mit einigen anderen Gefangenen Volleyball im Hof, und wenn sich dafür niemand findet, laufe ich um unseren Gefängnishof – bis zu dreißig sterbenslangweilige Runden. Joggen macht mir ohnehin keinen Spaß, aber auf diesem kleinen Platz und mit der immer gleichen Umgebung ist die Lauferei besonders öde. Eines muss ich allerdings zugeben: Meiner Stimmung tun der regelmäßige Sex und die sportliche Betätigung im Gefängnishof sensationell gut.

Zudem erreicht mich nun endlich die Nachricht, auf die ich seit zwei Jahren gewartet habe: mein Gerichtsurteil. Aufgeregt reiße ich den Umschlag auf. Unfassbar, dass die so lange gebraucht haben, um die Haftdauer festzulegen, denke ich und schimpfe innerlich mal wieder über das schlafmützige brasilianische Beamtentum, bis ich den Zettel endlich auseinandergefaltet habe. Da steht es: Ich werde zu einer Haftstrafe von insgesamt vier Jahren verurteilt. Mir fällt ein Stein vom Herzen. Ich könnte jubeln. Nachdem ich mit ungefähr zehn Jahren gerechnet habe, ist dieses Urteil beinahe ein Grund zum Feiern. Obwohl ich ganz eindeutig und zugegebenermaßen von den Drogen gewusst habe, werde ich nicht härter bestraft als meine angeblich unschuldigen Mitgefangenen. Das ist großartig! Abgesehen davon tut es gut, nun endlich einen Termin im Kopf zu haben, mit dem ich planen kann.

«Vier Jahre, abzüglich der Arbeitszeit, da habe ich gute Chancen, diese Hölle hier in anderthalb Jahren verlassen zu können», rechne ich Melanie vor. «Und dann hole ich meinen Sohn aus dem Heim.»

Demetrio freut sich mit mir über diese Neuigkeit und fängt sogar an, gemeinsame Pläne für die Zeit nach meiner Entlassung zu schmieden. Meinetwegen könnte es bis zum Haftende so weitergehen, doch eines Tages ist mein Liebhaber völlig zerknirscht, als er in der Firma ankommt.

«Ich soll versetzt werden», erklärt er mir, als ich nachfrage.

«Versetzt? Warum denn das?», frage ich verwundert.

«Angeblich macht der Laden hier dicht.»

Dieses Gerücht ist auch mir schon zu Ohren gekommen, die drei Frauen, die mit den Chefs zusammen sind, haben es verbreitet. Anfangs habe ich es als Wichtigtuerei und Gerede abgetan, aber nun fange ich an, es zu glauben.

Zum ersten Mal verbringen wir unsere gemeinsame Mittagspause bekleidet und sittsam, wir reden einfach. Da das Ende unserer Beziehung mit einem Mal greifbar wird, verspüre ich eine tiefe Traurigkeit, die ich überhaupt nicht erwartet habe. Demetrio war mir lange Zeit so selbstverständlich, dass ich mir nicht einmal ausgemalt habe, wie es ohne ihn wäre.

Kurze Zeit später ist er dann weg. Zwar versucht Demetrio noch einige Male, mich über mein Mobiltelefon zu erreichen, aber sobald ich seine Nummer im Display erkenne, nehme ich das Gespräch nicht an. Ich glaube nicht an eine gemeinsame Zukunft. Wenn ich diesen ganzen Horror hier hinter mir habe, möchte ich noch einmal von vorn anfangen. Ohne Demetrio. Allerdings spüre ich hinter meiner vehementen Ablehnung dieser Beziehung auch die Angst, erneut verletzt zu werden. Vorsichtshalber mag ich mich gar nicht erst ernsthaft auf einen neuen Mann einlassen. Mir reicht schon mein Schmerz wegen Xavier, noch mehr Kummer wäre für mich nicht zu ertragen.

Da ich nach Demetrios Versetzung fest damit rechne, dass die Schlösserfabrik demnächst schließt, bewerbe ich mich bei der Firma, die Wasseruhren herstellt, und bekomme prompt einen Platz. Damit sind zumindest mein Einkommen und die Haftverkürzung weiterhin gesichert. Kaum dass ich die neue Arbeit aufgenommen habe, wird die Schlösserfabrik tatsächlich geschlossen. Die meisten meiner ehemaligen Kolleginnen werden arbeitslos und müssen lange warten, bis sie in einer der anderen Fabriken unterkommen. Glück gehabt, denke ich erleichtert.

Nur leider komme ich kaum dazu, mich an meinem neuen Arbeitsplatz einzurichten, denn es droht auch schon die nächste, wesentlich umfassendere Veränderung: Unsere Haftanstalt soll geschlossen werden.

«Eine ganz Haftanstalt? Das glaube ich nicht», wiegele ich das Gerücht anfangs noch ab, trotzdem kann ich mich nicht ganz von der allgemeinen Aufregung befreien, die herrscht, seit wir diese Hiobsbotschaft gehört haben. Zunächst machen lediglich Vermutungen die Runde, doch bald erfahren wir weitere Details: Wir sollen allesamt in das ehemalige Männergefängnis Santana Carandiru verlegt werden, während unsere Haftanstalt zum Jugendgefängnis umgebaut werden soll. Die Anspannung unter den Frauen steigt. Von meiner Zellenkameradin Cida erfahre ich, dass die «Schwestern» mit einer Revolte drohen, sollten sie tatsächlich verlegt werden.

«Eine Revolte?», frage ich ängstlich und habe sofort die Bilder der schreienden Militärpolizisten vor Augen, die vor ungefähr zwei Jahren in das Frauengefängnis Butanta gestürzt sind, als dort eine Rebellion ausgebrochen war. Ich denke an die blutenden Wärter, die grölenden Gefangenen, das Feuer. «Wieso das denn?»

Cida schnalzt abfällig mit der Zunge. «Im Santana gibt es weder eine Krankenstation noch Arbeit. Das dürfen wir uns doch nicht gefallen lassen.»

Ich nicke, und Dacar 4, meine erste Haftstation, fällt mir wieder ein. Dort haben die Gefangenen den ganzen Tag lang nur gelangweilt im Hof gesessen, wodurch es viel häufiger zu Streitereien und brutalen Schlägereien kam. Ich erinnere mich noch gut daran, wie auch ich diese Unstimmigkeiten begrüßt habe, einfach nur, weil sie ein bisschen Abwechslung bedeuteten.

Niemals hätte ich mir vorstellen können, dass ich mir einmal wünschen würde, in diesem heruntergekommenen Gemäuer, der Haftanstalt Tatuapé, bleiben zu dürfen. Doch nun ist es so. Da sich die Gerüchte hartnäckig halten, ohne dass irgendetwas passiert, wächst in mir die Hoffnung, dass es sich bei dieser angeblichen Verlegung nur um ein Märchen handelt. Ein verunsicherndes Gerücht, wie es schon unzählige zuvor gegeben hat. Mal hieß es, die Wärter würden den Kaffee vergiften, ein anderes Mal, dass alle Ausländerinnen, also auch ich als Deutsche, im Gefängnis verprügelt würden, und letztendlich kann ich bis heute nicht mit Gewissheit sagen, ob unsere Mahlzeiten tatsächlich mit Hormonen versetzt werden. Alles Gerüchte, die man glauben kann oder auch nicht.

Auch wenn sich die meisten irgendwann bewahrheiteten, die Umzugsgeschichte möchte ich erst einmal nicht glauben. Daher greife ich auch sofort zu, als mir eine Gefangene anlässlich ihrer Entlassung ihren Fernseher verkaufen möchte. Der Bildschirm ist deutlich größer als der meines Minifernsehers und damit eine enorme Verbesserung. Da ich noch immer fest damit rechne, bis zum Ende meiner Haftzeit in Tatuapé zu bleiben, spricht nichts dagegen, es mir hier so gemütlich zu machen, wie es in dieser Umgebung eben möglich ist.

Der Dezember beginnt, Xavier feiert im Kinderheim seinen zweiten Geburtstag, und ich erinnere mich an den Tag seiner Entbindung und staune, wie schnell die Zeit vergangen ist. Zwei Jahre. Nun wird er hoffentlich nur noch einen Geburtstag ohne mich feiern müssen! Leider darf ich meinem Sohn auch in diesem Jahr kein Geschenk ins Kinderheim schicken, sodass ich weiterhin keine Möglichkeit sehe, mich bei meinem Kleinen in Erinnerung zu bringen. Die Vorstellung, dass Xavier wahrscheinlich nichts von meiner Existenz und meiner Liebe zu ihm weiß, ist sehr schmerzhaft.

Die Hoffnung, dass der Anwalt mir irgendwann einen Besuchstermin ermöglichen wird, habe ich inzwischen aufgegeben. Wann immer ich ihn in meinen Briefen oder wenn er uns besucht, danach frage, vertröstet er mich, ohne jemals konkret zu werden – weder in die eine noch in die andere Richtung. Er teilt mir weder mit, dass es nicht geht, noch nennt er mir eine Bedingung, unter der ein Besuch möglich wäre, er sagt einfach nur: «Das bekommen wir schon hin.» Und das seit über anderthalb Jahren.

«Eigentlich könnte ich mir den Typen sparen», schimpfe ich bei Melanie. Dennoch traue ich mich nicht, mein Mandat zu kündigen. Wer weiß, vielleicht bewirkt er ja irgendwann doch etwas?

Währenddessen hält sich weiterhin das Gerücht, dass wir verlegt werden, ohne dass es irgendeine amtliche Bestätigung findet. Diese Dauerungewissheit, die für uns Gefangene die Angst vor einer Revolte am Lodern hält, zermürbt mich. Zudem steht Weihnachten vor der Tür. Seit man mir Xavier weggenommen hat, empfinde ich ohnehin jede Feierlichkeit als unerträglich, aber der Heilige Abend ist besonders schlimm. Dann bekommen die meisten brasilianischen Mütter hier in der Haftanstalt nämlich Besuch von ihren Kindern. Ich höre ihr glückliches Lachen und fröhliches Quietschen, als ich in meiner Zelle auf der Pritsche liege und Stephen Kings *Duddits Dreamcatcher* lese. Das Buch hat Melanie von ihren Eltern geschickt bekommen. Schön, dass es wenigstens auf dem Papier Menschen gibt, deren Situation wesentlich auswegloser erscheint als meine eigene.

Meine Laune rutscht in den folgenden Tagen immer weiter in den Keller, und an Silvester stehe ich kurz vor einem Nervenzusammenbruch. Mir wird auf einmal alles zu viel: das Eingesperrt- und Ausgeliefertsein, die Trennung von meinem Sohn, die ständige Angst vor verrückten Mitgefangenen, das permanente Sichverstellen, die Enge, die Bedrückung und nun auch noch die drohende Revolte. Obwohl ich in Freiheit nie psychische Probleme hatte, fühle ich mich zum Jahreswechsel wieder schwer depressiv. Zu nichts kann ich mich aufraffen, den ganzen Tag bin ich lustlos und traurig und spüre ein Gewicht an meinem Herzen, das mir schier den Atem raubt. Weder meinen Freundinnen noch meiner Selbstbeherrschung ist es möglich, mich aus diesem Loch zu ziehen.

Glücklicherweise hält sich die unerträglich trübe Stimmung diesmal nicht lange. Erschrocken über das massive Stimmungstief und voller Sorge, dass es wiederkehren könnte, gelingt es mir bald wieder, zumindest meinen Gefängnisalltag zu stemmen.

Alles geht in den folgenden Wochen seinen gewohnten Gang, bis zum 1. Februar 2006. An jenem Tag wird es plötzlich unruhig in Tatuapé, denn Pavillon 1 wird geräumt, ohne offizielle Vorankündigung einfach verlegt. Das Gerücht ist also wahr. Obwohl wir uns nun schon so lange mit dem Gedanken befasst haben, geraten wir in Aufruhr. Es wird nur noch wenige Tage dauern, bis auch wir nach Santana Carandiru gebracht werden. «Bei jeder Rebellion gibt es Verletzte oder sogar Tote», prophezeie ich Melanie, die sich vor unserer Verlegung genauso sehr fürchtet wie ich. Da wir nicht genau wissen, wann unser «Umzug» ansteht, packen wir vorsichtshalber all unsere Habseligkeiten in mehreren Wäschekörben zusammen und trennen uns schweren Herzens von zahlreichen verbotenen Gegenständen. Auch mein Handy landet im Müll.

Als exakt eine Woche später morgens die Zellen nicht aufgeschlossen werden, versetzt uns das zum ersten Mal, seit ich mich in brasilianischer Gefangenschaft befinde, nicht in Panik. Keine von uns rechnet damit, dass die Choque-Truppe einfallen könnte, wir alle gehen fest davon aus, dass unser Pavillon nun geräumt wird. Wenig später rufen es die ersten Gefangenen über die Gänge: «Wir werden abgeholt!»

Nach zwei Stunden Warten geht es los. Die Zellen werden aufgesperrt, und sie führen uns über den Hof und durch die Schleuse in das Eingangsgebäude, wo die Wärter unsere Wäschekörbe in Empfang nehmen. Meiner ist voll bis zum Rand: mit dem schwarzen Hosenanzug, den ich bei meiner Verhaftung getragen habe, mit Decken, Kosmetika, Briefen, gehäkelten Deckchen, Xaviers Schnuffeltuch, dem Strampler und dem selbstgenähten Kissenbezug und Tinas Teppich. Obenauf thront das stattliche, schwere Fernsehgerät. Die Wärter schreiben genau auf, was in den einzelnen Körben steckt, und scheuchen uns dann weiter, damit wir uns noch einmal untersuchen lassen: ausziehen, hinhocken, durch die Haare fahren, Mund öffnen, Kniebeuge, Spiegel drunterhalten, fertig!

Etwa zu fünfzigst sperren sie uns anschließend in große Transporter, die uns in unser neues Heim bringen sollen. Ins Santana Carandiru. Der Name dieses Gefängnisses ist berühmtberüchtigt: 1992 fand in dem Männergefängnis eine Revolte statt, die die Militärpolizei mit einer unglaublichen Brutalität niedergeschlagen hat. Über 100 Gefangene haben sie regelrecht hingerichtet, weitere 100 verletzt. Angeblich zählt dieses Massaker weltweit zu den schlimmsten Gefängnis-Massenmorden überhaupt und wurde zum Anlass für die Gründung der PCC, der ortsansässigen Mafia.

Die Zellenblöcke 6, 8 und 9 wurden vor Jahren gesprengt. Wir sollen nun in einen frischrenovierten Trakt des ehemaligen Carandiru-Gefängniskomplexes einziehen. Hoffentlich ist seine Geschichte kein schlechtes Omen, denke ich.

Beunruhigt sehe ich zu einigen Schwestern hinüber, die sich aufgebracht miteinander beratschlagen. Sie haben Ärger angekündigt, mit einer Rebellion gedroht, und ich bin mir sicher, dass diese bald stattfinden wird. Mit einem unguten Gefühl im Magen fahre ich im Februar 2006 meiner hoffentlich letzten Haftanstalt entgegen.

SANTANA CARANDIRU Die Unruhen beginnen

Ähnlich wie in deutschen Viehtransportern gibt es in unserem Wagen keine Fenster, sondern schmale Sehschlitze, die lediglich einen ungefähren Eindruck davon vermitteln, wie es draußen aussieht und wo wir uns befinden. Aber als der Fahrer das Tempo drosselt und ein Tor quietscht, woraufhin wir einige Meter langsam vorwärtsrollen, ehe wir zum Stehen kommen, wissen wir, dass wir unser Ziel erreicht haben: Santana Carandiru.

Der Fahrer springt aus dem Transporter und knallt die Tür zu. Undeutlich hören wir, wie er mit einem Mann spricht, der offenbar irgendwelche Papiere überprüft und ihn anschließend anweist, durch ein weiteres Tor zu fahren, wo dann endlich die Ladeklappe geöffnet wird. Schnell klettern wir aus dem Wageninneren und sehen uns neugierig um. Wie gepflegt hier alles aussieht. Santana Carandiru ist offenbar gerade komplett renoviert worden.

Wir werden alle zusammen in eine riesige, rundum vergitterte Zelle geführt, in der sie uns stundenlang warten lassen. Angeblich müssen zunächst unsere Waschkörbe verladen werden. «Das kann doch nicht so lange dauern», nörgele ich, und Melanie zieht genervt die Stirn kraus. Wir sind froh, als es irgendwann weitergeht und sie uns in einen Keller führen, wo wir noch einmal komplett durchsucht werden. Ausziehen, hinhocken, durch die Haare fahren – kennen wir alles schon. Anschließend durchlaufen wir jeweils zu zweit eine Metalldetektorenschleuse, die versteckte Handys aufspürt. Zum Schluss müssen wir noch unsere alte Anstaltskleidung gegen die neue eintauschen. Im Santana Carandiru tragen die Häftlinge nämlich weiße T-Shirts zu sonnengelben Gummizughosen. Wir sehen aus wie ein Stall voller Küken. Dann werden wir in die Zellen verteilt, die sich jeweils zwei Frauen teilen sollen. Da die Auswahl uns überlassen bleibt, entscheiden Melanie und ich uns, noch einmal zusammenzuziehen, auch wenn es beim letzten Mal nicht funktioniert hat.

Aufgeregt folgen wir unserem Wärter durch einen endlos langen Gang. Rechts und links gehen die Türen zum Pavillon 1 ab, der bereits komplett mit Frauen aus verschiedenen Haftanstalten belegt ist. Dann folgen beidseitig Türen, die zum großen Hof führen, dahinter kommt unser Pavillon 2, in den die Gefangenen von Tatuapé einziehen sollen. «Der dritte Pavillon befindet sich noch im Bau», erklärt uns der Aufpasser, nicht ahnend, welche Begeisterung diese Information bei den Gefangenen auslöst. Sie wissen genau: Wo Bauarbeiten stattfinden, da sind auch Bauarbeiter. Nach Schweiß riechende, muskelbepackte Kerle – echte Männer! Schließlich gibt es hier sonst, mit Ausnahme der Wärter, keinen einzigen Mann in Sichtweite.

Doch Melanie und ich staunen lediglich darüber, wie riesig dieses Gefängnis ist. Über 900 Gefangene passen allein in unseren Trakt, es ist gigantisch. Von dem Wärter erfahren wir außerdem, dass Carandiru tatsächlich einmal der größte Gefängniskomplex von ganz Lateinamerika war.

Melanies und meine Zelle liegt in der zweiten Etage. «Hier ist auch alles frisch renoviert», stelle ich gerade fest, als hinter uns die Tür zugeschlagen wird. Wir sehen uns um. Anders als in den vorherigen Unterkünften wuchert hier nirgendwo schwarzer Schimmel an den Wänden. Ungefähr bis auf Brusthöhe sind die Wände mittelblau, oberhalb weiß gestrichen. Rechts und links kleben zwei Betonpritschen an den Wänden, geradeaus und durch eine dünne Wand ohne Tür getrennt, befindet sich das Bad mit Dusche, Toilette und Waschbecken. Es ist deutlich ordentlicher und sauberer als in Tatuapé, wir sind nur zu zweit, haben jeder ein eigenes Bett, und trotzdem fühlen wir uns irgendwie unwohl. Hier ist alles so steril, so leblos.

Bislang hingen in allen Zellen Fotos, Poster und Vorhänge an den Wänden, Häkeldeckchen sorgten für eine gewisse Wohnlichkeit. Man spürte die Bemühungen unzähliger Gefangener, ihre Umgebung etwas wohnlicher zu gestalten. Diese neue Zelle dagegen hat nichts Heimeliges, sie sieht einfach nur nach Gefängnis aus. Hart, kalt, ungemütlich. Unter der Eisentür fegt ein eisiger Wind herein, sodass Melanie und ich uns zuerst schlotternd in unsere Decken wickeln, um uns ein wenig aufzuwärmen. Auf den Gängen herrscht Totenstille.

«Kaum zu glauben, dass hier so viele Gefangene untergebracht sein sollen», meint Melanie, und ich pflichte ihr bei. Die Stille ist erdrückend.

Erst als das Essen gebracht wird, kehrt wieder Leben in uns. Dankbar nehmen wir die Aluschalen entgegen und sind gespannt, was uns erwartet. Unsere Ansprüche sind wirklich nicht hoch, aber mit einer solchen kulinarischen Katastrophe haben wir nicht gerechnet. Angeekelt rümpfe ich die Nase. In einer übelriechenden Soße schwimmen Bohnen neben zähem Fleisch und sandigem, verrottetem Salat. Und alles – nicht nur der Salat – ist eiskalt. «Widerlich», bestätigt Melanie mein Entsetzen und kämpft gegen einen Würgereiz an, nachdem sie einen Bissen dieser bitterschmeckenden Mahlzeit probiert hat.

Etwas später, um 14 Uhr, dürfen wir die Zellen endlich verlassen. Aufgebracht laufen die Gefangenen zusammen, um sich über die unwirtlichen Bedingungen zu beschweren. Aber nur kurz. Um Punkt 16 Uhr jagen uns die Wärter zurück in unsere Zellen. Nach nur zwei Stunden Ausgang! Dabei sind wir aus Tatuapé gewohnt, uns den ganzen Tag über einigermaßen frei bewegen zu können. Die neuen Aufschlusszeiten sind eine Qual. Morgens lassen sie uns von 9 bis 11 Uhr in den Hof und dann noch einmal am Nachmittag für zwei Stunden. An manchen Tagen dürfen wir unsere Zellen gar nicht verlassen, etwa wenn nicht genügend Wärter Dienst haben. Schon an normalen Tagen ist ein «Agente» für über 200 Gefangene zuständig; wenn dann noch einer ausfällt, bricht das ganze System zusammen.

Aufgrund des Personalmangels dauert es ganze drei Tage, bis wir endlich unsere Wäschekörbe mit den ersehnten Zahnbürsten, Shampoos, Seifen und Kleidern bekommen. Freudig platziere ich den Fernseher auf dem Regal neben meinem Schlafplatz und breite Tinas schweren Teppich auf dem Boden aus, der unsere Zelle gleich deutlich gemütlicher aussehen lässt. Dann bekomme ich einen Schreck.

«Bei mir fehlt etwas», sage ich entsetzt.

«Ach, Quatsch», wiegelt Melanie ab. «Sieh nochmal genauer hin.»

«Nein, ganz sicher. Es ist weg.»

«Was denn?» Melanie kommt näher, um mir neugierig über die Schulter zu linsen.

«Mein schwarzer Hosenanzug und die Stiefel sind verschwunden.» Ich kann es einfach nicht glauben. Eine dieser fiesen Wärterinnen, die dazu auserkoren sind, auf uns Kriminelle aufzupassen, muss meine schönen Anziehsachen gestohlen haben.

Melanie, nun ebenfalls erschüttert, durchforstet sofort ihren eigenen Wäschekorb, ob ihr ebenfalls etwas fehlt, aber glücklicherweise ist alles da.

«Schweinebande!», schimpfe ich und bin dermaßen bedient von unserem Umzug, dass ich beinahe in der Stimmung wäre, selbst eine Revolte anzuzetteln, um es diesen gemeinen Wärtern heimzuzahlen. «Dieser blöde, schwachsinnige Umzug», schimpfe ich vor mich hin.

Auch bei den anderen Gefangenen wächst der Unmut. Die Schwestern stecken die meiste Zeit verschwörerisch die Köpfe zusammen und lassen keine Gelegenheit aus, die Wärter anzufeinden. Man kann deutlich spüren, wie die Angriffslust bei ihnen und den anderen Häftlingen wächst. Kein Wunder: Das Essen ist schlecht, es gibt keine Arbeit, Unterricht ebenso wenig, allen ist sterbenslangweilig. Nach einigen Tagen verkünden die Schwestern jedem und bei jeder Gelegenheit: «Nicht mehr lange, und der ganze Laden hier fliegt in die Luft.»

Mittlerweile weiß ich schon gar nicht mehr, ob ich eine Revolte wirklich schlimm finden soll. Die Verhältnisse in Santana Carandiru sind wirklich unerträglich. Außerdem strengt mich die Warterei auf dieses angekündigte Großereignis enorm an. Mir wäre lieber, die Sache möglichst schnell hinter mich zu bringen, anstatt ewig darauf zu lauern. Noch weiß keiner, wann es losgehen wird, selbst die Schwestern nicht. Sie warten jeden Tag auf das «Okay» von den Mafiabossen. Wir anderen sind hin- und hergerissen. Einerseits wollen wir unseren Unmut über diese Haftbedingungen herausschreien, andererseits haben wir Angst vor den Begleiterscheinungen einer Revolte, vor Verletzten, vielleicht sogar Toten.

Dementsprechend angespannt ist nicht nur die Stimmung im gesamten Gefängnis, sondern auch zwischen Melanie und mir.

Wir sind beide dauergenervt und zicken uns bei der kleinsten Gelegenheit an. Es gibt Abende, an denen wir kein einziges Wort miteinander reden, obwohl wir so dicht aufeinanderhocken. Deshalb entscheiden wir uns nach zwei Wochen, besser wieder getrennt zu wohnen. Melanie zieht eine Etage weiter nach oben, und ich bleibe allein. Zum ersten Mal seit zweieinhalb Jahren höre ich nachts niemanden atmen, habe mein Badezimmer ganz für mich, kann selbst entscheiden, wie lange und in welcher Lautstärke ich nachts fernsehen möchte – alles in allem ein unerwartet bedrohliches Gefühl! Anstatt erleichtert zu sein, halte ich schnellstens Ausschau nach einer neuen Mitbewohnerin. Ich habe Angst, allein zu sein.

Zur gleichen Zeit erreicht die Schwestern unserer Haftanstalt die entscheidende Nachricht: Ihre Verbündeten von der Mafia, die vor kurzem in Tatuapé versucht haben soll, eine Frau zu erstechen, werden in ihrem neuen Hochsicherheitsgefängnis regelmäßig von den anderen Gefangenen, allen voran Kindsmörderinnen und Verräterinnen, aufs übelste misshandelt. Manche von ihnen werden sogar mit Besenstielen vergewaltigt, geschlagen und gequält. Daher bekommen sie nun endlich das ersehnte «Okay» von den Mafiabossen: Nach dem morgendlichen Aufschließen der Zellen soll die Rebellion starten, um die sofortige Verlegung der geschundenen Schwestern zu erpressen.

Melanie erfährt es schon am Vortag. «Du, morgen geht es los», teilt sie mir aufgeregt mit, als wir uns auf dem Hof sehen. Sofort kriecht die Angst vor dem unkontrollierbaren Hexenkessel, der uns nun erwartet, in mir hoch.

Erwartungsgemäß schließen die Wärter pünktlich um 9 Uhr sämtliche Zellen auf, woraufhin wir uns artig in den Hof begeben. Alles verläuft völlig normal, in kleinen Grüppchen sitzen die Gefangenen am Boden, unterhalten sich oder starren vor sich hin. Nichts deutet auf eine Rebellion hin. Auch die Schwestern verhalten sich wie immer.

«Ich glaube, heute passiert nichts!», sage ich zu Melanie, die argwöhnisch in die Runde blickt, ob sie nicht doch irgendetwas Auffälliges entdeckt. Inzwischen ist es 10.55 Uhr, in fünf Minuten ist der Freigang zu Ende. Da ertönt plötzlich ein undefinierbarer lauter Knall. Die Gefangenen springen auf und brüllen: «Rebellion!»

Im nächsten Moment kommt auch schon die erste Schwester mit einem Wärter im Schwitzkasten herbei und hält ihm einen Schraubenzieher an die Kehle. Die Frau ist maskiert. Dicht hinter ihr läuft eine weitere vermummte Schwester, die einer schwangeren Wärterin mit einem aus einer Blechdose gebastelten Messer in den Hals piekt. Die Überwältigte weiß genau, dass jede falsche Bewegung ihren Tod bedeuten würde, und fängt an zu weinen. Obwohl sie mir leidtut, darf ich mein Mitgefühl nicht zeigen, stattdessen renne ich in meine Zelle, um mir ein T-Shirt zu holen, das ich mir über den Kopf ziehe und dessen Arme ich so vor meinem Gesicht verknote, sodass nur die Augen sichtbar bleiben. Schließlich möchte ich auf keinen Fall erkannt werden.

Inzwischen sind die meisten Gefangenen maskiert. Suchend blicke ich mich nach Melanie um, die aufgrund ihrer Größe und der hellblonden Haare leicht auszumachen ist. Ängstlich nehme ich ihre Hand. Wir wissen beide nicht, wie wir uns verhalten, was wir nun tun sollen, und laufen zunächst planlos hin und her, quer über den Hof. Dann schließen wir uns einer Gruppe Gefangener an, die den Wärtern sämtliche Schlüssel abgenommen haben und nun die Türen öffnen.

Johlend rennen wir durch den endlosen Gang, wobei wir Lampen kaputtschlagen und überhaupt alles zerstören, was uns in den Weg kommt. Als wir im Pavillon 1 ankommen, ist dort noch alles ruhig. Mit klopfendem Herzen öffnen wir die Tür, doch als wir merken, dass uns weder bewaffnete Polizisten noch Wärter erwarten, laufen wir von Zelle zu Zelle, um alle Gefangenen zu befreien. Einige sehen uns ängstlich an, trotzdem wagt keine, in ihrer Zelle zu bleiben. Alle stürmen johlend und schreiend nach draußen.

«Komm, wir gehen zurück in unseren Hof», ruft Melanie auf einmal, und ich folge ihr. Dort haben die Schwestern den verängstigten, blutig geschlagenen Wärtern bereits die weiß-gelbe Häftlingskleidung angezogen. Man sieht ihren Gesichtern an, dass sie glauben, sterben zu müssen. Zum ersten Mal erlebe ich Menschen in Todesangst. Eine Wärterin hängt ohnmächtig auf zwei Gasflaschen, die die Gefangenen von der Krankenstation geholt haben. Darauf wird die Frau nun festgebunden.

«Wenn die Choques kommen, fliegt sie in die Luft!», drohen einige der Gefangenen. Man merkt ihnen die Begeisterung für diese Idee an. Sie wirken wie wahnsinnig in ihrem Gewaltrausch. Eine hünenhafte Brasilianerin brüllt: «Ich bringe sie um, lasst mich sie umbringen!»

Nur den energischen Schwestern ist es zu verdanken, dass dieser Wunsch nicht in die Tat umgesetzt wird. Sie sind per Handy mit den Mafiosi draußen verbunden, die ihnen klare Anweisungen geben. «Keine Toten», lautet die Forderung, die das brasilianische Mannweib zur Verzweiflung treibt. Sie ist so zornig, dass sie anfängt zu weinen. Sie schluchzt, weil sie nicht töten darf. Unglaublich! In diesem Moment entdeckt Melanie, dass auch die Tür zu Pavillon 3 offen steht. Neugierig laufen wir in den Rohbau, in dem wir überaus eindeutige Geräusche vernehmen. Während wenige Meter entfernt die Gefängniswärter um ihr Leben bangen, vergnügen sich hier einige Frauen mit den Bauarbeitern. Das ist völlig absurd. Und kaltschnäuzig dazu.

Schnell laufen wir zurück in unseren Pavillon, wo die Schwestern gerade die Nachricht erreicht, dass ihre gefolterten Kolleginnen inzwischen – wie gefordert – in ein anderes Gefängnis verlegt wurden. Die Rebellion war also erfolgreich und kann beendet werden. Um 16 Uhr ist die Machtübernahme durch die Schwestern vorbei. Artig geben sie den verängstigten Wärtern die Schlüssel zurück, ehe wir uns in unsere Zellen begeben und darauf warten, wieder eingeschlossen zu werden.

Drei Tage lang dürfen wir nicht hinaus. Drei Tage, in denen ich wünschte, Melanie wäre noch hier. Selbst unsere Streitereien wären mir lieber, als mich überhaupt nicht auseinandersetzen zu können. Frustriert nehme ich mir vor, mich umgehend um eine Mitbewohnerin zu kümmern, sobald ich dazu die Gelegenheit bekomme.

Auf einmal wird es laut im Hof. Ich höre Geschrei und Hundegebell und weiß sofort, was das bedeutet: Die Choque-Truppe ist eingetroffen. Die ohnehin nicht gerade zimperlichen Männer lassen diesmal ihrem Zorn freien Lauf. Bei der Mundkontrolle rammt mir einer sein Gewehr so tief in den Rachen, dass ich vor Schmerzen zusammenzucke. Mehrmals schlägt ein Mann mich heftig mit dem Knüppel, ehe er mich aus der Zelle stößt. Diesmal warten wir nicht im Hof auf den Abzug der Polizisten, sondern im Gang vor den Zellen. Man spürt ihre Wut, ihre unbändige Aggression. Ich zittere vor Angst und bin froh, als sie die Haftanstalt verlassen.

Erst am vierten Tag kehrt wieder der Alltag in unserem Gefängnis ein. Pünktlich um 9 Uhr dürfen wir für zwei Stunden die Zellen verlassen, und sofort mache ich mich auf die Suche nach einer neuen Mitbewohnerin.

Spontan bietet mir meine direkte Zellennachbarin Rosanna an, zu ihr zu ziehen, denn auch sie hat es satt, allein zu sein.

Da sie ruhig und zurückhaltend wirkt, stelle ich mir vor, dass sie eine angenehme Zellengenossin wäre. Deshalb sage ich gerne zu, packe meine Sachen und richte mich noch am selben Tag in ihrer Zelle ein. Trotz ihrer 34 Jahre sieht Rosanna so runzlig und faltig aus, dass man sie locker auf 50 schätzen könnte. Ich ahne, dass ihr Schlimmes widerfahren sein muss, ohne zu wissen, was es ist.

Schon nach wenigen Tagen vertraut sie mir ihre traurige Geschichte an. Die Brasilianerin ist als junges Mädchen von drei Männern brutal vergewaltigt worden. Sie wurde schwanger und gebar mit 15 ein kleines Mädchen, das sie bei ihrer Mutter ablieferte. Seitdem lebte sie auf der Straße, psychisch zerstört und getrieben von dem Gedanken, sich an den Männern zu rächen, die ihr das angetan haben. Es gelang ihr, zwei der Vergewaltiger mit einem Messer zu erstechen. Der dritte blieb verschont, weil sie bei einem Raubüberfall geschnappt wurde, bevor sie ihn erwischte. Dafür wurde sie verurteilt und sitzt seitdem im Gefängnis.

«Den dritten hole ich mir auch noch, das kannst du mir glauben», beendet sie ihre Erzählung.

Ich nicke. Was für eine schreckliche Geschichte! Ich finde es zwar gruselig, mit einer Mörderin die Zelle zu teilen, kann ihre Beweggründe für die Taten jedoch nachvollziehen. Ihre Horrorgeschichte geht allerdings noch weiter.

«Vor vier Jahren wurde bei mir dann auch noch Aids festgestellt. Was ich nicht verstehe: Ich habe trotzdem seit Jahren konstant gute Blutwerte und nehme auch nicht ab. Vielleicht haben die sich bloß geirrt, vielleicht bin ich ja gar nicht positiv. Mir geht es doch bestens.»

Diese Theorie kann ich leider nicht stützen. Sofort muss ich an Tina denken, der man die Erkrankung ebenfalls jahrelang nicht angemerkt hat. Auch sie hat sich ausgesprochen fit gefühlt.

Es ist zwar möglich, dass Rosanna tatsächlich nicht positiv ist, aber für meinen Geschmack reichen ihre Indizien nicht aus.

«Lass doch nochmal einen Test machen», schlage ich daher vor.

Da sie es damit nicht sehr eilig hat, trage ich beim Duschen vorsichtshalber Badeschlappen. Meinen Rasierer, den schärfsten erlaubten Gegenstand hinter Gittern, mit dem ich mir einmal wöchentlich die Achsel- und Beinhaare entferne, verstecke ich vorsorglich, damit Rosanna ihn nicht versehentlich einmal benutzt. Und wenn sie meckert, weil sie ihre Tage bekommt, vermeide ich es, die gemeinsame Toilette zu benutzen, oder schrubbe sie vorher zumindest gut ab.

Davon abgesehen verläuft unser Zusammenleben sehr harmonisch. Wir können uns gut unterhalten, durch Rosannas ruhige, besonnene Art kommt es zwischen uns so gut wie nie zum Streit, und da sie als Essensverteilerin arbeitet, bringt sie mir außerdem oft Obst oder sogar die leckeren Erdnussriegel mit, die es gelegentlich zum Nachtisch gibt.

Auch die Brasilianerin scheint gerne mit mir zusammenzuleben, daher fühle ich mich ein wenig vor den Kopf gestoßen, als sie mir eines Tages eröffnet: «Maren, ich werde ausziehen.»

«Warum?», frage ich verblüfft. Mit solchen Plänen habe ich überhaupt nicht gerechnet.

«Ich möchte Schwester werden, daher ist es für mich wichtig, in einer anderen Zelle zu wohnen.»

Dass meine Zellengenossin eine Cousine der Mafia ist, wusste ich, warum sie nun auch noch Schwester werden möchte und wieso dafür ein Umzug nötig ist, verstehe ich allerdings nicht, und Rosanna scheint es mir auch nicht erläutern zu wollen. Da ich fest davon ausgegangen bin, meine letzten schätzungsweise sechs Monate im Gefängnis friedlich mit ihr zu verbringen, lässt mich ihre Ankündigung etwas ratlos zurück. Nach mehr als drei Jahren Haft und so kurz vor dem ersehnten Ende habe ich keine Lust mehr auf Stress, Streitereien, Umzüge, Veränderungen – ich will meine letzten Haftmonate möglichst friedlich und störungsfrei hinter mich bringen und dem Tag entgegenfiebern, an dem ich Xavier aus dem Heim hole.

Bei Rosanna ist das anders. Für sie gibt es nur ein einziges Ziel außerhalb dieser Mauern: Sie will den letzten ihrer Vergewaltiger zur Strecke bringen, ansonsten erwartet sie draußen nichts. Daher fällt dieser angestrebte Aufstieg zur Mafiaschwester in ihrem Fall unter Karriereplanung, ihr Auskommen und ihr Leben wären damit einigermaßen gesichert – auch nach Haftende. Allerdings muss die Brasilianerin noch einige Jahre absitzen, und allein deshalb ist es für sie von Vorteil, wenn sie als Schwester zu den Machthabern im Knast gehört.

Gerade hier in Santana Carandiru haben die weiblichen Mafiabosse extrem großen Einfluss, die Leute sprechen sogar vom «Knast der Schwestern». Neuerdings koordinieren sie nicht mehr nur die Drogengeschäfte im Knast, sie mischen sich auch immer öfter in die ganz normalen Streitereien der Gefangenen ein. Dafür haben sie sogar eine Jury gebildet, die ungefragt entscheidet, wer an der Unstimmigkeit schuld ist, und den Sündenbock anschließend verprügelt. Zur Strafe. Inzwischen erleben die meisten Schwestern einen echten Höhenflug und reagieren kaum noch, wenn man sie anspricht.

Ich mache um jede Form von Wahnsinn lieber einen Bogen – und diese machthungrigen Frauen fallen für mich eindeutig in diese Kategorie. Daher weiß ich nicht, ob ich es schade finden soll, wenn Rosanna nun ebenfalls eine von ihnen wird, oder ob es vielleicht sogar von Vorteil ist, wenn zumindest eine nicht immerzu gewaltbereit ist.

«Wie wird man denn Schwester?», frage ich nun.

«Man wird getauft», sagt sie nur knapp.

«Aha. Wie darf ich mir das vorstellen?»

Rosanna erzählt von der bevorstehenden Zeremonie, an der auch zwei hochrangige Brüder der Mafia als Taufpaten teilnehmen müssen.

«Die kommen dafür dann in unseren Knast?», frage ich erstaunt.

«Nein, das reicht per Handy», erklärt sie mir.

Dann lesen die anderen Schwestern irgendwelche Gebote vor, und anschließend wird der Schwur mit Blut besiegelt, wobei ich nicht weiter nachfrage, wie genau das vonstatten geht. Mir sind solche seltsamen Gruppenrituale ziemlich suspekt. Ich erfahre noch, dass die anderen Schwestern Rosanna auserwählt haben und dass sie das Angebot unmöglich ablehnen darf. Dann ist das Thema beendet, und wir reden wieder über andere Dinge, etwa über das Gerücht, dass es bald eine weitere Rebellion geben soll. Diesmal versetzt mich das Gerede nicht in Panik, denn jetzt weiß ich ja, wie das abläuft. Lust habe ich trotzdem keine auf dieses Theater.

Natürlich sind unsere Haftbedingungen unannehmbar: Das Essen ist weiterhin kalt und ungenießbar, wir haben keine Arbeit und damit keine Möglichkeit, die Haftzeit zu verkürzen, die ärztliche Versorgung ist ebenfalls katastrophal, es gibt nicht einmal Kopfschmerztabletten, und sogar die Wasserversorgung lässt zu wünschen übrig. Manchmal läuft es, ein anderes Mal passiert gar nichts, wenn man den Hahn aufdreht. Allerdings glaube ich nicht, dass unsere Gewaltausbrüche daran etwas ändern können. Weder wird das Essen dadurch wärmer, noch werden Arbeitsplätze geschaffen, die ärztliche Versorgung verbessert oder das Wasser zum Fließen gebracht.

«In anderen Haftanstalten haben die Gefangenen mitunter nicht einmal einen Fernseher», versucht Rosanna mich zu überzeugen.

Auch daran werden wir nichts ändern, denke ich. Irgendwann höre ich ihr kaum mehr zu. Dieser ganze Mafiakram, dieses ständige «wir bestimmen, wo es langgeht» nervt mich. Erst als sie mir von der versuchten Vergiftung eines Häftlings erzählt, werde ich hellhörig.

«Stell dir vor, die Wärter wollten einen der inhaftierten Mafiabosse mit Rattengift ermorden. Sie haben es ihm ins Essen gemischt.»

«Das ist heftig!», stimme ich der aufgebrachten Rosanna zu.

Sofort legt sie nach: «Bei einigen anderen haben sie Glasstaub in die Bohnen getan. Das zerfetzt die Speiseröhre, und man ist sofort tot.»

Ich habe zwar noch nie etwas von tödlichem Glasstaub gehört, bin aber sofort beeindruckt und ebenso in Sorge. «Was, wenn sie das auch bei uns ins Essen mischen?»

Rosanna ist wild entschlossen, sich gegen die Wärter aufzulehnen. «Es wird diesmal eine riesige Rebellion geben, an der sich alle Gefängnisse von São Paulo beteiligen», verkündet sie hochtrabend.

Ich sage nichts mehr dazu und kontrolliere stattdessen, wie viele Kekse ich noch in meiner Tüte habe. Genug, um über die nächsten Tage zu kommen, stelle ich beruhigt fest. Denn das Gefängnisessen werde ich vorerst nicht mehr anrühren.

Wenige Tage später zieht Rosanna aus, und ich sitze wieder allein in meiner Zelle und grusele mich. Vielleicht sollte ich das Angebot von Tuca annehmen, die mich vor kurzem gefragt hat, ob wir zusammenziehen sollen. Obwohl ich sie aus Tatuapé kenne, wo wir zeitweise in einer Zelle gelebt und uns ganz gut verstanden haben, bin ich unschlüssig. Zu zweit in einem Raum ist etwas anderes als zu sechst, und die lebhafte Tuca kann ganz schön anstrengend sein.

Währenddessen geht unser eintöniger Alltag weiter. Vier Stunden am Tag sitzen wir in dem tristen Gefängnishof herum, der so gar keine Beschäftigung bietet. Manchmal schneide ich einigen Mitgefangenen die Haare, einmal im Monat dürfen wir Lebensmittel bestellen, ungefähr genauso häufig besucht uns der liebe Herr Waldmann. Mein Anwalt hat noch immer nicht erreicht, dass ich meinen Sohn sehen darf, und jeden Samstag wird eine Schleuse zwischen zwei Gefängnistrakten geöffnet, damit wir all jene Häftlinge, die wir sonst nicht treffen, besuchen können. Sonntags ist weiterhin Besuchstag. Ansonsten: gähnende Langeweile.

Obwohl wir Deutschen uns mehrfach beim Konsulat über diese Zustände beschwert haben und daraufhin sogar zu Einzelgesprächen eingeladen wurden, ändert sich nichts. Gar nichts. Es ist ermüdend, frustrierend, einfach nur schrecklich. Daher wundert es mich auch nicht, dass die Gefangenen in Santana Carandiru immer häufiger Selbstmordversuche unternehmen. Die meisten scheitern jedoch bei dem Versuch, sich zu strangulieren oder sich selbst zu verbrennen.

Nun, etwa fünf Monate nachdem wir in Carandiru eingetroffen sind, macht zum ersten Mal die Geschichte von einem geglückten Selbstmord die Runde. Eine junge Frau aus Pavillon 1 soll sich mit ihrer Decke an ihrem Fenstergitter erhängt haben. Obwohl ich sie nicht kannte, macht mich diese Geschichte betroffen. Versteht die Gefängnisleitung denn nicht, dass dieser Zustand nicht auszuhalten ist? Warum schaffen sie nicht wenigstens endlich Arbeitsplätze? Raum dafür wäre definitiv vorhanden. Pavillon 3 ist inzwischen fertiggestellt und nicht belegt.

Ich bin froh, nur noch etwa sechs Monate vor mir zu haben, ein halbes Jahr, das ist zu überstehen. Vor allem weil ich weiß, wer auf mich wartet. Melanie dagegen trifft die Ödnis von Santana Carandiru deutlich härter. Sie wurde mit mehr als fünf Jahren zu einer deutlich längeren Haftstrafe verurteilt als ich, vermutlich weil sie bei ihrer Verhaftung mehr Kokain mit sich führte als ich. Im Detail lässt sich das allerdings nicht nachvollziehen, da die brasilianischen Richter höchst undurchsichtig urteilen. Ich habe mal eine Frau kennengelernt, die schon für das Rauchen von Joints vier Jahre hinter Gitter wanderte – genauso lange wie ich. Allein deshalb bin ich froh, wenn ich diesem Land endlich den Rücken kehren kann. Man kann sich hier einfach auf nichts verlassen.

«Ich weiß gar nicht, wie ich es ohne dich hier aushalten soll», platzt Melanie in meine Gedanken.

Auch ich wäre glücklich, wenn ich sie bei Haftende einfach einpacken und mitnehmen könnte. Ich mag sie nicht allein lassen. Aber ich bin wirklich sehr froh, dass bei mir das Ende absehbar ist.

Am 14. Mai 2006, am Muttertag, werde ich am frühen Morgen von lauten Schreien geweckt.

«Maren! Maren!», höre ich nur.

Benommen rapple ich mich auf, um herauszufinden, woher diese Rufe kommen.

«Maren!» Es ist Tuca von gegenüber.

«Was ist denn los?»

«Die Rebellion hat begonnen!»

Nicht schon wieder, denke ich und schlurfe müde ins Bad. Immerhin läuft das Wasser heute. Während johlende Gefangene meine Zelle aufschließen, putze ich mir die Zähne. Anschließend frühstücke ich ein trockenes Brötchen vom Vortag, das ich mir glücklicherweise aufgehoben habe. An solchen Tagen wie heute gibt es nämlich nichts zu essen, natürlich nicht. Dann höre ich Schritte und Stimmengewirr auf dem Gang. Einige der Gefangenen bringen ihre Besucher, die zum Zeitpunkt des Ausbruchs der Rebellion schon im Gebäude waren, vorsichtshalber in die sicheren Zellen. Schließlich weiß man nie, wie sich so eine Revolte entwickelt.

Als ich wenig später, vermummt mit einem T-Shirt, den Hof betrete, kreist bereits ein Polizeihubschrauber über dem Gebäude. Ein riesiges Feuer brennt knisternd und krachend im Innenhof. Die Gefangenen werfen alles in die Flammen, was den Wärtern gehört, so auch die komplette Büroeinrichtung, darunter Stühle, Tische, Regale und Tafeln. Es stinkt entsetzlich und ätzt im Hals, deshalb drücke ich mir das T-Shirt fester vor den Mund.

Durch den langen Gang, der sonst mit Gittertüren verriegelt ist, laufe ich zum Pavillon 1, wo es ähnlich turbulent zugeht. Überall schreiende, vermummte Gefangene und dazwischen verängstigte Wärter. Leider habe ich Melanie noch nicht gefunden. Wo sie wohl steckt? Da knallen plötzlich Schüsse. In meiner unmittelbaren Nähe sackt eine Frau mit kurzgeschorenen Haaren zusammen. Sie hält sich den Arm, aus dem Blut sprudelt. Schockiert starre ich sie an, unfähig, davonzulaufen.

Wieder Schreie, Lärm, ein wildes Durcheinander, dann dröhnt ein weiterer Schuss. Und noch einer. Die Frauen geraten in Panik. Es herrscht ein unglaubliches Durcheinander. Auch ich dränge panisch zurück in den schützenden Gang. Inzwischen wird die Verletzte ins Gebäude getragen, wo einige Mitgefangene sie notdürftig verarzten.

Einige Frauen brüllen: «Wenn ihr noch einmal schießt, töten wir einen Wärter!»

Nach dieser Drohung schreien nur noch die Wärter – in Todesangst. Aber es fällt kein einziger Schuss mehr.

Ich laufe zurück zu unserem Pavillon, wo die Verrückte, die mir schon bei der letzten Revolte unangenehm aufgefallen ist, wieder darum bittet, einen der Aufpasser ermorden zu dürfen. «Wir könnten ihnen die Köpfe abschneiden und mit ihnen Fußball spielen», schlägt sie vor. Mir wird speiübel. Gott sei Dank lassen das die Schwestern nicht zu. Anscheinend gibt es eine klare Ansage der Mafiabrüder von draußen: keine Toten oder Verletzten in Santana Carandiru. Anders als beim letzten Mal wird keinem der Wärter auch nur ein Haar gekrümmt. Sie müssen zwar wieder Gefängniskleidung anziehen, werden aber sonst nur bedroht und festgehalten, nicht attackiert.

Von einigen anderen Gefangenen erfahre ich, dass in allen Gefängnissen der Stadt Revolten gestartet wurden, außerdem hat die PCC mehrere Anschläge auf öffentliche Einrichtungen verübt. Sie haben Busse, Banken und Polizeiwachen gesprengt oder in Brand gesetzt. Es ist der Beginn der sogenannten Blutwochen.

Wir sehen uns das Drama später gemeinsam im Fernsehen an. Straßenschlachten, brennende Autos, Uniformierte mit Maschinengewehren. Angeblich sind bei etwa 150 Anschlägen bislang 35 Polizisten und Gefängniswärter ums Leben gekommen, dazu drei Zivilisten sowie 14 mutmaßliche Verbrecher.

«Die Angriffe sind die Antwort auf die Zwangsverlegungen von 765 Häftlingen in den vergangenen Tagen. Dabei waren mindestens acht ranghohe Mafiamitglieder in Isolationshaft gesteckt worden», berichtet der Reporter. Und weiter: «Bei unzähligen Gefängnisrevolten wurden Hunderte Besucher als Geiseln genommen und noch immer festgehalten.»

So ein Quatsch!, denke ich, und einige Gefangene lachen

über diese Fehlinformation. Unsere angeblichen Geiseln, die neben uns auf den Pritschen sitzen und ebenso gespannt das Geschehen auf dem Bildschirm verfolgen, grinsen ebenfalls. Niemand von uns würde es wagen, sich an einem Besucher zu vergreifen.

Als ich genug über das aktuelle Geschehen in São Paulo erfahren habe, laufe ich los, um Tuca zu suchen. Inzwischen wäre es eigentlich Zeit für das Mittagessen, aber das wird heute wohl wieder ausfallen. Schade, mir knurrt nämlich der Magen.

Obwohl Tuca keinen Besuch hat und daher eigentlich draußen sein sollte, finde ich die Kapverdin in ihrer Zelle.

«Wollen wir jetzt den Umzug machen?», frage ich, woraufhin sie sofort erfreut aufspringt, um mir beim Tragen zu helfen. Schnell packe ich meine Sachen zusammen. Zuerst schmücke ich den Platz neben meiner Schlafstelle mit Briefen und Fotos, dann lege ich Tinas schönen Teppich vor meine Pritsche.

«Den fand ich schon in Tatuapé so schön», schwärmt Tuca.

Ich hoffe sehr, dass unser Zusammenleben funktionieren wird, und freue mich darauf, nachts endlich nicht mehr allein schlafen zu müssen.

Wider Erwarten verbringen wir unsere erste gemeinsame Nacht trotzdem nicht zusammen, zumindest nicht in unserer Zelle. Die Schwestern ordnen nämlich an, dass wir draußen im Hof bleiben sollen, weshalb wir artig unsere Decken und Matratzen nach unten schleppen, um sie rings um das Feuer zu platzieren. Obwohl ich mir einen Pullover überziehe und sogar zwei Wolldecken dabeihabe, ist mir kalt, und ich bin froh, dass die brennenden Möbel ein wenig Wärme spenden.

Ganz früh am nächsten Morgen wird die Revolte beendet, angeblich ohne dass die Häftlinge etwas erreicht haben. Während in der Stadt die Straßenschlachten weitergehen, tragen wir unsere Schlafutensilien zurück in die Zellen und warten darauf, dass die

Wärter uns einschließen. Es ist alles wie beim letzten Mal. Erst bleiben wir drei Tage eingesperrt, dann kommt die Choque-Truppe, und anschließend kehrt die große Langeweile zurück.

Ich bin froh um jeden Tag, der vergeht und mich meinem Haftende und damit meinem kleinen Schatz näher bringt. Nur noch ganz selten übermannt mich die Angst, Xavier könnte längst in eine Familie vermittelt worden sein. Die meiste Zeit fühle ich mich ziemlich sicher bei dem Gedanken, meinen Sohn bald aus dem Heim holen zu können.

Die Sommermonate vergehen extrem zäh. Um unsere Zelle wenigstens ein bisschen gemütlicher zu gestalten, male ich Bilder und klebe sie an unsere Wände. Außerdem zerschneide ich eine meiner Bettdecken, um die Einzelteile als Teppiche auf dem Boden zu verteilen. Stolz betrachte ich danach mein Werk. Es sieht tatsächlich gleich viel gemütlicher aus.

Eigentlich hätte ich erwartet, dass sich auch Tuca über diese Veränderung freut, stattdessen krabbelt sie wortlos auf ihre Pritsche. Obwohl die Kapverdin schon im September entlassen werden soll, wird sie immer übellauniger. Ich frage mich, ob sie Angst davor hat, bald wieder auf eigenen Füßen stehen zu müssen. Mich haben schon viele Frauen mit dem Geständnis überrascht, dass sie am liebsten für immer im Gefängnis bleiben würden. Schließlich ist hier für Nahrung und Unterkunft gesorgt und ihr Alltag geregelt und einigermaßen geschützt. Wenn ich so etwas höre, male ich mir immer aus, wie schlimm ihr Leben in Freiheit sein muss, dass sie diese asoziale Umgebung vorziehen. Ich bleibe hier garantiert keine Minute länger als ich muss! Jetzt sind es nach meiner Rechnung noch höchstens vier Monate.

Als ich am Abend von meiner Pritsche klettere, um auf die Toilette zu gehen, schmettert mir Tuca schon wieder ihre schlechte Laune entgegen.

«Maren, du bist echt ganz schön fett geworden», fährt sie mich ohne ersichtlichen Grund an.

«Und du bist picklig», pöbele ich zurück.

Was soll das? Warum lässt meine Mitbewohnerin ihre miese Laune ständig an mir aus? Wahrscheinlich kommt sie gerade wieder schlecht von ihrem Trip runter. Schon seit längerem habe ich den Verdacht, dass Tuca regelmäßig Drogen nimmt und ihre Stimmung in den Keller sackt, sobald die Wirkung nachlässt. Wenn ich sie darauf anspreche, lässt sie mich wütend abblitzen, deshalb habe ich es inzwischen aufgegeben, mit ihr darüber zu reden. Stattdessen fiebere ich Tucas Entlassung freudiger entgegen, als sie es tut.

Ein Zellenwechsel kommt nicht mehr in Frage, denn die riesige Haftanstalt ist mittlerweile voll belegt. Obwohl für den Frauenteil nur 2400 Schlafplätze angelegt sind, tummeln sich hier etwa 2600 Gefangene. Den Mafiaschwestern scheint diese Entwicklung entgegenzukommen. Obwohl sie inzwischen mehrfach feststellen durften, dass man mit einer Revolte nicht viel erreicht, erzählt mir meine ehemalige Zellenmitbewohnerin Rosanna bei einem Zusammentreffen im Hof von der nächsten geplanten Revolte.

Na, das scheint denen ja Spaß zu bereiten, denke ich, behalte meine Meinung aber für mich und frage Rosanna stattdessen nach der Wiederholung ihres Aidstests.

«Hast du ihn schon machen lassen?»

«Ja, vor ein paar Tagen. Ich bin gespannt auf das Ergebnis.»

Obwohl sie vier Jahre mit der Gewissheit gelebt hat, HIV-positiv zu sein, kann sie es nun gar nicht abwarten, das aktuelle Ergebnis ihres Bluttests zu erfahren. Ich wünsche ihr von Herzen, dass es diesmal negativ sein wird.

Als ich Melanie von der geplanten Rebellion erzähle, nickt sie wissend. Und nicht nur meine Freundin, sogar das Konsulat ist darüber informiert, dass sich im Frauengefängnis von Santana Carandiru mal wieder etwas zusammenbraut. Nach ihren Informationen plant man, bei der nächsten Revolte den Ausländern Gewalt anzutun, um den Forderungen mehr Nachdruck zu verleihen. Das halte ich nun wahrlich für unmöglich. Ich kann mir beim besten Willen nicht vorstellen, dass die Schwestern so etwas anordnen und uns etwas tun würden. Das Konsulat dagegen scheint diese Warnungen ernst zu nehmen.

An einem Freitag im September freue ich mich über die Entlassung von Tuca, doch sie währt nicht lange. Bereits am darauffolgenden Montag steht ein Wärter vor der Tür und will mich abholen.

«Wohin denn abholen?», frage ich irritiert.

«Du wirst verlegt», erklärt er knapp.

«Ich habe gar keine Verlegung beantragt», protestiere ich.

«Das hat das Konsulat für dich getan.»

«Wohin soll ich denn gebracht werden?» Ich bin völlig überrascht.

«Nach Tremembé.»

Das macht mich nun endgültig sprachlos. Tremembé ist der Ort der menschlichen Monster, der Kindermörder und schlimmsten Verbrecher. Warum sollte ich ausgerechnet dorthin gebracht werden?

«Dorthin gehe ich nicht!», versuche ich mich zu wehren.

Aber der Wärter zuckt nur unbeeindruckt mit den Schultern. «Pack deine Sachen, gleich hole ich dich ab.» Damit verschwindet er.

Weinend haste ich in den dritten Stock zu Melanie, um ihr von dem drohenden Drama zu berichten.

Sie weiß bereits davon und wirkt genauso aufgelöst wie ich. «Warum ausgerechnet Tremembé?», schluchzt sie verzweifelt.

Natürlich haben wir über die hier herrschenden Haftbedingungen geschimpft, wollten damit aber lediglich eine Verbesserung und keine Verlegung erreichen. Gerade haben wir es uns in den Zellen einigermaßen gemütlich gemacht, neue Kontakte geknüpft und uns in die Hierarchie eingefunden. Nun sollen wir alles wieder aufgeben? Für meine letzten drei Haftmonate soll ich mich noch einmal in eine neue Gesellschaft einordnen, von der ich schon jetzt weiß, dass sie aus Verrätern und Hochkriminellen besteht?

Als wenig später erneut der Wärter auftaucht, um uns mitzunehmen, erklärt er, wir würden nun doch in ein anderes Gefängnis verlegt werden. In eines mit besten Bedingungen. Das klingt schon besser. Angeblich erwarten uns dort Arbeit, eine gutausgestattete Krankenabteilung und annehmbares Essen, also insgesamt erträgliche Haftbedingungen. Schnell packe ich meine Sachen ein, während ich im Kopf zusammenrechne, wie viele Zigaretten mir durch den Umzug verloren gehen. Da ich nicht mit einer Verlegung gerechnet habe, hatte ich auch keine Zeit, meine Außenstände einzutreiben. Meine Schuldnerinnen werden sich freuen. Verärgert über die hohen Verluste, schleiche ich hinter dem Wärter her, der nach und nach sämtliche Deutschen einsammelt.

Am Ende sind wir zu fünft: Melanie, Larissa, die nette Deutsche, mit der ich in Tatuapé die Zelle getauscht habe, als ich mich mit Melanie so schlecht verstand, die verrückte Katja, die wie immer apathisch vor sich hin starrt und nichts von den Ereignissen in ihrer Umgebung mitzubekommen scheint, Nadine, eine sympathische Neue, und ich. Wir alle sind erleichtert, dass wir nicht – wie zuerst befürchtet – nach Tremembé gebracht werden, aber auch aufgeregt, weil ein Gefängniswechsel immer Unruhe mit sich bringt. Werde ich mich in der neuen

Gemeinschaft behaupten können?, frage ich mich besorgt. Viel lieber wäre ich bis zu meiner Entlassung im Santana Carandiru geblieben.

Leider gibt es auch dieses Mal keine Fenster in dem Transporter, sodass wir nur durch einen schmalen Schlitz nach draußen spähen können. Ich erkenne Ausschnitte von Häusern, Straßen und Autos, ohne mir jedoch ein Gesamtbild machen zu können. Schließlich lasse ich mich resigniert auf den Boden sinken und stöhne: «Man erkennt gar nichts.» Gerne hätte ich ein bisschen von dem Leben draußen gesehen. Was sich in den vergangenen Jahren wohl alles verändert hat?

Als wir einmal nach rechts abbiegen und anschließend nur noch geradeaus fahren, macht Melanie ein besorgtes Gesicht. «Wir sind bisher nur ein Mal abgebogen und fahren seitdem geradeaus.»

Verwirrt starren wir Melanie an.

«Na und?», frage ich.

«Nach dem, wie mir die anderen Gefangenen die Strecke erklärt haben, fahren wir gerade ins Tremembé», lässt meine Freundin mich wissen.

Plötzlich biegt der Transporter nach links ab. Unsere Aufregung wächst. Was, wenn die Wärter uns angelogen haben?

«Wir fahren nach Tremembé. Es ist genau der beschriebene Weg», sagt Melanie schließlich tonlos.

«Ach was!», versuche ich meine Freundin von ihrer Vermutung abzubringen.

Sie bleibt jedoch dabei. «Es geht nach Tremembé. Hundertprozentig!»

Von nun an kleben wir zu viert an dem schmalen Spalt, um unserer Umgebung irgendeinen Hinweis zu entlocken. Nur Katja starrt abwesend vor sich auf den Boden. Irgendwann verlassen wir die Stadt und fahren an Feldern und Wiesen vorbei, auf denen Kühe grasen.

«Tremembé!», bestätigt nun auch Larissa unseren beängstigenden Verdacht. Sie hat eine Freundin dort. «Tanja hat mir geschrieben, dass sie Kühe sieht, wenn sie aus dem Zellenfenster blickt. Das muss Tremembé sein.»

Wieder einmal habe ich das Gefühl, jemand würde mir den Boden unter den Füßen wegziehen. Warum werde ich so kurz vor meiner Entlassung noch in dieses Gefängnis gesteckt? Warum bleibt mir das nicht erspart? In keiner anderen Haftanstalt sitzen so viele verrückte und gestörte Gewalttäter. Die Kindsmörderin Yvonne fällt mir wieder ein und die wahnsinnige Aidskranke, die ständig damit gedroht hat, andere zu infizieren, bis sie irgendwann ihrer Freundin kochendes Wasser ins Gesicht geschüttet hat. Was haben sich die Leute vom Konsulat bloß dabei gedacht? Wahrscheinlich gar nichts.

TREMEMBÉ Im Knast der Mörderinnen und Verräterinnen

Sobald die Wärter die Heckklappe des Wagens öffnen, bestürmen wir sie aufgebracht mit der Frage, in welcher Haftanstalt wir uns befinden.

«Tremembé», lautet die knappe Antwort. Dann brüllt einer von ihnen auch schon los: «So, und jetzt raus mit euch. Und nur damit ihr's wisst: Hier wird nicht in eurer Sprache gesprochen.»

Erstaunt über diese ungewohnte Ansage, sehe ich Melanie an. «Wo sind wir denn hier gelandet?»

Daraufhin schubst mich ein anderer Wärter grob vorwärts und schreit: «Du sprichst hier Portugiesisch, hast du verstanden?»

Etwas verstört ziehe ich meinen Wäschekorb von der Ladefläche und folge den rabiaten Wärtern in einen kleinen Raum, in dem unsere Besitztümer kontrolliert werden. Wohlgemerkt alles Dinge, die sie bereits im Santana Carandiru überprüft haben. Aber auch was das angeht, gelten in Tremembé offenbar strengere Regeln. Als Erstes sortieren die Wärter meine Nachthemdchen aus. «Privatkleidung ist verboten!» Dann nehmen sie Waschlappen und die bunten Handtücher aus dem Korb. «Verboten!» Anschließend greifen sie mit spitzen Fingern nach meinen Stringtangas. «Auch verboten!» Ebenso verfahren sie mit meiner

Wimperntusche, dem Lidschatten und den Bügel-BHs. «Verboten! Verboten! Verboten!»

Entsetzt verfolgen wir, wie unsere geduldig zusammengesparten, teilweise mühsam organisierten Habseligkeiten lieblos in Plastiktüten gestopft und mit unseren Namen versehen werden. Wir sind sprachlos. Weiter geht es mit der üblichen Prozedur: Ausziehen, hinhocken, durch die Haare fahren ...

Als wir anschließend unsere Gefängniskleidung wieder anziehen wollen, ist sie verschwunden. Stattdessen erwarten uns Krankenhaushemden, die hinten zum Schnüren sind und bei denen beinahe unsere Hintern herausgucken. Beschämend! In diesem Aufzug bringen sie uns nun zu einem Flur, von dem unzählige Eisentüren abgehen. Melanie und ich drängen uns dicht aneinander, damit wir möglichst zusammen in eine Zelle gesperrt werden, aber davon wollen die Wärter nichts wissen.

«Jeder bekommt eine Einzelzelle. Hier bleibt ihr für zwei Wochen.»

Rumms! Die erste Tür knallt zu. Zwei Wochen? Gerade prasseln innerhalb kürzester Zeit derart schlimme Ereignisse auf mich ein, dass ich mit dem Entsetzen gar nicht hinterherkomme. Ich dachte, die Mitgefangenen seien hier in Tremembé das größte Übel, aber offenbar ist das ganze Gefängnis ein einziger Albtraum!

Die Wände meiner Zelle sind beinahe schwarz vom Schimmel, außerdem riecht es modrig. Sehnsüchtig denke ich an die frischrenovierte Zelle im Santana Carandiru zurück. Die war mir zu kalt, wie lächerlich! In diesem Raum gibt es nur eine gammelige Dusche, ein Klo, ein Waschbecken und zwei Schlafpritschen, sonst nichts. Durch das Fenster fällt kaum Tageslicht herein, und ich spüre, wie meine alte Niedergeschlagenheit durch meinen Körper kriecht.

Jetzt bloß nicht wieder in ein emotionales Loch fallen, nehme ich mir vor und beginne tief durchzuatmen. Außerdem verspüre ich das Bedürfnis zu rennen, mich auszutoben, was in einer etwa acht Quadratmeter großen Zelle kaum möglich ist. Daher fange ich an, das Bett hoch- und runterzuspringen, wie beim Steppkurs im Fitnesscenter. Anschließend mache ich Sit-ups für meine Bauchmuskeln und male mir aus, wie ich nach zwei Wochen Einzelhaft wohl aussehen werde. Vorausgesetzt, ich halte das Sportprogramm durch. Aber da ich generell nicht sehr ausdauernd bin, wird mein Körper wohl unverändert sein. «… achtzehn, neunzehn, zwanzig, fertig», schnaufe ich und habe vorerst genug vom Sport.

Auf meiner Pritsche entschließe ich mich, meinem besten Freund Werner einen langen Brief zu schreiben, um ihn über den unfreiwilligen Umzug zu informieren. Stift und Zettel haben die Wärter mir immerhin zur Unterhaltung gelassen. Das werden sterbenslangweilige zwei Wochen. Ganze 14 Tage ohne Menschenkontakt. Wie furchtbar!

Inzwischen haben wir Mitte September. Seit über drei Jahren sitze ich mittlerweile im Gefängnis, und es ist höchst wahrscheinlich, dass ich vor dem Jahreswechsel entlassen werde. Dann kann ich endlich zu Xavier. Wahnsinn – jetzt dauert es wirklich nicht mehr lange. Im Dezember wird mein Baby schon drei Jahre alt. Wenn alles gut läuft, können wir seinen Geburtstag vielleicht sogar zusammen feiern. Das muss ich mir vor Augen halten, ich muss unbedingt an etwas Positives denken, sonst drehe ich hier noch durch.

Ich denke noch eine Weile an meinen kleinen Sohn, dann schreibe ich Werners Brief zu Ende. Auf das Mittagessen warte ich vergeblich, offenbar haben sie uns vergessen. Aus lauter Langeweile lege ich mich irgendwann schlafen, bis ich von Geklapper geweckt werde. Das Abendessen: Bohnen mit Reis. Nicht lecker, aber deutlich besser als im Santana Carandiru. Vermutlich kochen hier die Gefangenen selbst, und weil sie die Speisen selbst essen, geben sie sich entsprechend mehr Mühe. Aus Mangel an Alternativen putze ich mir kurz nach dem Essen die Zähne und lege mich schlafen. Wieder eine Nacht weniger, bis ich meinen Xavier in die Arme schließen kann.

Am nächsten Morgen scheppert früh um 6 Uhr eine Wärterin mit ihrem Schlüsselbund gegen die Tür, ehe sie mich mit einem «Los, zur Blutabnahme» aus der Zelle scheucht.

Frierend und noch im Halbschlaf soll ich in einem hellgefliesten Raum im Erdgeschoss Platz nehmen. Kurz darauf erscheint eine Krankenschwester, die mich darüber informiert, dass ein Bluttest klären soll, wie gesund ich bin. Gleichgültig strecke ich ihr den Arm hin und schaue dabei in die andere Richtung, da ich den Anblick von Nadeln und Blut nach wie vor nicht ertrage. Die Schwester trifft zwar auf Anhieb meine Vene, verschiebt dann allerdings unvermittelt die Nadel, was ziemlich unangenehm ist. Ich wage noch immer nicht hinzusehen, verstehe aber nicht, was die Schwester da veranstaltet. Wenn sie nicht gleich aufhört, an der Nadel zu rütteln, falle ich um, denke ich und bin froh, als sie mich endlich verpflastert und verabschiedet.

Im Laufe des Tages kann ich dann beobachten, wie sich meine gesamte Armbeuge dunkelblau-lila verfärbt – übrigens meine einzige Beschäftigung. Es ist schrecklich, ohne irgendeine Aufgabe in diesem vergammelten, kahlen Raum zu sitzen. Was hat sich das Konsulat bloß dabei gedacht? Warum haben sie mich bis zu meinem Haftende nicht einfach in Ruhe gelassen? Als ich vor meinem Fenster Stimmen höre, rutsche ich freudig von der Pritsche, um nach draußen zu sehen. Es ist nicht ganz leicht, da das Fenster nicht mit normalen Gitterstäben geschützt ist, sondern durch eine Stahlplatte mit eingestanzten Löchern. Angestrengt blinzle ich hindurch und erkenne tatsächlich einige bekannte Gesichter, darunter Larissas Freundin Tanja.

«Hey, Tanja! Ich bin hier oben!», rufe ich aufgeregt. Eigentlich kann ich die Frau nicht leiden, aber in dieser Situation freue ich mich, sie zu sehen.

Tanja, die mich hinter meiner Blechwand natürlich nicht erkennen kann, brüllt nach oben, dass sie in der Gefängniswäscherei arbeite, die direkt gegenüber unserem Gebäude liegt.

Immerhin scheint es hier Arbeit zu geben, stelle ich erleichtert fest.

Da ertönt auch Melanies tiefe Stimme. Meine Freundin ist offenbar direkt nebenan untergebracht. Wie schön! Schreiend verständigen wir uns von Fenster zu Fenster, wobei eine richtige Unterhaltung so natürlich nicht zustande kommt.

Bald liege ich deshalb wieder gelangweilt auf meiner Pritsche und schreibe. Mein zweiter Brief geht an Stefan, der genau wie ich noch immer im Gefängnis sitzt. In Norwegen, von wo aus er mich um das schöne Wetter beneidet, so wie ich ihn um seine Haftbedingungen. Als ich fertig bin, gehe ich wieder schlafen, meine aktuelle Hauptbeschäftigung.

Ansonsten singe ich manchmal laut vor mich hin – alte Kinderlieder aus der Schule, Songs von Xavier Naidoo oder Lenny Kravitz und alles, was mir sonst so in den Sinn kommt. Manchmal klebe ich am Fenster, um mich mit Melle oder den Frauen aus der Wäscherei zu verständigen, aber die meiste Zeit denke ich nach. Über mich, meine Familie, meine Zukunftspläne und am meisten über Xavier. Da nun der Termin immer näher rückt, an dem ich ihn wiedersehen werde, beschäftigt mich die Frage, wie er wohl auf mich reagieren wird. Ob er versteht, dass ich seine Mama bin? Es sind immer dieselben Fragen, die mich bewegen.

Am meisten freue ich mich, wenn ich auf dem Flur den Wagen der Essensverteiler klappern höre. Morgens darf ich sogar zwischen kalter und warmer Milch, Tee und Kaffee wählen, was ich als ziemlichen Luxus empfinde. Wobei ich momentan eigentlich alles als Luxus empfinde, was von außen kommt. Ich bin dankbar für jede menschliche Regung in meiner Umgebung.

Einzelhaft oder Isolationshaft ist einfach unmenschlich! Ich bin mir sicher, dass sie nur dem Zweck dient, unsere Widerstandskraft zu brechen. Momentan fühle ich mich dermaßen kraftlos, genügsam und kleinlaut, dass ich glaube, die Wärter haben ihr Ziel erreicht. Zudem habe ich jegliches Zeitgefühl verloren – es wird dunkel und hell, und zwischendurch kommen die Essenswagen. Wie viele Tage ich bereits hinter mich gebracht und wie viele ich noch vor mir habe, kann ich beim besten Willen nicht sagen. Daher bin ich beinahe überrascht, als eines Morgens ein Wärter meine Zelle öffnet und sagt: «Du kannst rauskommen, die vierzehn Tage sind um.»

Sofort ziehe ich meine neue Gefängniskleidung über, ein weißes T-Shirt zu einer khakifarbenen Hose. Dann schlurfe ich schlapp, aber dankbar für meine Erlösung dem Wärter hinterher. Er führt uns Deutsche über einen kleinen rosagestrichenen Hof zu einem Gang, in dem eine unglaubliche Stille herrscht. In allen vorherigen Haftanstalten ging es laut und turbulent zu, daher wirkt diese Ruhe auf uns beängstigend; die Wärter haben ihre Gefangenen hier wohl gut im Griff. Eingeschüchtert lasse ich mich zu einer Zelle führen, vor deren Betreten zwei dicke Eisentüren aufgeschlossen werden müssen.

Sobald ich im Raum stehe, starren mich etwa zehn Augenpaare neugierig an. Nach den zwei Wochen Isolationshaft fühle ich mich davon überfordert, und auch die Zelle ist eine Zumutung. Das ursprüngliche Weiß der Wände schimmert nur noch knapp unterhalb der Decke hervor, der Rest ist von grünem, orangerosafarbenem, grauem und schwarzem Schimmel überzogen. Es riecht derart muffig und faul, dass mir sofort schlecht wird. Siedend heiß fällt mir ein, was ich von Tremembé schon so oft gehört und vor Aufregung und Überforderung kurzzeitig vergessen habe: Nicht nur das Gebäude ist abrissreif, auch die Gefangenen sind von einem anderen Kaliber als in den meisten anderen Haftanstalten.

Misstrauisch beäuge ich die Frauen in meiner neuen Zelle, die ich allesamt für Kindsmörderinnen oder andere Verrückte halte. Hilfe! Ich will hier raus!, schreie ich innerlich. Stattdessen höre ich, wie beide Eisentüren erst zugeschlagen und dann verriegelt werden. Ich sitze fest. Leider wird keine der anderen Deutschen in meiner Zelle untergebracht, ich würde mich viel sicherer fühlen, wenn ich nicht allein wäre. Nachdem ich eine Weile reglos herumgestanden habe, nehme ich all meinen Mut zusammen, um nach einem freien Bett zu fragen.

«Such dir eins aus», lautet die launige Antwort einer farbigen Frau, woraufhin ich einen offensichtlich ungenutzten Platz in der Nähe der Tür auswähle. Schnell krabbele ich auf das obere Bett und ziehe die Vorhänge hinter mir zu. Wenigstens die gibt es hier. Ich entscheide mich, den Wäschekorb vorerst ans Fußende zu stellen und darauf zu verzichten, Tinas schönen Teppich auszurollen. Ich möchte lieber alles, was mir gehört, bei mir behalten, damit es später keine Streitereien darum gibt. Wer weiß, wie die hier drauf sind?

Gespannt lausche ich nach draußen, um herauszufinden, welcher Umgangston zwischen den Häftlingen herrscht. Er klingt eigentlich ganz freundlich, zumindest nicht anders als in den anderen Gefängnissen, finde ich. Daher wage ich mich, als das Essen verteilt wird, mutig hinter meinem Vorhang hervor.

Da entdecke ich plötzlich Rita, mit der ich mich früher in Tatuapé einige Male unterhalten habe, ehe sie «Seguro», also Sicherheitsverwahrung, beantragt hat und hierherverlegt wurde.

Sie steuert direkt auf mich zu. «Maren, was machst du denn hier?»

«Das deutsche Konsulat hat meine Verlegung beantragt.»

«Das Konsulat?» Rita guckt ganz ungläubig.

«Angeblich sollen bei der nächsten Rebellion alle Ausländer ermordet werden. Deshalb bin ich hier. Zur Sicherheit.» Mir ist es wichtig, das gleich klarzustellen. Nicht dass Rita denkt, ich sei wegen irgendwelcher anderen Vergehen hier. Es handelt sich eigentlich nur um ein Versehen.

Da in Tremembé, anders als in den meisten anderen Anstalten, die Wärter das Sagen haben, muss hier nicht mit dem Ausbruch einer Revolte gerechnet werden. Wahrscheinlich hielt das Konsulat es daher für sinnvoll, uns hierherzubringen. Dabei haben die Damen und Herren Konsulatsmitarbeiter nur leider nicht bedacht, dass Tremembé auch der «Knast der Mörderinnen und Verräterinnen» ist. Womöglich war ihnen dieses Detail vielleicht auch gleichgültig, da sie uns ohnehin als Verbrecherinnen betrachten und gar nicht zwischen Kindsmörderinnen und Drogenkurierinnen unterscheiden.

Die Brasilianerin Rita sitzt jedenfalls wegen Kindesentführung, sagt sie. Obendrein behauptet sie, dass sie die Tat gar nicht begangen habe, sondern lediglich zur falschen Zeit am falschen Ort gewesen sei. Ich weiß nicht, ob das stimmt. Vorsichtshalber werde ich um all diese Frauen einen Bogen machen und beschließe, lieber nichts mit ihnen zu tun haben zu wollen. Allenfalls die Haare werde ich ihnen schneiden, damit ich wieder zu Geld komme, von dem ich mir neue Unterwäsche kaufen kann. Dabei fällt mir wieder ein, wie viele Außenstände ich noch in Santana

Carandiru habe. Diese Verlegung ist wirklich rundum ärgerlich. Wenn uns das Konsulat doch wenigstens vorgewarnt hätte!

Gegen 15 Uhr wird die Zellentür geöffnet. Alle Gefangenen strömen nach draußen, dem kleinen rosa Innenhof entgegen, wo auf mehreren Bänken (welch ein Luxus!) Kaffee bereitsteht.

Ich suche natürlich sofort nach Melanie und den anderen Deutschen, die etwas abseits unter einem großen alten Baum beisammenstehen und offenbar gerade nach mir Ausschau halten.

«Hallo!», strahle ich meine Freundin an, unendlich froh, sie wiederzusehen.

Doch sobald wir uns in den Arm nehmen, hallt ein Wärterschrei über den Hof: «Das ist nicht erlaubt.» Inzwischen ist der Wärter etwas näher gekommen: «Zärtlichkeiten zwischen den Gefangenen sind verboten», erklärt er barsch.

«Wir haben uns doch nur begrüßt», versuchen wir uns zu rechtfertigen.

Der Wärter unterbricht uns drohend. «Wenn ich das noch einmal sehe, wandert ihr für zehn Tage nach oben», sagt er dann, wobei er auf den Gebäudeteil deutet, in dem die Isolationszellen liegen.

Da möchten wir ganz bestimmt nicht noch einmal landen, weshalb wir uns fortan jeden Körperkontakt verkneifen. Während wir nun zusammen unter dem Baum sitzen und reden, fällt mir auf, dass Katja mittlerweile kaum mehr ansprechbar ist. Nichts von dem, was um sie herum passiert, bekommt sie mit. Es ist ein Jammer. Als ich die junge Frau kennenlernte, war sie zwar tief enttäuscht und entsetzt über die Ungerechtigkeit, die ihr widerfahren war, aber zumindest wirkte sie klar im Kopf. Das ist sie jetzt definitiv nicht mehr. Demnächst soll sie in einer geschlossenen Abteilung für psychisch Kranke untergebracht werden. «Schlimm, was der Knast aus einem Menschen machen kann», sage ich zu

Melanie und bin froh, dass ich gesund geblieben bin. Zumindest gesünder als Katja, denn Spuren hat dieser Aufenthalt ganz bestimmt auch in meiner Seele hinterlassen.

Dann beobachten wir neugierig die anderen Gefangenen im Hof, von denen wir schon so viel gehört und vor denen wir uns schon so sehr gefürchtet haben. Jetzt sind wir mitten unter ihnen. Meist stehen sie in Grüppchen zusammen, die sich kaum vermischen. Nur wenige Frauen haben sich abgesondert. Tremembé ist nicht sehr groß und beherbergt maximal 300 Gefangene.

Melanie stößt mich an und deutet nach links. Auf der benachbarten Bank sitzt tatsächlich ein Wärter, der an einer Gefangenen herumfummelt, während sie auf seinem Schoß sitzt und ihn anschmachtet.

«Ich dachte, Körperkontakt ist hier verboten? Anscheinend nur zwischen den Gefangenen», sage ich.

«Das hätte bei uns keine gewagt», schimpft Larissa und klingt ob dieser Erkenntnis fassungslos.

Einmal auf dieses Missverhältnis aufmerksam geworden, fällt uns nun auf, dass auch die anderen Wärter heftig umworben werden.

«Die Frauen denken bestimmt, dass sie dadurch Vorteile haben», vermute ich. In einem Knast, in dem die Wärter das Sagen haben, ist es gar nicht so unwahrscheinlich, dass es den Geliebten der Männer bessergeht als den anderen Gefangenen.

«Das ist Missbrauch», schimpft Melanie, und wir alle geben ihr recht.

«Aber immerhin laufen hier keine Crack-Abhängigen herum», werfe ich dann in die Runde, denn auf dem gesamten Hof ist keine dieser ausgemergelten, skelettartigen Gestalten zu entdecken. Das ist eindeutig ein Pluspunkt für Tremembé. «Wahrscheinlich kommen hier keine Drogen in den Knast», tippe ich, was uns allerdings alle verwundert. Sind die Wärter hier etwa nicht bestechlich?

«Das ist dann aber auch der einzige Vorzug von Tremembé», sagt Melanie.

Larissa schüttelt den Kopf. «Hier gibt es auch keine Kontrollen durch die Choque-Truppen. Angeblich möchte das die Direktorin nicht.»

Ich unterbreche sie. «Wahrscheinlich ist das hier einfach nicht nötig, so streng, wie die sind.»

Ehe wir diese Frage abschließend klären können, hallt ein lauter Schrei über den Hof: «Los, reinkommen!» Der Freigang ist beendet. Nach nur zwei kurzen Stunden.

Missmutig begeben wir uns nach drinnen, wo mich vor meiner Zelle ein Wärter abfängt.

«Wer bist du?», fragt er mich.

«Maren», erwidere ich schüchtern.

«Du machst ab heute den Hof sauber», weist er mich an.

«Was mache ich?»

«Du bist ab heute für den Hofdienst eingeteilt, also sieh zu, dass du nach draußen kommst.»

Ich weiß zwar nicht recht, was er meint, laufe aber folgsam zurück in den Hof, wo drei Frauen unter Aufsicht gewissenhaft die herabgefallenen Blätter zusammenfegen. Ich schnappe mir den letzten freien Besen, der an der Wand lehnt, und mache mich ebenfalls an die Arbeit.

Diese Aufgabe ist natürlich nicht besonders erfüllend, trotzdem ist sie ein unsägliches Glück. Immerhin darf ich nun länger draußen bleiben, während die meisten anderen schon wieder gelangweilt in ihren Zellen sitzen. Zu meinem Bedauern sind wir trotz aller Sorgfalt nicht ewig mit der Hofreinigung beschäftigt, sodass ich etwa eine Stunde später zu Rita und den anderen Frauen gesperrt werde. In meiner Zelle hat sich inzwischen bereits herumgesprochen, dass ich Haare schneiden kann, weshalb mich die Frauen sehnsüchtig erwarten. Damit ist mein Einkommen also auch hier gesichert, freue ich mich.

Außer mir befinden sich zwölf Gefangene in dieser Zelle, wobei ich nicht genau weiß, für welche Verbrechen sie ihre Strafen absitzen. Während ich Rita frisiere, lässt sie es sich nicht nehmen, mir von zwei besonders üblen Kindsmorden zu erzählen. Die geschilderten Verbrechen sind dermaßen brutal, dass sich nicht einmal ein Produzent von Splatterfilmen an sie heranwagen würde.

Ich bekomme diese Geschichten in den nachfolgenden Tagen kaum aus dem Kopf. Es erschreckt und erschüttert mich, dass es Menschen gibt, die gewissenloser und barbarischer wüten als Michael Myers oder andere Gestalten aus irgendwelchen Horrorfilmen. Dieses Wissen macht mir Angst. Werde ich meinen kleinen Sohn in einer solchen Welt überhaupt beschützen können?

Mir fällt auf, wie sehr man mit einem Kind sein Schicksal aus der Hand gibt. Bislang hatte ich das Gefühl, für mein Glück selbst verantwortlich zu sein, jetzt hängt es vor allem davon ab, ob das Leben es auch mit meinem Kind gut meint. Ich werde nicht immer und jederzeit bei Xavier sein können, selbst wenn ich endlich entlassen bin. Auch dann werde ich auf Kindergärtnerinnen, Lehrerinnen und Trainer angewiesen sein, auf ihre Umsicht und ihr Verantwortungsgefühl. In einer von Ritas Geschichten war die bestialische Mörderin ausgerechnet die Kinderfrau des Kleinen. Wie soll ich Menschen je wieder vertrauen können, nach allem, was ich hier erlebe und erfahre? Ich hoffe, dass ich nach meiner Haft nie wieder auch nur in die Nähe solcher bösartigen Kreaturen komme. Schlimm genug, dass ich hier täglich mit ihnen zu tun habe.

Um meine Haftzeit weiter zu verkürzen, bewerbe ich mich um einen Platz in der Wäscherei. Leider sind dort gerade alle Stellen vergeben, und sogar die Warteliste ist dermaßen lang, dass ich dort voraussichtlich bis zu meinem Haftende im Dezember keinen der begehrten Arbeitsplätze ergattern werde. In Tremembé sind diese Stellen sehr rar. Erst wenn eine Frau entlassen wird, kann eine andere nachrücken – und das dauert meist. Sogar in der Näherei oder der Teppichknüpferei ist nichts zu machen. Daher melde ich mich an der Schule an, wo ich erstaunlich problemlos unterkomme.

Obwohl in Brasilien mehr als zehn Prozent der Bevölkerung Analphabeten sind und diese Rate im Gefängnis drastisch höher liegt, nämlich bei mindestens 50 Prozent, scheint kaum eine Gefangene Interesse daran zu haben, zum Unterricht zu gehen. Das verstehe ich nicht, schließlich haben sie hier sonst nichts zu tun. In der Schule könnten sie nicht nur lesen, schreiben und rechnen lernen, sie könnten sogar einen Schulabschluss schaffen, der in Deutschland der mittleren Reife entspricht. Offenbar ist das jedoch keine attraktive Aussicht für die Frauen hinter Gittern.

Als einmal ein zweiwöchiger Kochkurs angeboten wird, melde ich mich ebenfalls sofort an, was sich als absoluter Glückstreffer entpuppt. Unsere Lehrerin gehört nämlich nicht zum Gefängnispersonal und bringt zu ihren Stunden Zutaten mit, von denen wir hier drinnen seit Jahren nur träumen. Wir kochen mit Fleisch oder Gemüse gefüllte Teigtaschen, backen Kuchen oder bereiten köstliche Mascarponecreme zu, die wir anschließend gierig verschlingen. Während ich der Lehrerin augenscheinlich bei ihren Ausführungen über das richtige Anbraten von Fleisch zuhöre, schweifen meine Gedanken ab. Ich male mir aus, wie es sein wird, wenn ich bald in einer eigenen Küche für meinen Sohn leckere Mahlzeiten zubereite. Wir werden von richtigen

Porzellantellern essen und dazu Saft aus Gläsern trinken. Und das Beste: Es dauert gar nicht mehr lange, bis es so weit ist. Ich kann es kaum erwarten.

Inzwischen ist es Oktober. Eines Morgens lässt mich die Gefängnisdirektorin von Tremembé zu sich rufen. Was will die denn?, wundere ich mich und folge neugierig und mit einem Kribbeln im Bauch dem Wärter, der mich abholt.

Ich mag ihn nicht. Er gehört zu den Männern, die nicht davor zurückschrecken, gelegentlich den Schlagstock einzusetzen, wenn wir Gefangenen nicht spuren. Nun bleibt er abrupt vor einer Holztür stehen und klopft zackig an, woraufhin wir hereingebeten werden. Die kleine zierliche Direktorin kommt auf mich zu und reicht mir sogar die Hand, ehe sie andeutet, dass ich mich setzen soll.

Wahrscheinlich hat sie ausgerechnet, wann ich entlassen werde, vermute ich und rutsche dementsprechend aufgeregt auf meinem Stuhl hin und her. Ende April 2003 bin ich festgenommen und später zu vier Jahren Haftstrafe verurteilt worden. Durch meine Arbeit in der Fabrik und die daraus entstehende Haftverkürzung habe ich allerdings längst den Überblick verloren, wie lange genau ich noch bleiben muss. Vermutlich bis zum Jahresende, spätestens aber bis Anfang des kommenden Jahres.

Umständlich kramt die Direktorin meine Unterlagen hervor, schlägt mit Bedacht einen Ordner auf und mustert mich dann eindringlich. «Nach Abzug sämtlicher geleisteten Arbeitstage sieht es so aus, als würden Sie uns Anfang Dezember verlassen», verkündet die Frau, die viel netter aussieht, als ich es von der Leiterin dieser straffgeführten Haftanstalt erwartet habe.

Ich nicke brav, während meine Gefühle innerlich Karussell fahren und ohne Unterlass Leuchtraketen abfeuern. Anfang Dezember! Das ist nun wirklich überschaubar.

Gut gelaunt lasse ich mich anschließend von dem Wärter zurück zu meiner Zelle führen, in der ich mich sofort auf meine Pritsche verziehe. Da es hier niemanden gibt, mit dem ich meine Freude teilen kann, mache ich mich sofort daran, meinem besten Freund Werner zu schreiben. «Wenn alles gutgeht, können wir Silvester schon zusammen feiern», jubele ich überschwänglich. Und leider ein wenig voreilig ...

Begeistert erzähle ich beim nächsten Hofgang Melanie von meiner bevorstehenden Entlassung.

«Stell dir nur vor, Anfang Dezember. Ich bin nur noch wenige Wochen hier.»

Meine Freundin freut sich wirklich sehr für mich, aber ich spüre auch ihre Angst, allein hier zurückzubleiben. Meine arme Melanie! Sie muss mindestens ein Jahr länger als ich in Haft bleiben. Wie gerne würde ich sie jetzt in den Arm nehmen, aber das brächte uns eine Woche Isolationshaft ein, daher streichele ich ihr nur unauffällig die Hand.

Etwa zur gleichen Zeit erfüllt sich quasi hinter meinem Rücken mein allergrößter Wunsch. Ohne dass ich etwas davon mitbekomme, geschieht das, worauf ich seit Jahren sehnsüchtig warte. Im Kinderheim zieht eine Erzieherin meinem Xavier die Jacke über und erklärt ihm, dass er gleich seine Mutter sehen werde, seine «Mama». Wahrscheinlich versteht der kleine Kerl gar nicht, wen genau er treffen soll, da er Mütter nicht einmal vom Sehen kennt, aber er spürt wohl, dass es ein besonderes Ereignis ist. In seiner Welt gibt es bis jetzt nur «Tanten», andere Kinder und gelegentlich hoffnungsvolle Paare, die auf der Suche nach einem Adoptivkind durch das Heim schlendern. Beängstigenderweise hat mein Sohn schon einige von ihnen kennengelernt.

Die Erzieherin fährt mit Xavier quer durch die Stadt zu dem

Gerichtsgebäude, in dem unser erstes Zusammentreffen nach über zweieinhalb Jahren Trennung stattfinden soll. Sie hat den Jungen hübsch zurechtgemacht, der neugierig und aufgeregt auf «Mama» wartet. Und wartet. Und wartet. Ehe ihn seine zornige Erzieherin irgendwann enttäuscht und irritiert zurück ins Heim bringt.

Währenddessen sitze ich gelangweilt und nichtsahnend im Gefängnis von Tremembé. Offenbar hat da jemand vergessen, mir Bescheid zu sagen. Weder mein Anwalt noch ein Wärter oder die Gefängnisleitung hat mich darüber informiert, und im Gefängnis ist dieser Termin anscheinend untergegangen. Dabei bemühe ich mich seit Jahren darum, meinen Sohn endlich einmal sehen zu dürfen. Das Treffen wäre die Erfüllung meines größten Wunsches gewesen. Hätte ich nur rechtzeitig davon erfahren und nicht erst nach meiner Entlassung …

Stattdessen fiebere ich weiterhin meinem Haftende entgegen und zähle die Tage, bis ich diesem Horrorgefängnis den Rücken kehren und meinen Sohn in den Arm nehmen kann. Leider nennt mir keiner das genaue Datum meiner Entlassung, sodass ich ein bisschen ins Blaue hinein rechnen muss. Für mich bedeutet Anfang Dezember, dass ich spätestens am 15. des Monats hier raus bin. Am 7. feiert Xavier seinen dritten Geburtstag, das würde ich dann zwar leider nicht mehr schaffen. Aber Weihnachten werden wir zusammen feiern. Das hoffe ich zumindest.

Die letzten dreieinhalb Jahre waren schlimm, besonders die Zeit nach der Trennung von Xavier, aber die letzten Tage hinter Gittern sind kaum auszuhalten, so zäh und schleichend vergehen sie. Als mich am 30. November ein Wärter aus der Zelle holt, um mich in einen Raum zu bringen, in dem bereits zwei Polizisten auf mich warten, weiß ich, dass das Ende meiner Haftzeit unmittelbar bevorsteht. Wenn erst mal die Federal-Polizei kommt, ist das ein sicheres Zeichen, dass es sich nur noch um wenige Tage handelt.

Wieder einmal befragen sie mich zum kompletten Tathergang: Woher habe ich die Drogen bekommen? Wohin sollte ich sie bringen? Und vor allem: Wer hat mir den Auftrag erteilt? Aber obwohl Lucas inzwischen selbst hinter Gittern sitzt, zeige ich ihn nicht an.

«Ich habe doch schon mehrfach ausgesagt, dass ich keine Namen kenne», erkläre ich den Beamten. Nichts werde ich verraten. Ich will jetzt nur noch meinen Sohn holen und dann so schnell wie möglich aus diesem Land verschwinden. Ich traue den Menschen hier nicht, die meisten sind korrupt, unzuverlässig und unberechenbar. Selbst wenn das Ende meiner Haftzeit inzwischen absehbar ist, verspüre ich noch immer die Angst, dass irgendetwas schiefgehen könnte – mit meiner Entlassung oder mit Xavier.

Von den Polizisten erfahre ich, dass ich mich vor dem Verlassen des Landes noch einmal bei ihnen melden muss, und zwar wegen irgendwelcher Passangelegenheiten. Außerdem erklären sie sich bereit, mir das Flugticket nach Deutschland zu bezahlen. Offenbar ist man so froh, Menschen wie mich außer Landes zu schaffen, dass die Regierung sogar bereit ist, dafür Geld auszugeben. Mich erleichtert diese Regelung, da mein Haftgeld für die Flüge kaum reichen dürfte und ich nicht weiß, inwieweit das Konsulat dafür aufkommen würde. Darum muss ich mich unbedingt noch kümmern.

Erst zum Schluss, beinahe im Gehen, erhalte ich die entscheidende Information, auf die ich seit Wochen warte: «Am 3. Dezember werden Sie übrigens entlassen», brummt einer der Beamten.

Endlich steht ein Termin fest. Nur noch drei Mal schlafen. Wahnsinn!

SÃO PAULO II   Der Kampf um Xavier

Der 3. Dezember ist ein Sonntag, also ein Besuchstag. Meine brasilianischen Mitgefangenen freuen sich bereits auf ihre Freunde und Verwandten, die ihr Erscheinen angekündigt haben. Die Frauen stehen gackernd und schnatternd im Bad, und zum ersten Mal bin ich kein bisschen neidisch auf ihre Vorfreude, sondern empfinde Mitleid mit ihnen. In diesem Moment erscheinen mir ihre Kontakte zur Außenwelt irgendwie künstlich, aufgesetzt. Man kommt im Innenhof zusammen, hat sich meist wenig zu erzählen und ist anschließend deprimiert, allein in der Tristesse zurückgelassen zu werden, obwohl man den ganzen Tag über glaubwürdig versichert hat, wie gut es einem gehe. Irgendwie absurd.

Ich habe während meiner dreieinhalbjährigen Haftzeit niemals Besuch bekommen. Von wem auch? Pedro hat sich unmittelbar nach meiner Verhaftung von mir abgewendet, zu meiner Familie habe ich keinerlei Kontakt, und Werner fehlt das Geld, um nach Brasilien zu reisen. In diesem Augenblick weiß mein bester Freund noch gar nicht, dass ich entlassen werde. Zwar habe ich ihm sofort noch einen Brief geschrieben, nachdem ich das Büro der Federal-Polizisten verlassen hatte, aber erfahrungsgemäß dauert es mehrere Wochen, bis die Post ihr Ziel erreicht. Wahrscheinlich wird er es also von mir persönlich erfahren – am Telefon. Bei diesem Gedanken kribbelt mein Bauch vor Aufregung. Gleich geht es los, gleich ist meine Gefangenschaft vorbei!

Aber so heftig das Glücksgefühl meinen Körper überschwemmt, so schnell wird es von der Angst vertrieben. Ich weiß zwar, dass ich irgendwann im Laufe dieses Tages entlassen werde, habe aber noch keine Ahnung, ob ich abgeholt werde und wo ich meine erste Nacht in Freiheit verbringen werde. Genauso wenig weiß ich, wann ich Xavier wiedersehe und wann ich ihn abholen kann. Alles ist ungewiss! Nachdem mein Leben in den letzten Jahren fest strukturiert und nach einem fremdbestimmten Plan stattgefunden hat, bereitet mir meine Entlassung ein wenig Sorge. Hoffentlich holt mich wenigstens mein Anwalt ab, zumindest hatte ich ihn darum gebeten. Zwar mag ich ihn nicht besonders, weil er in Bezug auf Xavier eigentlich nichts erreicht und sich meines Erachtens auch nicht ausreichend bemüht hat, aber außer ihm kenne ich niemanden in São Paulo. Ich wüsste nicht einmal, wie ich ohne meinen Anwalt vom Gefängnis ins Kinderheim käme.

Nachdenklich sitze ich auf meiner Pritsche und warte darauf, dass endlich ein Wärter vorbeikommt, der mich nach draußen bringt.

Von Melanie und den anderen Deutschen habe ich mich bereits gestern tränenreich verabschiedet. Es war ein wahres Gefühlschaos aus Freude, Glück, Angst und einer gewissen Verlorenheit – im Grunde unbeschreiblich. Melanie und ich haben uns geschworen, für immer Freundinnen zu bleiben, und ich freue mich schon heute auf den Tag, an dem wir uns zum ersten Mal in Deutschland in Freiheit begegnen werden. Wir haben uns vorgenommen, uns dann richtig aufzubrezeln, um in einer coolen Disco ausgelassen zu feiern, eine ganze Nacht lang. Tanzen ist schließlich unsere gemeinsame Leidenschaft. Wie oft haben wir uns über lustige Abende mit Freunden, über schöne Outfits und tolle Musik unterhalten.

Eigentlich haben wir uns sogar darüber gefunden, damals, vor dreieinhalb Jahren, als Melanie plötzlich im Dacar 4 vor mir stand. Die Tanzerei war unser erstes gemeinsames Thema. Ich kann mich noch gut daran erinnern, wie sehr ich mich gefreut habe, sie getroffen zu haben, es war sozusagen Freundschaft auf den ersten Blick. Nun wird mindestens ein Jahr vergehen, bis wir wieder beisammen sein können. Die arme Melle! Ohne mich in diesem Horrorknast. Unser Anwalt und ihre Eltern bemühen sich zwar darum, dass sie das Gefängnis wechseln und zurück ins Santana Carandiru kann, bislang jedoch ohne Erfolg.

Die Eltern meiner Freundin scheinen sehr nett zu sein. Sie haben mich sogar eingeladen, sie zu besuchen, wenn ich wieder in Deutschland bin. Es fühlt sich gut an, außer Werner noch weitere Ansprechpartner in der freien Welt zu haben, ich fühle mich dann weniger allein. Hoffentlich stelle ich mich draußen diesmal besser an, hoffentlich gelingt es mir, mein Leben verantwortungsvoll und weitsichtig zu meistern! Zumal ich von nun an nicht mehr nur für mich, sondern auch für Xavier sorgen muss. Jetzt fällt mir sogar ein passender Vergleich ein: Es ist wie ein Sprung vom Bungee-Turm. Man weiß, dass es funktioniert, und trotzdem spürt man die Ungewissheit, ein gewisses Restrisiko.

Ein klappernder Schlüssel im Türschloss reißt mich aus meinen Gedanken. Erst wird die erste Tür geöffnet, danach die zweite, dann tritt eine Wärterin in unsere Zelle.

«Maren, mitkommen», sagt sie nur.

Sofort springe ich von meiner Pritsche und ziehe vorsichtig meinen Fernseher und eine Tüte mit meinen Besitztümern hinterher. Meine Decken, die T-Shirts und das angebrochene Haarshampoo lasse ich einfach liegen.

«Gebt die Sachen Melanie», bitte ich die Frauen, ohne ernsthaft daran zu glauben, dass sie jemals bei meiner Freundin ankommen. Dann rufe ich teilnahmslos «Ciao!» in die Runde und bin draußen.

Hinter mir werden die beiden Zellentüren wieder geschlossen. Bevor ich der Wärterin in Richtung Freiheit folge, renne ich kurz entschlossen noch einmal zu meiner Freundin Melanie, die auf demselben Gang eingesperrt ist. Ich kann nicht von hier weggehen, ohne ihr noch einmal Tschüs gesagt zu haben. Mir laufen die Tränen übers Gesicht, als ich mich endgültig von ihr verabschiede.

«Mach's gut. Pass auf dich auf.» Es ist so traurig, sie hier zurücklassen zu müssen.

«Jetzt komm schon!», brüllt die Wärterin ungeduldig über den Flur, woraufhin wir uns schluchzend trennen.

Mit dem vollgepackten Wäschekorb im Arm folge ich der genervten Aufpasserin über den Hof zum Verwaltungsgebäude, wo sie mich zunächst in ein Büro führt.

«Hier, unterschreiben», blafft sie mich an.

Ehrfürchtig streiche ich mit der Hand über meine Entlassungspapiere, ehe ich den Kugelschreiber ansetze. Nun ist es offiziell, ich bin frei!

Unwirsch händigt mir die Brasilianerin mein Geld vom Gefängniskonto aus: 450 Real, umgerechnet rund 170 Euro. Für Gefängnisverhältnisse ist das ein Vermögen, aber draußen? Damit werde ich wohl nicht weit kommen, vermute ich, trotzdem freue ich mich, wenigstens ein bisschen Geld in der Tasche zu haben.

Die Wärterin drängelt schon wieder. «Wir müssen weiter.» Anscheinend möchte sie nicht mal einen kurzen Moment der Freude und Erleichterung zulassen, in Tremembé haben Glücksgefühle offenbar nichts zu suchen. Mit finsterer Miene scheucht sie mich in den Keller, wo mir eine weitere knurrige Angestellte meinen Koffer bringt.

Mein Koffer! Den habe ich zuletzt vor dreieinhalb Jahren gesehen, mir wird ganz warm im Bauch, weil ich spüre, dass ich gerade mein Leben zurückbekomme. Als ich den Reißverschluss des Trolleys öffne, strömt mir der Duft meines Lieblingsparfums Coco entgegen, es riecht nach Freiheit und Normalität. Zuerst greife ich nach meiner blauen Jeans. Eine richtige Hose!, freue ich mich und springe sofort aus der schlechtsitzenden Hose mit dem Endlos-Gummizug. Selig streife ich mir dann die seit ewigen Zeiten erste Hose mit Taschen und Knöpfen über. Leider bleibt sie am Po hängen, sodass ich sie nur dank einiger akrobatischer Übungen überhaupt an die Position bringe, an die sie gehört. An Zuknöpfen ist ohne Gewaltanwendung ebenfalls nicht zu denken.

Der erste Dämpfer! Auch wenn ich mich wahnsinnig über meine Entlassung freue, fühle ich mich ein wenig deprimiert. Ich bin dicker geworden. Bestimmt wegen der Hormone im Essen. Oder wegen der vielen Süßigkeiten. Sehnsüchtig schiele ich zu meiner Gummizughose, die dieses Problem offenbar perfekt kaschiert hat. Also kämpfe ich mich wieder aus der Jeans und probiere die anderen Hosen, bei denen allesamt dasselbe Problem auftritt. Natürlich.

Inzwischen beginnen die Gefängnisangestellten schon wieder zu murren. «Was machst du denn da? Beeil dich gefälligst.»

Aber das kümmert mich jetzt nicht. Was sollen sie mir schon tun? Endlich bin ich diesen Kratzbürsten nicht mehr ausgeliefert. Nach einigem Hin und Her entscheide ich mich doch für die hautenge Jeans, die einst lässig Falten geworfen hat und die es mir nun nicht einmal ermöglicht, in die Hocke zu gehen.

«Jetzt reicht es, geh endlich», schimpft die Frau in dem verhassten grauen «Agente»-Shirt.

Daraufhin traue ich mich dann doch nicht mehr, auch noch

das grüne Oberteil überzustreifen, das ich mir kurz vor meiner Verhaftung gekauft hatte – eigentlich für meine Ankunft in Venezuela, um Pedro zu beeindrucken. Ich seufze. Wie glücklich ich damals war. Wie zuversichtlich.

«Beeil dich! Gleich kommt der Besuch, da musst du verschwunden sein», keift die Wärterin schon wieder.

Dabei trage ich noch immer das weiße Gefängnis-T-Shirt. Was soll's?, denke ich mir, zumindest bin ich angezogen. Den Wärterinnen kann es gar nicht schnell genug gehen, mich vor die Tür zu setzen. Sie drängen mich förmlich nach draußen, und beinahe unvermittelt stehe ich eine Minute später vor den himmelblauen Gefängnismauern auf der Straße. Vollbepackt mit meinem Fernseher, einer Plastiktüte und dem Trolley.

Unvorstellbar, wie nahe Gefangenschaft und Freiheit beieinanderliegen. In den vergangenen Monaten war ich gerade mal fünf Türen vom normalen Leben entfernt. Jahrelang habe ich diesem Tag entgegengefiebert. Nun weiß ich gar nicht, was ich mit der Freiheit anfangen soll. Ein wenig hilflos stehe ich da und betrachte meine Umgebung. Natürlich würde ich am liebsten sofort zu Xavier fahren, nur leider weiß ich nicht einmal, wo sich das Kinderheim befindet. Den zuständigen Richter kann ich auch schlecht anrufen, da Sonntag ist, also entscheide ich mich, zunächst einmal darauf zu hoffen, dass mein Anwalt erscheint und weiß, wo ich übernachten und wohin ich gehen kann. Anscheinend muss ich erst noch üben, mein Leben wieder selbst zu gestalten.

Etwas ratlos setze ich mich direkt vor der Gefängnistür auf den kleinen Trolley. Genau wie damals, als ich am Flughafen von São Paulo auf meine Abfertigung wartete und wie aus dem Nichts von vier Seiten Polizisten auf mich zukamen. Diesmal kommt niemand. Nicht einmal mein Anwalt. Die Straße wirkt wie ausgestorben. In aller Ruhe betrachte ich die umliegenden Häuser, nehme sämtliche Gerüche und Geräusche um mich herum intensiv auf und lausche nach vertrauten Tönen aus dem Gefängnisinneren. Doch es bleibt still. Kein Vergleich zu dem ständigen Tumult, der hinter Gittern herrscht. Ich habe das Gefühl, ganz langsam und behutsam im normalen Leben anzukommen, als plötzlich die Gefängnistür aufgeht.

Eine der Wärterinnen streckt den Kopf hinaus und brüllt mich an: «Wenn du dich hier mit den Gefangenen unterhältst, rufe ich die Polizei.»

«Geht's noch? Hier ist ja nicht einmal ein Fenster, aus dem irgendwelche Gefangenen gucken könnten», blaffe ich zurück. Von denen lasse ich mir nichts mehr gefallen, die haben mich lange genug gequält.

Mit klopfendem Herzen bleibe ich auf meinem Trolley sitzen und rühre mich keinen Zentimeter. Obwohl der friedliche Moment vorbei und die Ruhe zerstört ist, harre ich noch einen Augenblick aus, damit die Wärterinnen bloß nicht glauben, sie könnten mich verscheuchen. Mein alter kindlicher Trotz, mit dem ich früher meine Mutter regelmäßig zur Weißglut gebracht habe, bricht wieder durch. Manchmal finde ich mich selbst albern.

Leider ist von meinem Anwalt noch immer nichts zu sehen. Ob er womöglich gar nicht kommt? Daran mag ich nicht einmal denken. Gelangweilt krame ich in meinen Sachen und stoße dabei auf den selbstgeknüpften Teppich von Tina. Er hat in den letzten Jahren jede meiner Zellen wohnlicher gemacht, aber möchte ich ihn auch in meinem neuen Zuhause auslegen? Möchte ich immer wieder an meine Zeit in Gefangenschaft erinnert werden? Außerdem ist er ganz schön schwer, er wiegt bestimmt fünf Kilo – eindeutig zu viel, um ihn mit nach Deutschland zu nehmen, finde ich. In der Zelle hätte ich ihn jedoch auch nicht lassen wollen, er ist zu schön für die gewissenlosen Gestalten, die dort leben. Gut, dass ich die nun los bin. Ich spüre das erste zarte Glücksgefühl in mir aufsteigen. Ganz leise meldet es sich. Merkwürdig. Ich hatte erwartet, dass es mir bei meinem ersten Schritt in die Freiheit mit Wucht entgegenschlagen würde.

Da ich nicht weiß, wohin ich mich wenden soll, beginne ich, meine unmittelbare Umgebung vorsichtig zu erkunden. Ziellos schlendere ich die ruhige Straße auf und ab. Es ist noch früh, etwa 9 Uhr, ich habe also noch den ganzen Tag vor mir. Bis zum Abend werde ich sicher eine Unterkunft für mich und möglicherweise sogar für Xavier gefunden haben, tröste ich mich, während ich noch immer darauf hoffe, dass der Anwalt endlich auftaucht. Ein paar Häuser vom Gefängnis entfernt entdecke ich ein winziges Altenheim. Kurz entschlossen trete ich ein, um Tinas Teppich dort abzugeben. Eine alte Dame nimmt ihn ebenso dankbar wie überrascht entgegen. Aus ihrem Lachen schließe ich, dass sie das Geschenk zu schätzen weiß, und freue mich, einen würdigen Platz dafür gefunden zu haben.

Da es sehr anstrengend ist, vollbepackt mit einem Fernseher, einer Tüte und einem Trolley spazieren zu gehen, setze ich mich erneut gelangweilt auf meinen kleinen Koffer, als endlich ein kleines Auto in der Straße hält. Ein Mann im Anzug steigt aus, und ich erkenne Michael Paul. Aber wer sitzt denn da noch im Wagen? Ein Mann mit einer Kamera? Als mein Anwalt mich erreicht, erklärt er mir schnell, was los ist. Die Dame des deutschen Fernsehsenders, der ich bereits im Gefängnis ein Interview gegeben habe, hat ihn gebeten, meine Entlassung filmen zu dürfen. Daher sitzt nun sein Praktikant mit einer kleinen Handkamera im Auto. Der Rechtsanwalt war mir ja schon immer suspekt, aber so viel Medieninteresse habe ich ihm dann doch nicht zugetraut.

Ich bin dermaßen überrascht, dass ich mich gar nicht richtig über sein Kommen freuen kann.

Wir fahren nur wenige Kilometer in Richtung Innenstadt, als mein Winkeladvokat unvermittelt vor einer schäbigen Raststätte hält. «Hier machen wir jetzt erst mal ein Interview», sagt er.

«Wie bitte?» Ich bin völlig irritiert. Offenbar hat mein Anwalt sogar den Auftrag, mich zu meiner Entlassung zu befragen. Na bitte, dann tue ich ihm eben den Gefallen, denke ich ergeben, schließlich bin ich von ihm abhängig.

Noch stehe ich nicht auf eigenen Füßen. Ich bin zwar nicht mehr eingesperrt, aber weit davon entfernt, mich frei zu fühlen. Gerade bestellt mir der Anwalt in der heruntergekommenen Raststätte einen bitteren Kaffee, der kaum besser schmeckt als die ungenießbare Brühe im Gefängnis. Dann stellt er mir unbeholfen einige Fragen darüber, wie es sich anfühlt, wieder in Freiheit zu sein. Ich fürchte, dass mir bei meinen Antworten nur wenig Freude oder Erleichterung anzumerken ist. Das Einzige, was ich mir wünsche, ist mein Sohn, ein Bett für die Nacht und ein Rückflugticket nach Deutschland. Mehr nicht.

«Wann fahren wir zu Xavier?», frage ich daher ungeduldig.

Wieder einmal werde ich vertröstet. «Oh, das dauert noch, aber ich kümmere mich darum. Wir müssen erst noch die Erlaubnis des Richters abwarten.»

Bislang hat das mit dem Kümmern aber nicht besonders gut funktioniert, denke ich, sage jedoch nichts, da ich den Anwalt nicht verärgern möchte.

Nach einem kurzen Interview geht es endlich weiter in Richtung Stadtzentrum, wo Michael Paul die Adresse eines kirchlichen Frauenhauses kennt. Ich bin gespannt, was für eine Bruchbude mich erwartet, und angenehm überrascht, als wir vor einem gepflegten Haus halten. Angeblich ist es die ehemalige

Villa eines brasilianischen Kaffeekönigs. In Kübeln stehen üppig grüne Pflanzen vor dem Eingang, alles wirkt sauber, die Wände sind frisch gestrichen, der Boden neu gefliest, nirgendwo wächst Schimmel an der Wand, es riecht nach Blumen – ich fühle mich schlagartig wohl.

Nachdem mein Anwalt sich verabschiedet hat, bekomme ich ein gemütliches Zweibettzimmer im Erdgeschoss zugeteilt, das ich allerdings allein nutzen darf, da derzeit nicht alle der insgesamt 30 Plätze belegt sind. Auf den weichen Betten liegen geblümte Tagesdecken, in der Zimmerecke steht ein schnörkelloser Schrank. Ein Traum. Obwohl ich nur wenige Anziehsachen besitze, sortiere ich sie liebevoll ein und lege mich anschließend auf das weiche Bett. Es fühlt sich so anders an als die Pritschen, auf denen ich in den letzten Jahren die Nächte verbracht habe. Das Einzige, was diesen Raum ungemütlich macht, sind die Gitter vor den Fenstern. Die sind allerdings nicht dazu da, um die Bewohner am Weglaufen, sondern um finstere Gestalten am Einsteigen zu hindern.

Endlich gehöre ich wieder zu den Guten! Zum ersten Mal seit meiner Entlassung spüre ich eine wohlige Wärme in mir, ich schließe die Augen und genieße das erwachende Bewusstsein, endlich frei zu sein. In einer menschenwürdigen Umgebung, wo Höflichkeit und Respekt selbstverständlich sind. Morgen darf ich bestimmt zu Xavier, denke ich zuversichtlich, als jemand zaghaft an meine Tür klopft. Die Leiterin des Frauenhauses steht davor und möchte mir gerne das Haus zeigen.

«Hier leben Frauen, die vor ihren prügelnden Männern geflohen sind, aber auch solche, die sich vor der Mafia verstecken», beginnt sie ihre Führung, und ich wundere mich darüber, wie allgegenwärtig das PCC in São Paulo ist, wenn selbst die Heimleiterin so selbstverständlich darüber spricht. «Manche haben ihre

Kinder dabei», durchbricht die Leiterin des Hauses meine Gedanken, und sofort frage ich mich, ob sie damit auf Xavier anspielt.

Es fühlt sich gut an, ihm eine Bleibe bieten zu können, allerdings bin ich mir sicher, das Land sofort zu verlassen, sobald ich meinen Sohn aus dem Heim geholt habe.

«Als Gegenleistung für die Unterkunft müsstest du bitte beim Kochen und Putzen helfen», erklärt mir die nette Dame gerade, als wir die blitzblanke Küche betreten.

«Kein Problem. Das mache ich gerne», entgegne ich. Nicht aus Wohlerzogenheit, ich meine das ehrlich. In meiner neuen Umgebung fühle ich mich sehr wohl, der Umgang ist achtungsvoll und herzlich – ganz anders als im Gefängnis. Und dafür bin ich dankbar.

Am Abend holt mich mein Anwalt noch einmal ab, da er mich zum Essen einladen möchte, und ich nehme sein Angebot gerne an. Schließlich muss ich mit meinem Geld sparsam umgehen. Michael Paul führt mich in ein gemütliches Steakrestaurant, in dem wir uns mit köstlichem Grillfleisch und knackigen Salaten den Bauch vollschlagen. Meine erste Mahlzeit ohne Bohnen schmeckt einfach sensationell.

Wieder spüre ich das Glück, endlich entlassen zu sein, noch immer durchdringt es tröpfchenweise meinen Körper. Es erfasst mich ganz langsam. Michael Paul möchte mit mir über den deutschen Fernsehsender sprechen, dessen Kamerateam sich für die kommenden Tage angekündigt hat.

«Sie zahlen dir Geld für den Dreh», lässt er mich wissen

Daraufhin entgegne ich: «Das kann ich gut gebrauchen. Dann kann ich Melanie ein paar Geschenke ins Gefängnis schicken. Außerdem muss ich für meinen Sohn und mich dringend warme Kleidung kaufen.» Während wir hier in Brasilien in Jeans und T-Shirt herumlaufen, erwartet uns in Deutschland Winterwetter mit entsprechend niedrigen Temperaturen. Womit ich wieder bei meinem Thema wäre: «Wann kann ich zu Xavier?», frage ich erneut.

Noch einmal verspricht mir der Anwalt, sich intensiv darum zu bemühen, dass ich meinen Sohn bald sehen kann.

Seine Antwort bremst mein Hochgefühl ein wenig. «Bald? Warum nicht morgen?»

«Der Richter muss deinem Besuch erst zustimmen.»

«Aber ich bin doch die Mutter», erwidere ich empört.

«Ja, aber als Häftling verlierst du das Sorgerecht, das müssen wir erst neu beantragen.»

Es ist niederschmetternd, zumal ich fest davon ausgegangen bin, Xavier sofort nach meiner Entlassung wiedersehen zu können. Wie es scheint, wird sich das aber noch einige Tage hinziehen …

Als ich später im Bett des Frauenhauses liege, fällt es mir schwer einzuschlafen. Die ganze Zeit über muss ich an Xavier denken. Am liebsten würde ich einfach zu ihm fahren, auch ohne die Erlaubnis des Richters, doch mein Anwalt hat mir dringend davon abgeraten. Das könne mir im Sorgerechtsverfahren negativ ausgelegt werden, meinte er, und das möchte ich natürlich nicht riskieren.

Seine Aussage beunruhigt mich. Bislang bin ich davon ausgegangen, dass die Rechtslage eindeutig und mein Fall geklärt sei, aber damit war ich wohl zu optimistisch. Wenn mein Anwalt Angst hat, es könne im Sorgerechtsverfahren zu Problemen kommen, muss ich offenbar noch immer damit rechnen, dass man mir meinen Sohn endgültig wegnimmt. Dabei bin ich doch seine Mutter. Lange liege ich wach. Die Vorstellung, ohne meinen Sohn zurück nach Deutschland zu fliegen, erzeugt eine unerträgliche Übelkeit in mir. Daran möchte ich überhaupt nicht denken.

Ich liebe meinen Sohn, ich möchte bei ihm sein, schlimmstenfalls auch in Brasilien. Eines steht jedenfalls fest: Ich werde dieses Land ganz gewiss nicht ohne ihn verlassen.

Draußen bellt ein Hund. Es ist ein schönes Bellen, anders als das wütende Kläffen kurz vor dem Einmarsch der Choque-Truppe. Ich lausche in den Raum. Es ist so still, dass ich meinen Atem höre, nur meinen, und nicht das Rascheln, Wälzen, Husten, Wimmern, Schnaufen oder Stöhnen von unzähligen anderen Frauen. Seit Jahren habe ich diesen Zustand der Freiheit herbeigesehnt, doch jetzt macht er mir Angst. Absurd.

Endlich schlafe ich ein. Ich träume sehr unruhig, wälze mich immer wieder hin und her, ohne eine angenehme Position zu finden, und als ich im Halbschlaf die Augen öffne, bin ich schlagartig hellwach. Beim Anblick der Gitter vor den Fenstern springe ich erschreckt auf. Bin ich etwa wieder eingesperrt? Benommen stolpere ich zur Tür, reiße sie hektisch auf und stehe dann erleichtert im wohnlich erleuchteten Flur des Frauenhauses. Es ist alles gut, beruhige ich mich, die Gefängniszeit habe ich hinter mir. Doch dann fällt mir Xavier wieder ein, und mit einem ungutem Gefühl klettere ich zurück in mein weiches Bett.

Tags darauf treffe ich wie angekündigt das deutsche Fernsehteam, das eigens wegen meiner Entlassung nach Brasilien gereist ist. Die Reporterin kenne ich bereits von dem vorangegangenen Dreh im Gefängnis, der Kameramann dagegen ist ein anderer. Die beiden filmen mich beim Putzen und Kochen im Frauenhaus und begleiten mich in die Stadt, wo ich in die Schaufenster der teuren Geschäfte starren soll, um zu thematisieren, wie wenig Geld ich derzeit habe. Anschließend sind sie dabei, als ich mir in preisgünstigen Läden einige Kleidungsstücke kaufe, und verfolgen sogar, wie ich aus einem Internetcafé zum ersten Mal in Deutschland anrufe.

«Hallo, Werner? Hier ist Maren. Ich bin draußen», rufe ich in den Hörer.

Mein bester Freund kann gar nicht glauben, was ich ihm da mitteile. «Du bist frei?», brüllt er zurück.

Ich bin überwältigt von seiner maßlosen Freude über meine Entlassung. Wieder erfasse ich ein Stückchen mehr, dass es wahr ist, dass ich der brasilianischen Gefängnishölle tatsächlich entkommen bin. Zeit zum Durchschnaufen bleibt mir allerdings nicht, denn das Fernsehteam hetzt mich weiter. Ich soll eine Pizza essen, die erste in Freiheit. Leider finden wir kein italienisches Restaurant, sodass ich wieder in einer üblen Kaschemme lande, in der ich etwas vorgesetzt bekomme, was nur entfernt an eine Pizza erinnert und was ich früher garantiert reklamiert hätte. Nach meiner Haft finde ich es zwar schmackhaft, trotzdem ist es schade. Eine echte Pizza wäre mir lieber gewesen. Bei allem, was ich tue, begleitet mich von früh bis spät das Kamerateam. Aber so anstrengend die Dreharbeiten auch für mich sind, so angenehm ist der Begleitumstand, dass ich über das Handy der Reporterin fast die ganze Zeit über mit meinem Anwalt in Verbindung stehe. Offenbar freut er sich sehr über die Publicity in seinem Heimatland und ruft nun regelmäßig an, was ich von ihm überhaupt nicht gewohnt bin. Endlich habe ich mal das Gefühl, genauestens informiert zu werden – und sei es nur über die Fernsehreporterin. Häufig spricht der Mann, der eigentlich mich vertreten und beraten sollte, nämlich nur mit ihr. Und das, obwohl ich mir sofort nach der Entlassung ein Prepaid-Handy besorgt habe, um ebenfalls jederzeit erreichbar zu sein. Aber das ignoriert mein Anwalt.

Als wir gerade in einem Klamottenladen nach preiswerter Kleidung für mich suchen, reicht mir die Journalistin im Anschluss an ein längeres Telefonat mit ihm ihr Handy. Ich ahne schon, dass es diesmal besonders spannende Nachrichten gibt, sonst würde mein Anwalt wohl kaum nach mir verlangen. Außerdem schwenkt der Kameramann sofort auf mein Gesicht, was meinen Verdacht noch erhärtet. Und tatsächlich: Mein Anwalt teilt mir mit, er habe gerade erfahren, dass bereits vor einigen Wochen ein Treffen mit meinem Sohn stattfinden sollte.

Ich bin entsetzt. «Xavier war mit einer Erzieherin im Gericht und hat dort auf mich gewartet? Und niemand hat mir Bescheid gesagt?»

Mein Rechtsanwalt beteuert mehrfach, nichts von diesem Termin gewusst zu haben, was nichts an meiner Betroffenheit ändert. Ich fühle mich hundeelend. Die Vorstellung, dass Xavier im Gericht vergeblich auf mich gewartet hat, zerreißt mir fast das Herz. Was soll mein Sohn denn von einer Mutter halten, die sich erst jahrelang nicht blicken lässt und dann sogar zu einer festen Verabredung, auf die man ihn sicher vorbereitet hat, nicht erscheint?

Ich bin auf einmal furchtbar wütend. Auf mich, meinen Anwalt, das Gefängnis und das Fernsehteam, das mir seit Tagen an den Fersen klebt, obwohl ich auch mal gerne allein wäre, vor allem jetzt. Aber schließlich haben sie gut gezahlt, daher lasse ich mich von ihnen sogar dazu nötigen, ein Geschenk für Xavier zu kaufen, von dem ich schon jetzt weiß, dass ich es ihm nicht geben darf, solange er im Kinderheim lebt. Aber die Reporterin hält das für eine gute Idee. Na dann.

Die folgenden Tage plätschern eintönig dahin. Jeden Morgen hoffe ich, dass der Richter mir endlich die Besuchserlaubnis erteilt, werde jedoch jedes Mal aufs Neue enttäuscht. Wenigstens verabschiedet sich das Fernsehteam für ein paar Tage, weil es einige andere Reportagen drehen möchte, sodass ich zumindest mal wieder Zeit für mich, allerdings auch deutlich weniger Kontakt zu meinem Anwalt habe. Das Warten ist schrecklich! Nicht zu wissen, wann und ob ich meinen Sohn überhaupt sehen darf, macht mich ganz fertig.

Um mich abzulenken, streife ich täglich durch die Stadt, wobei mir für meine Zerstreuung deutlich weniger Geld zur Verfügung steht, als ich es von früher gewohnt war. Ich werde mich zu Hause umgewöhnen müssen. Den Gedanken, dass man mir verbieten könnte, meinen Sohn mit nach Deutschland zu nehmen, versuche ich auszublenden. Das darf einfach nicht passieren.

Inzwischen haben wir den 7. Dezember, heute feiert Xavier seinen dritten Geburtstag. Obwohl ich inzwischen entlassen bin, dürfen wir auch diesen Tag nicht gemeinsam verbringen. Was für ein gefühlloses Monster ist dieser Richter nur? Inzwischen hat sich auch das Fernsehteam zurückgemeldet, und gemeinsam warten wir auf den erlösenden Anruf von Michael Paul. Erst am 9. Dezember, also eine knappe Woche nach meiner Entlassung, ist es endlich so weit.

«Du kannst jetzt zu ihm», teilt der Anwalt mir mit. «Aber das Kamerateam darf dich leider nicht begleiten.»

Na und?, denke ich. Hauptsache, ich kann endlich meinen Sohn sehen. Nach zwei Jahren und acht Monaten darf ich ihn wieder anfassen, riechen, in den Arm nehmen.

Kaum habe ich aufgelegt, springen wir ins Auto und fahren los. Das Team ist so nett, mich zu dem Kinderheim zu bringen, das sich am Stadtrand von São Paulo befindet. Etwa eine Stunde Fahrzeit liegt das Heim von meiner Unterkunft entfernt – eine halbe Ewigkeit. Die Minuten kriechen schwerfällig dahin. Da ich spüre, wie mir die Tränen in die Augen schießen, versuche ich tief durchzuatmen. Ich möchte nicht schon wieder weinen, aber die Aufregung und die Anspannung machen mich ganz weich. Gleich werde ich meinen Jungen wiedersehen.

Die Reporterin ist ebenfalls ziemlich aufgeregt. Immer wieder erklärt sie mir, wie ihre Digitalkamera funktioniert, und ermahnt mich, möglichst viele Fotos von Xavier und mir zu schießen. Die brauche sie unbedingt, da sie nicht dabei sein dürfe, wenn ich Xavier zum ersten Mal seit langem begegne.

Vor dem Kinderheim würde ich am liebsten sofort losrennen, muss aber erst noch schnell vor der Kamera eine Frage zu meinem Befinden beantworten, ehe ich endlich auf das Tor des Gebäudes zusteuern darf.

Hier hat Xavier also die vergangenen Jahre verbracht. Das Haus sieht eigentlich ganz nett aus. Der Innenhof ist bepflanzt, die Wände sind mit bunten Bildern bemalt, überall stehen farbenfrohe Spielgeräte herum, und die deutsche Heimleiterin macht einen warmherzigen, wenn auch reservierten Eindruck, als sie mich begrüßt. Sie fragt mich, ob es in Deutschland üblich sei, sich von einem Kamerateam begleiten zu lassen, wenn man zum ersten Mal seit Jahren sein Kind treffe.

Verwundert verneine ich. Worauf will die Frau hinaus? «Eigentlich möchte ich nur meinen Sohn sehen», antworte ich deshalb knapp.

Daraufhin teilt sie mir spürbar verstimmt mit, dass ich Xavier schon vor fünf Tagen hätte sehen können. «Sie hätten Ihren Sohn jederzeit besuchen können. Der Richter und ich waren lediglich dagegen, dem Kamerateam die Drehgenehmigung zu erteilen. Nur darum ist es in den vergangenen Tagen gegangen.»

«Davon habe ich nichts gewusst», beteure ich völlig perplex. «Natürlich wäre ich sonst sofort gekommen.»

Etwas besänftigt erklärt mir die Heimleiterin, dass der Richter zum Schluss schon fast wütend darüber war, dass ich mich nicht blicken lassen wollte. «Wann gedenkt die Frau Mama denn nun mal ihr Kind zu besuchen?», hat er wohl mehrfach gefragt.

Entsetzt sehe ich die Deutsche an, während mir bewusst wird, warum mein Anwalt immer nur mit der Reporterin sprechen wollte. Was für ein abgekartetes Spiel! Wenn es stimmt, was die Heimleiterin sagt, hätte ich sogar Xaviers Geburtstag mit ihm feiern können. Ich fühle mich verkauft und verraten. Am liebsten würde ich allen Beteiligten sofort wütend die Meinung geigen und ihnen sagen, was ich von ihren Intrigen halte. Aber dann erinnere ich mich daran, was nun unmittelbar bevorsteht, und sofort überwiegen wieder Aufregung und Freude.

«Xavier kommt gleich. Aber versuchen Sie, nicht allzu überschwänglich über ihn herzufallen, und weinen Sie möglichst nicht. Das würde ihn nur verunsichern. Lassen Sie dem Jungen vor allem Zeit», ermahnt mich die Heimleiterin. Dann schließt sie die Tür, und ich bin allein.

Atemlos lausche ich, ob ich auf dem Flur ein Kind höre, aber alles bleibt still. Kurz darauf wird die Türklinke heruntergedrückt, und eine freundliche Brasilianerin tritt ein. Sie trägt ein dunkelhaariges Kind auf ihrem Arm, das mich neugierig mustert – meinen Xavier.

Er sieht fremd aus und gleichzeitig vertraut. Groß ist er geworden. Xavier ist nicht mehr das Baby, das man mir entrissen hat, aus ihm ist ein kleiner Junge geworden. Ein hübscher Kerl mit fast schwarzen Augen und kurzem dunklem Haar. Er hat einen süßen Schmollmund und drückt sich ein wenig schüchtern an seine Erzieherin.

Unsicher gehe ich auf ihn zu. Mein Kind. Es fällt mir schwer, die aufsteigenden Tränen zu unterdrücken, doch ich versuche mich an die Anweisungen der Heimleiterin zu halten. Bloß nicht weinen, denke ich immerzu. Vorsichtig spreche ich meinen Sohn an. Erst auf Deutsch, aber dann fällt mir ein, dass Xavier meine Muttersprache wahrscheinlich gar nicht versteht.

Also rede ich portugiesisch mit ihm. Interessiert mustert er mich, blickt mir direkt in die Augen, lächelt verschmitzt und dreht sich dann weg. Erstaunlich schnell verliert Xavier seine Scheu und lässt sich von der Erzieherin widerstandslos auf den Boden stellen. Sofort gehe ich in die Knie, um mit meinem Sohn auf Augenhöhe zu sein.

Auf Portugiesisch lädt er mich ein, mit seinen Autos zu spielen. Dass er kein Deutsch spricht, tut mir ein wenig weh, auch wenn es nicht anders zu erwarten war. Gemeinsam lassen wir kleine Spielzeugautos über den Fußboden fahren. Beim ersten Crash beginnt Xavier zu lachen. Es ist ein lustiges, ausgelassenes Lachen, das mich auf der Stelle mitreißt. Von da an bauen unsere Autos permanent spektakuläre Unfälle, sodass Xavier die ungewohnte Situation schnell vergisst und sich ganz dem Spiel hingibt. Dabei sagt er permanent «Tante» zu mir.

«Ich bin nicht deine Tante», sage ich mehrmals. «Ich bin deine Mama. Du darfst ruhig Mama zu mir sagen.»

Xavier blickt kurz auf, dann antwortet er: «Ja, Tante Mama», und ist sofort wieder ins Spiel vertieft.

Nach einer viel zu kurzen Viertelstunde beendet die Erzieherin unser Zusammensein. «Xavier muss jetzt essen und anschließend ins Bett», erklärt sie mir.

«Schade», sage ich. Dann fallen mir siedendheiß die Fotos ein, die ich der Fernsehreporterin versprochen habe. «Könnten Sie wohl ein paar Bilder von Xavier und mir machen?», bitte ich die Erzieherin, die meinem Anliegen gerne nachkommt.

Die strahlende Mama mit ihrem hübschen Sohn, Kopf an Kopf, ganz nah. Dankbar lächele ich die junge Frau an. Die Bilder sind zwar für den Fernsehbeitrag geplant, aber vielleicht kann ich ja ein paar Abzüge bekommen. Zur Erinnerung an diesen Tag. Die Erzieherin verspricht mir, dass ich Xavier am nächsten Morgen wieder besuchen dürfe, und ich sage zu, pünktlich um 9 Uhr im Kinderheim zu sein.

Xavier versteht das nicht. «Ich möchte mit», sagt er zu mir, als ich ihn zum Abschied fest in den Arm nehme, und es schmerzt, ihm erklären zu müssen, dass das noch nicht möglich ist, dass ich ihn aber ganz bald mitnehmen werde.

Als ich das Kinderheim verlasse, bin ich mir sicher, dass Xaviers und meinem Zusammensein nun nichts mehr im Wege steht. Wir werden eine Familie sein. Bald. Das spüre ich. Glücklich trete ich wenig später dem Kamerateam entgegen. Ich bin zu aufgekratzt, um noch wütend zu sein. Außerdem habe ich mich in den vergangenen dreieinhalb Jahren wohl daran gewöhnt, als verurteilte Drogenkurierin ständig geringschätzig und respektlos behandelt zu werden.

Vor allem jedoch bin ich wahnsinnig erleichtert, dass nun endlich alles gut zu werden scheint, daher ist mir alles andere egal. Artig berichte ich von meinem süßen Kind. Damit hat das Fernsehteam vorerst genügend Emotionen im Kasten und kann seine Dreharbeiten beenden.

Von nun an fahre ich jeden Tag mit dem Bus zum Kinderheim. Morgens um 6 Uhr stehe ich auf, damit ich pünktlich um 9 Uhr bei Xavier im Heim bin. Bis zum Mittag haben wir dann Zeit, ungestört miteinander zu spielen. Schon am vierten Tag nennt mich mein Sohn kein einziges Mal mehr Tante, sondern nur noch Mama. Das macht mich sehr froh. Manchmal stecke ich mir heimlich Schokolade oder andere Süßigkeiten in die Tasche, mit denen ich Xavier verwöhne, denn mein kleiner Sohn scheint ein richtiges Schleckermaul zu sein. Ganz die Mama!

Gerne würde ich ihm auch ein paar Geschenke machen, aber das bleibt weiterhin verboten. Dabei bin ich so überwältigt von dem Glück über meinen kleinen Sohn, dass ich ihn am liebsten mit Liebe, Küssen und Geschenken überhäufen würde. Mein Xavier! Endlich darf ich bei ihm sein. Wir verstehen uns prima und haben bei jedem Besuch viel Spaß miteinander. Nur in einem Punkt werden wir uns nicht einig, und das ist die Aussprache seines Namens: Ich habe meinen Sohn Xavier genannt, nach dem deutschen Sänger Xavier Naidoo. Die brasilianischen Erzieherinnen haben den Namen aber entsprechend ihrer Landessprache «Schavjé» ausgesprochen. Daran hat er sich natürlich gewöhnt und sieht nun gar nicht ein, dass er plötzlich anders heißen soll.

Genauso wenig wie ich. «Xavier und Schavjé ist eigentlich derselbe Name. Die Erzieherinnen haben ihn nur falsch ausgesprochen», versuche ich dem Dreijährigen geduldig zu erklären.

Der will jedoch zunächst nichts davon wissen. Offenbar ist er ähnlich stur wie ich. Tagelang diskutieren wir immer wieder, bis mein Sohn endlich nachgibt. «Okay, dann bin ich eben Xavier», sagt er.

Als wir einmal gemeinsam auf dem Außengelände des Kinderheims spielen, will Xavier unvermittelt nach drinnen zu seiner Lieblingserzieherin gehen.

Ich halte ihn zurück. «Mama hat dich doch so lange nicht gesehen, bitte bleib bei mir.»

Er bleibt tatsächlich, und mir fällt ein Stein vom Herzen. Ich spüre die bohrende Angst, er könnte seine Erzieherin mehr lieben als mich, seine Mama, und nehme mir vor, unbedingt gelassener zu werden. Schließlich haben wir uns fast sein ganzes bisheriges Leben nicht gesehen, stattdessen haben sich die Erzieherinnen offenbar sehr liebevoll um ihn gekümmert. Zumindest macht Xavier einen sehr ausgeglichenen und zufriedenen Eindruck. Daher ist es wohl nur verständlich und natürlich, dass es ihn manchmal zu ihnen zieht. Trotzdem tut es mir weh, und glücklicherweise passiert es nicht oft. Spätestens wenn ich mich am Mittag von ihm verabschiede, zeigt er deutlich, dass er mit mir zusammen sein möchte, indem er fragt, ob er nun nicht endlich mitkommen könne.

Während ich nun jeden Tag drei traumhafte Stunden mit meinem Sohn verbringe, weiß ich noch immer nicht, wie es weitergehen soll. Werde ich das Sorgerecht bekommen? Wann wird darüber entschieden? Und wovon hängt es ab? Dementsprechend aufgeregt bin ich, als mein Anwalt mir mitteilt, dass ich eine Anhörung beim Richter habe.

Eigentlich bin ich davon ausgegangen, dass Michael Paul mich zu dem Termin begleitet, aber seit das Fernsehteam sich verabschiedet hat, bin ich für meinen Anwalt wohl deutlich weniger attraktiv. Daher schickt er einen seiner Kollegen mit mir. Es fühlt sich gut an, diesmal als freier Mensch das Gerichtsgebäude zu betreten. Die vorangegangenen Male bin ich stets im Kofferraum eines Gefängnistransporters hierhergefahren worden.

Als ich den Saal betrete, blickt mich der Richter eindringlich an. «Wie soll es mit Ihrem Sohn weitergehen?», fragt er mich.

«Ich möchte Xavier gerne mit nach Deutschland nehmen, aber wenn das nicht möglich ist, werde ich mit ihm in Brasilien bleiben», antworte ich. Soweit ich weiß, können sie mich nicht aus dem Land weisen, solange mein Sohn hier lebt.

Ungerührt teilt mir der Richter mit: «Meines Erachtens sollte jedes Kind bei seiner Mutter aufwachsen, gleichgültig, welchen Fehler sie einmal begangen hat. Sie können Ihren Sohn aus dem Heim abholen, sobald Sie ein Flugticket nach Deutschland für ihn vorweisen können.»

Das klingt doch prima, denke ich voller Zuversicht und wende mich unmittelbar nach dem Verlassen des Gerichtsgebäudes an das deutsche Konsulat, um den Damen von der Forderung des Richters zu erzählen. In meiner Naivität gehe ich fest davon aus, dass man mir dort sofort helfen wird. Aber da irre ich mich. Anders als erwartet fühlen sich die Konsulatsmitarbeiter für meine Not ganz und gar nicht zuständig. Stattdessen bieten sie mir an, sich in meinem Namen mit meiner Familie in Verbindung zu setzen, um sie zu fragen, ob sie für das Ticket aufkommen kann. Voller Verzweiflung gebe ich die Adresse meines Vaters an, von dem ich nicht einmal weiß, ob er überhaupt noch lebt. Von meinen Geschwistern habe ich leider keine Kontaktdaten, sonst hätte ich sie den Damen sicher auch mitgeteilt.

Eigentlich habe ich mir geschworen, mich nie wieder bei meiner Familie zu melden, doch nun muss ich meinen Stolz und die Wut überwinden. Schließlich gibt es sonst niemanden, an den ich mich wenden könnte – außer Werner, und der kann das Geld für den Flug niemals aufbringen. Mein Vater ist also meine letzte Hoffnung. Ausgerechnet der Mann, der mich vor über zehn Jahren nach einem heftigen Streit aus dem Haus geworfen und sich seitdem nie um mich gekümmert hat, ist nun der Einzige, der mir helfen kann, Xavier aus dem Heim zu holen. Hoffentlich lässt er mich nicht hängen, flehe ich innerlich.

Aufgewühlt mache ich mich auf den Weg zurück ins Frauenhaus. Unterwegs mache ich in einem Internet-Café halt, um herauszufinden, wie viel ein Flug nach Deutschland überhaupt kostet. Das Ergebnis meiner Recherchen erschreckt mich: Mit 1500 bis 2000 Euro werde ich wohl rechnen müssen – für mich eine unvorstellbar hohe Summe.

Wie soll ich das Geld jemals allein aufbringen? Regulär müsste ich in Brasilien sicherlich mindestens ein Jahr lang arbeiten, um diesen Betrag zusammenzusparen. Aber so lange möchte ich nicht warten. Bliebe also nur wieder etwas Illegales. Noch einmal Drogen schmuggeln? Mir dreht sich der Magen um. Das mache ich ganz bestimmt nicht noch einmal! Vielleicht könnte ich wieder tanzen? Oder anschaffen gehen?, überlege ich. Eine schauerliche Vorstellung, aber in meiner Verzweiflung fällt mir keine andere Lösung ein. Dabei habe ich geglaubt, das mit dem Ticket sei noch das geringste Problem. Von wegen! Das Sozialamt in Deutschland zahlt zwar meinen Anwalt, für Xaviers Rückflug fühlt es sich dagegen nicht verantwortlich. Das verstehe ich nicht.

Hoffentlich erinnert sich mein Vater an unsere schönen Momente, etwa an die Grillabende mit der ganzen Familie auf Fehmarn, und nicht nur an die Querelen der letzten Monate. Oder er tut es für Mutti. Sie wäre gewiss für mich da gewesen.

Zutiefst bekümmert irre ich durch die Innenstadt von São Paulo. Es regnet in Strömen. Das Wetter passt perfekt zu meiner Stimmung. Auf meinen Anwalt brauche ich sicher auch nicht zu hoffen. Ihm geht es meines Erachtens vor allem um Prestige und Geld – aufopfernde Hilfsbereitschaft habe ich bei ihm bislang nicht feststellen können.

In diesem Moment fehlt mir Melanie so sehr wie noch nie seit meiner Entlassung. Selbst wenn sie das Ticket ebenfalls nicht bezahlen könnte, wäre es doch schön, mit diesem Problem nicht allein zu sein. Nur leider ist es ehemaligen Häftlingen nicht erlaubt, zu den Besuchstagen ins Gefängnis zu kommen. Stattdessen schreibe ich Melanie regelmäßig Briefe und schicke ihr Pakete. Aber das kann einen persönlichen Kontakt natürlich nicht ersetzen. Angestrengt denke ich weiter nach. Wer könnte mich sonst noch unterstützen? Meine Knastaffäre Demetrio? Niemals. Lucas sitzt ebenfalls hinter Gittern. Und sonst kenne ich hier niemanden.

Da fällt mir plötzlich die Federal-Polizei ein. Die hatten

mir doch angeboten, mein Ticket zu bezahlen. Vielleicht kämen sie auch für Xaviers Flugschein auf? Voller Hoffnung fahre ich quer durch die Stadt ins Büro der Federal-Polizisten. Nach einer endlosen Wartezeit erklärt sich schließlich ein Polizist bereit, sich meiner Sache anzunehmen.

«Jaaa, Ihr Ticket können wir bezahlen», erklärt er gedehnt.

«Was ist mit dem Flugschein für meinen Sohn?», falle ich ihm ins Wort. «Darum geht es doch. Wenn ich nicht nachweisen kann, dass ich für ihn einen Flug nach Deutschland gebucht habe, darf ich ihn nicht aus dem Kinderheim holen. Und so lange muss ich ebenfalls in Brasilien bleiben.»

Meine Aufregung beeindruckt den schwerfälligen Polizisten nicht weiter. «Ihr Sohn ist Brasilianer?»

«Ja. Er ist hier geboren und lebt momentan in einem brasilianischen Kinderheim.»

«Dann können wir sein Ticket nicht zahlen. Nur Ihres. Sollen wir uns für Sie nun darum kümmern?»

Ich bin maßlos enttäuscht. Wie kann dieser Kerl nur so ignorant sein. «Natürlich nicht. Für mich allein brauche ich keines», fahre ich den gelangweilten Uniformträger an, der sich nicht das Geringste aus meiner Notlage macht.

Frustriert und verzweifelt verlasse ich kurz darauf die Polizeistation. Meine Panik wächst. An wen soll ich mich nun wenden? An Melanies Eltern? Das traue ich mich nicht, schließlich kenne ich sie gar nicht. Jetzt bleibt mir wirklich nur noch mein Vater. Hoffentlich übernimmt er die Kosten für das Ticket, denke ich. Hoffentlich, hoffentlich!

Am nächsten Tag kann ich es kaum erwarten, den zuständigen Konsulatsmitarbeiter ans Telefon zu bekommen. Als es mir endlich gelingt, rufe ich aufgeregt in den Hörer: «Und? Haben Sie meinen Vater erreicht?»

«Ja», gibt er zur Antwort, «ich habe mit ihm gesprochen. Er wird das Ticket nicht bezahlen.»

Rums, die Nachricht sitzt! Obwohl ich mich in den vergangenen Jahren an den Umstand gewöhnt habe, zu meinem Vater keinen Kontakt zu haben, trifft mich seine Absage wie ein Schlag in die Magengrube. Dass seine Abneigung so weit gehen würde, dass er mir selbst in dieser ausweglosen Notsituation nicht hilft, hätte ich nicht vermutet. Er ist doch mein Vater! Offenbar konnte ihn nicht einmal die Nachricht erweichen, dass er einen kleinen Enkelsohn hat. Es ist erschütternd. Traurig und ratlos beende ich das Gespräch. Jetzt fällt mir keine Lösung mehr ein.

Inzwischen ist es kurz vor Weihnachten. Überall leuchtet kitschiger Weihnachtsschmuck in den Schaufenstern. An jeder Ecke sitzen Weihnachtsmänner auf ihren Schlitten, die von Rentieren gezogen werden, und gelegentlich blinkt hier und da ein kugelbäuchiger Schneemann mit einer Karottennase. In der Wärme São Paulos wirkt all das furchtbar lächerlich. Außerdem mag ich gar nicht an den Heiligen Abend denken. Weder an die vergangenen Feiern mit meinem Vater und dem Rest der Familie noch daran, dass ich dieses Fest eigentlich mit Xavier begehen wollte. Daraus wird nun nichts – so viel steht schon mal fest.

Ich denke daran, wie sehr ich mich geärgert habe, als ich für das deutsche Fernsehteam in die Schaufenster der teuren Geschäfte blicken musste, um zu thematisieren, dass ich mir nichts leisten kann. Dabei fällt mir auch wieder ein, dass mein Anwalt und die Reporterin mir – nur um den Film noch emotionaler zu gestalten – bewusst verheimlicht haben, dass ich meinen Sohn längst im Heim hätte besuchen können. Stattdessen haben sie mich quer durch die Stadt gejagt und darauf gehofft, dass ihnen der Richter und die Heimleiterin doch noch eine Drehgenehmigung erteilen. Was ich bislang verdrängt habe, kocht nun wieder hoch. Was für eine Gemeinheit!

Immerhin haben sie für die Dreharbeiten gut gezahlt. In Deutschland wollen sie mich auch noch einmal treffen, das haben sie zumindest angekündigt. Dann soll ich noch einmal Geld erhalten. Bei diesem Gedanken kommt mir eine Idee: Genauso wie sie mich benutzt haben, könnte ich sie doch auch benutzen. Vielleicht können die Fernsehleute unsere Tickets bezahlen? Geld haben sie wohl genug, außerdem bekommen sie dafür eine nicht zu verachtende Gegenleistung: meine Geschichte.

Sofort versuche ich, mich darum zu kümmern, und bin maßlos enttäuscht, als die Reporterin mir das Ticket nicht auf der Stelle zusagen kann. Aber sie verspricht, sich bei ihren Chefs für mich einzusetzen. Aufgeregt warte ich auf ihre Antwort, denn eine Zusage würde die sofortige Lösung meines Problems bedeuten. Ich könnte meinen Sohn endlich aus dem Kinderheim holen und zurück nach Deutschland fliegen. Leider muss ich mich mal wieder gedulden, bis endlich eine Entscheidung fällt, was wegen der Feiertage leider dauern kann …

In der Zwischenzeit lerne ich auf der Straße einen netten Brasilianer kennen. Antonio spricht mich auf dem Weg zu seinem Arbeitsplatz, einer kleinen Kampfsportschule in der Nähe meines Frauenhauses, an und fragt, ob ich mit ihm einen Kaffee trinken wolle. Da ich mich in dieser Stadt sehr einsam fühle und mir jemand fehlt, mit dem ich mich zumindest gelegentlich unterhalten kann, willige ich spontan ein.

Natürlich ist Antonio verwundert, warum ich als Deutsche seine Sprache so gut spreche, aber ich möchte ihm zunächst nichts sagen, aus Angst, dass er mich wegen meiner Vergangenheit im Gefängnis ablehnen könnte. Erst bei einem der folgenden Treffen wage ich es, ihm den wahren Grund dafür zu nennen.

Antonio stört sich nicht weiter daran. Er fragt auch nicht weiter nach meiner Gefangenschaft, stattdessen bemüht er sich, mir eine schöne, sorglose Zeit zu bereiten und mir obendrein seine Stadt ein wenig näherzubringen. Letzteres gelingt ihm allerdings kaum, denn São Paulo ist in meinen Augen einfach zu abstoßend. Trotzdem ist es schön, in der Fremde einen lieben Menschen zu haben, der sich um einen kümmert. Auch wenn es mir leidtut, dass Antonio sich von unserer Verbindung wohl mehr erhofft, als ich ihm derzeit bieten kann.

Auf irgendwelche amourösen, aufreibenden Beziehungen verspüre ich derzeit nämlich nicht die geringste Lust. Mir geht es momentan einzig und allein darum, möglichst bald die beiden Flugtickets in der Hand zu halten, um dieses Land so schnell wie möglich zusammen mit meinem Sohn zu verlassen.

Nachdem ich Weihnachten wenig feierlich allein im Frauenhaus verbracht habe, freue ich mich, als Antonio mir vorschlägt, zusammen mit seiner Familie und einigen Freunden Silvester zu feiern. Bevor er mich abholt, style ich mir aufwändig die Haare, schminke mir die Augen und bin höchst zufrieden, als ich mich anschließend im Spiegel betrachte. Antonio wird staunen, denke ich und freue mich, als er es dann auch tut.

«Wow, siehst du schön aus», begrüßt er mich vor der Tür des Frauenhauses.

Gemeinsam machen wir uns auf den Weg zu seinen Verwandten, die mich herzlich empfangen.

Stolz stellt mich Antonio seinem Cousin vor. «Das ist Luiz. Er arbeitet bei der Polizei», sagt er dann.

Luiz lächelt mich gewinnend an. «Ich gehöre zu einer Spezialeinheit der Polizei, der Choque-Truppe», erklärt er mir.

Mein Lächeln erstarrt, und es gelingt mir keine einzige weitere Minute, freundlich zu Luiz zu sein. Die Choque-Polizisten sind schließlich auch nicht nett. Kein Einziger von ihnen. Ich bin entsetzt und wütend. Jahrelang haben Luiz und seine Kollegen mich regelmäßig malträtiert, erniedrigt und in Panik versetzt. Vor Zorn und Aufregung pocht mir das Herz bis zum Hals. Dazwischen mischt sich die Angst, dass er mich womöglich erkennen könnte. Antonio weiß zwar über meine Vergangenheit Bescheid, seiner Verwandtschaft möchte ich sie jedoch nicht darlegen müssen. Die Party ist für mich gelaufen, bevor sie überhaupt richtig begonnen hat. Ich bin heilfroh, als sie vorbei ist und Antonio mich zurück ins Frauenhaus begleitet.

Trotz des unschönen Jahreswechsels beginnt das Jahr 2007 für mich großartig. Nach einigem Hin und Her hat die Reporterin ihre Vorgesetzten offenbar überzeugen können, dass es ohne meine Rückkehr nach Deutschland keine Folgegeschichte geben wird. Dadurch haben sie sich wohl letztendlich dafür entschieden, uns die Flugtickets zu bezahlen. Ich könnte platzen vor Glück.

Wenig später halte ich dankbar die nötigen Unterlagen in den Händen. Meine Rettung! Glücklich präsentiere ich das Schriftstück dem zuständigen Richter, der mir daraufhin genehmigt, meinen Sohn aus dem Kinderheim zu holen. Endlich: Das ist der Moment, auf den ich seit mehr als drei Jahren gewartet habe.

Ich habe es geschafft! Ich darf mich endlich allein um meinen Sohn kümmern. Xavier kann gar nicht glauben, dass es nun tatsächlich so weit ist und er mit mir gehen darf. So oft habe ich ihm schon erzählt, ich würde ihn irgendwann mitnehmen, dass er wohl gar nicht mehr damit gerechnet hat, dieser Tag könne tatsächlich einmal eintreffen. Nachdem ich Xavier neue Kleidung angezogen habe, nehme ich ihn an die Hand, verabschiede mich von den Erzieherinnen und verlasse gemeinsam mit meinem Sohn das Gelände des Kinderheims.

Mein Junge zögert keinen Augenblick und dreht sich auch kein einziges Mal um. Ganz selbstverständlich läuft er mit mir nach draußen, seinem neuen Leben entgegen, während ich wieder einmal mit den Tränen kämpfe. Was für ein bezaubernder, glückverheißender Moment. Hoffentlich ruft uns jetzt niemand zurück. Hoffentlich kommt jetzt nichts mehr dazwischen, denke ich nur.

Erst als ich mit Xavier auf der Straße stehe, übermannt mich das Gefühl, auf das ich seit meiner Entlassung aus dem Gefängnis sehnlich warte: unbändiges Glück, das mich und meinen Körper fast zerreißt. Mein Bauch glüht, das Herz hüpft, und ich weine vor Freude, während ich meinen kleinen, erstaunten Sohn fest an mich drücke. Wir haben es geschafft. Nun sind wir vereint. Unser Leben als Familie kann beginnen. In wenigen Tagen werden wir dieses Land verlassen.

Da klingelt plötzlich mein Handy, und ich blicke auf die brasilianische Nummer im Display. «Ja bitte?», sage ich zögerlich.

Eine Justizangestellte meldet sich. «Sie sollen sofort zum Gericht kommen, der Richter verlangt nach Ihnen.»

«Warum?», frage ich.

Dazu kann mir die Dame leider nichts sagen. «Kommen Sie bitte so schnell wie möglich vorbei», meint sie nur und legt auf.

In mir steigt Panik auf. Was kann der Richter denn jetzt noch wollen?

Ängstlich mache ich mich mit Xavier auf den Weg zum Gericht. Wir fahren mit dem Bus, und ich beobachte gerührt, wie mein kleiner Sohn sich schon wieder mit irgendwelchen Menschen unterhält, die in seiner Nähe sitzen. Er ist unglaublich fröhlich und aufgeschlossen. Vergnügt und unbeschwert albert er mit dem uns gegenübersitzenden Ehepaar herum, während mich die Sorge quält, meinem Traum von unserer gemeinsamen Zukunft könnte in letzter Sekunde noch etwas dazwischenkommen. Den Anruf des Gerichts zu ignorieren, das wage ich nicht. Wir kommen ohnehin nicht außer Landes, wenn der Richter das nicht zulässt.

«Da haben Sie aber einen süßen Sohn», spricht mich die ältere Dame mir gegenüber an, woraufhin ich sie stolz anlächle. Als wir unsere Haltestelle erreichen, schaffen wir es gerade noch rechtzeitig aus dem Bus.

Mit einem mulmigen Gefühl betrete ich das Gerichtsgebäude. Ob Xavier es wohl erkennt? Ob er sich daran erinnert, wie er hier einmal vergeblich auf mich gewartet hat?

Ich atme tief durch, ehe ich an die Tür des Richters klopfe, der mich und vor allem Xavier sehr freundlich begrüßt und dann zu seinem Schreibtisch zurückgeht, um mir einen Stapel Unterlagen zu überreichen.

«Ihre Sorgerechtspapiere», teilt er mir mit, ehe er mich mit den besten Wünschen für unsere Zukunft verabschiedet. «Sie werden es schaffen», sagt er noch, «ich habe ein gutes Gefühl.»

Der Richter ist sehr nett. Trotzdem bin ich froh, dass ich ihn bald für immer los bin.

Jetzt habe ich mich schon wieder ganz umsonst aufgeregt, denke ich, als ich wieder auf der Straße stehe, ich muss unbedingt gelassener werden!

Am 15. Januar fliegen wir endlich zurück nach Deutschland. Es ist ein komisches Gefühl, als wir mit dem Taxi vor dem Flughafen Guarulhos von São Paulo anhalten. Zuletzt bin ich hier vor genau drei Jahren und neun Monaten ausgestiegen. Damals steckten zweieinhalb Kilo Koks in meiner Korsage und der präparierten Radlerhose.

Wie dumm ich damals war, wie naiv. Ich hatte geglaubt, mir alles erlauben zu können auf dem Rummelplatz Leben. Haltlos schwirrte ich von einem Sonnenfleck der Welt zum nächsten, machte Stippvisiten in den großen europäischen Shopping-Metropolen, war immer auf der Suche nach der größtmöglichen Ablenkung, dem maximalen Vergnügen. Wie viel hat sich seitdem verändert. Heute betrete ich die klimatisierte Abflughalle als stolze und verantwortungsbewusste Mutter.

Als ich gerade nach unserem Abflugschalter suche, beginnt Xavier zu quengeln, denn er muss dringend auf die Toilette. Schwer bepackt kämpfen wir uns durch die zahllosen Urlauber, bis wir die angenehm ruhigen Waschräume erreichen. Mein Blick fällt in den Spiegel. Ich bin älter geworden, reifer. Unter meinem Auge entdecke ich einen Krümel meiner billigen Wimperntusche. Ich wische ihn vorsichtig weg, damit er nicht schmiert. Einen teuren Mascara, der nicht krümelt, werde ich mir vorerst nicht leisten können. Ich habe knapp vier Real in der Tasche, etwas mehr als einen Euro.

Als ich mich wenig später mit Xavier an das Ende der Warteschlange stelle, um für unseren Flug nach Deutschland einzuchecken, hebe ich meinen Sohn auf den Trolley. Er lacht. Seine Augen erinnern mich an seinen Vater. Ob er ihn wohl jemals kennenlernen wird? Momentan kann ich es mir eher nicht vorstellen. Aber wer weiß schon, was das Leben bringt? Ich träume von einem behaglichen Zuhause, von gemütlichen Abendessen und lustigen Spielenachmittagen. Endlich habe ich das gefunden, wonach ich seit dem Tod meiner Mutter rastlos gesucht habe – eine Familie. Und weil mir dieses Gefühl so viel Wärme und Zufriedenheit schenkt, bin ich mir sicher, dass ich es diesmal schaffen werde. Zusammen mit Xavier.